KB139340

인생의
절반쯤 왔을때
읽어야할 장자

자연스러운 삶을 갈구하면 장자가 들린다

인생의 절반쯤 왔을때 읽어야할 장자

· 장자 지음 | 박훈 옮김 ·

탐나는책

동양고전을 학습하다 보면 아주 오래된 일상들이 지금 우리가 살고 있는 세상의 사회현상을 풍자한 것과 어쩌나 똑같이 맞아 떨어지는지 과거 선인들의 철학적 사상의 깊이에 놀라울 따름이다.

우리가 살고 있는 일상을 들여다보면 매주 월요일이 돌아오지 않았으면 하는 희망을 갖고 일요일 오후를 아쉬워하는 일에 지친 직장인들이 있는가 하면 다가오는 월요일에는 반드시 직장에 출근하기를 바라고 바라는 구직자들이 있고, 명문대를 목표로 학원과 학교를 쉼없이 돌아다니는 학생이 있는 반면에 일찍이 생활전선에 뛰어들어 더 많은 공부를 하고 싶어도 하지 못하는 사람이 있다. 또한 부부갈등과 고부갈등으로 결혼하지 않고 혼자 살고 있으면 이런 저런 갈등요인이 발생하지 않는 것에 결혼을 후회하는 사람이 있는 반면에 오늘도 애타게 평생의 반려자를 찾아 부부가 되고 싶어 하는 젊은 청춘들이 있고, 자녀들의 문제로 고민을 끊임없이 하는 부모가 있는 반면에 자녀를 갖고 싶어도 가질 수 없는 이들의 출산의 간절함으로 삶을 이어가는 사람도 있다. 이와 같이 서로 정반대의 삶이 때로는 나에게 행복이 될 수 있고 때로는 나에게 아픈 상처가 될 수 있는 것이 지금 우리의 삶이다. 장자는 여러 문장을 통하여 '욕심을 버려라' 그럼 간절히 바라는 것에 자연스레 다가 갈 것이며 내가 이루지 못한 것의 마음이 크지 않아 상처가 되지 않는 깨달음을 주고, 돈이나 지위, 명예의 욕심에 얽매이지 말고 자유롭게 살아서 인격적으로 완성된 세상을 사는 도리를 터득함으로써 명예나 과욕 모두가 외적인 것이므로 지나치게 신경 쓰지 말고 오히려 담백한 마음을 갖고 세상을 보라고 했다.

우리들의 바쁜 일상 중에는 욕심으로 가득 채우고 근본에 충실하지 않아서 오는 불만족에 너무 예민하여 있지는 않은지 뒤를 돌아 볼 필요가 있다. 또한 자연을 훼손하며 인위적 행위를 배척하고 합리적 도덕적 가치를 갖고 사는 삶을 추구할 때 자유로운 삶과 행복한 삶의 기본인 것을 잊고 살고 있는 것이므로 장자의 가르침을 배우고 학습하여 우리 삶을 만들어 간다면 만족하고 원하는 삶이 되지 않을까 싶다. 세상을 살다 보면 많은 어려움과 난관에 부딪쳐 어찌할 바를 모르고 일을 더욱 어려운 지경에 도달할 때가 부지기수(不知其數)이다. 이럴 때마다 차분한 마음으로 현실 속의 상황을 주시하며 해결하고 극복해 나간다면 최선의 결과를 가져 올 것이다. 이 책을 통하여 독자 여러분들의 일상이 더 많은 행복과 발전된 삶을 만들 것이라 확신한다.

옮긴이 박훈

제1편

소요유 逍遙遊

'소요유'란 마음 가는 대로 아무 것에도
얽매임이 없이 모든 것을 초월하여 아무것에도 구속받지 않고
이리저리 자유로운 세계에서 자유를 누림을 말한다.
장자의 도道는 무궁하게 높고도 깊어 위로는
하늘과 땅의 조물주와 놀면서 하늘의 뜻을 따라 운행함을 소유에 비유했고,
그 표현에 있어 광대무변한 경지를 붕鵬이란 새를 들어 말했다.

逍遙遊

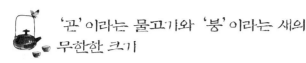

'곤'이라는 물고기와 '붕'이라는 새의 무한한 크기

북쪽 바다에 한 마리 고기가 있는데 그 이름은 곤鯤이라 불렀다. 그 곤의 몸이 하도 커서 몇 천리나 되는지 알 수가 없었다. 그것이 어느 날 한 마리 새로 탈바꿈하여 붕鵬이라 불렀는데, 붕새는 더욱 커서 그 등짝만 해도 몇 천리나 되게 넓은지 도무지 알 수가 없었다.

붕이 한 번 떨치고 하늘을 날아오르면 그 날개는 하늘에 드리운 구름장과도 같았다. 이 새는 바다 위에 태풍이 거세어지면 비로소 남쪽 바다로 옮겨 가는데, 무한히 넓은 남쪽 바다는 하늘의 못, 천지天池인 것이다.

그 당시 '제해(齊諧: 제나라의 기이한 현상을 쓴 견문록)'라는 책의 기록을 살펴보면, '붕새가 남쪽 바다로 옮겨갈 때에는 날개가 너무 커서 처음에 3천리나 멀리 수면을 치면서 날다가 거기서 일어나는 회오리 바람을 타고 9만리나 날아오르며 6개월을 날아가서야 쉬게 된다.'고 하였다.

北冥有魚, 其名爲鯤. 鯤之大, 不知其幾千里也. 化而爲鳥, 其名爲鵬. 鵬之背, 不知其
북 명 유 어   기 명 위 곤 곤 지 대   부 지 기 기 천 리 야   화 이 위 조   기 명 위 붕   붕 지 배 부 지 기

幾千里也.
기 천 리 야

怒而飛, 其翼, 若垂天之雲. 是鳥也, 海運則將徙於南冥, 南冥者, 天池也. 齊諧者,
노 이 비 기 익 약 수 천 지 운   시 조 야 해 운 즉 장 사 어 남 명 남 명 자 천 지 야 제 해 자

志怪者也.
지 괴 자 야

諧之言曰:『鵬之徙於南冥也, 水擊三千里, 搏扶搖而上者九萬里, 去以六月息者也.』
해 지 언 왈   붕 지 사 어 남 명 야 수 격 삼 천 리 단 부 요 이 상 자 구 만 리   거 이 유 월 식 자 야

바람이 없다면, 붕새는 날아오를 수 없다

봄날 연못에 피어오르는 아지랑이나 하늘에 흐느적거리는 먼지는 모든 생물의 숨결에도 날린다. 저 하늘의 짙푸름은 본래 하늘의 빛깔일까? 아니 그것이 멀어서 끝이 없기 때문일까? 붕새가 하늘을 날 때 이 지상을 보면 역시 이렇게 푸르기만 할까?

무릇 물의 깊이가 얕으면 큰 배를 띄울 수 없다. 한 잔의 물을 작은 웅덩이에 부어 놓으면 곧 작은 풀잎은 그곳에 배가 되어 뜨지만, 거기에 하나의 잔을 띄우면 땅에 걸리고 만다. 물은 얕은데 배가 크기 때문이다.

그러므로 바람의 부피가 작으면 커다란 새의 날개를 받칠 수 없다. 비록 그 날개가 제 아무리 구만 리 장천에 올라도 그 날개 밑으로 바람이 있어야 한다. 붕새는 푸른 하늘의 바람을 타고 등을 짐으로써 아무런 거리낌이 없이 남쪽 바다를 찾아 훨훨 날 수 있게 되는 것이다.

野馬也, 塵埃也, 生物之以息, 相吹也. 天之蒼蒼, 其正色邪? 其遠而無所至極邪?
야 마 야   진 애 야   생 물 지 이 식   상 취 야   천 지 창 창   기 정 색 야   기 원 이 무 소 지 극 야

其視下也, 亦若是則已矣. 且夫水之積也不厚, 則其負大舟也無力, 覆杯水於坳堂之上,
기 시 하 야   역 약 시 즉 이 의   차 부 수 지 적 야 불 후   즉 기 부 대 주 야 무 력   복 배 수 어 요 당 지 상

則芥爲之舟, 置杯焉則膠, 水淺而舟大也. 風之積也不厚, 則其負大翼也無力,
즉 개 위 지 주   치 배 언 즉 교   수 천 이 주 대 야   풍 지 적 야 불 후   즉 기 부 대 익 야 무 력

故, 九萬里, 則風斯在下矣. 而後, 乃今培風, 背負靑天, 而莫之夭閼者. 而後, 乃今將圖南.
고   구 만 리   즉 풍 사 재 하 의   이 후   내 금 배 풍   배 부 청 천   이 막 지 요 알 자   이 후   내 금 장 도 남

매미나 작은새가 어찌 붕새의 이치를 알겠는가?

매미蜩와 작은새鳩가 붕새를 보고 웃으면서 말해줬다.

"우리는 때로 재빨리 날아 느릅나무나 박달나무가 있는 곳으로 날아갈 수 있지만, 반드시 바람이 있어야 하진 않고, 때로는 높은 나무에 이르지 못한 채 땅에 떨어지는 수도 있지만, 반드시 바다를 건너 구만 리 장천에 이르렀다가 남쪽 바다에까지 갈 거야 없지 않은가?"

가까운 거리에 갈 사람은 아침밥을 먹고 저녁에 돌아온다 해도 배고픈 일은 없고, 백 리 밖 먼 길을 가려면 전날 밤에 양식을 준비해야 하고, 천릿길을 가려는 사람은 석 달 양식을 준비해야 하거늘, 그 매미나 작은새가 되어 어찌 붕새의 이치를 알겠는가?

어리석은 자는 슬기로운 자를 알지 못하고 하루살이 목숨은 오래 사는 자에 미치지 못하거늘 어떻게 그러한 도리를 알겠는가? 조균(朝菌; 아침에 피었다 저녁에 지는 버섯)은 한 달의 섭리를 알지 못하고, 혜고(蟪蛄; 여치. 보통 2개월 살다가 죽음)는 봄과 가을의 변화를 알지 못한다. 이것들은 짧은 동안 사는 것들이다.

蜩與學鳩笑之曰:『我決起而飛, 搶楡枋. 時則不至, 而控於地而已矣, 奚以之九萬里
조 여 학 구 소 지 왈   아 결 기 이 비   창 유 방   시 즉 부 지   이 공 어 지 이 이 의   해 이 지 구 만 리

而南爲?』
이 남 위

適莽蒼者, 三飡而反, 腹猶果然, 適百里者, 宿舂糧, 適千里者, 三月聚糧, 之二蟲,
적 망 창 자   삼 손 이 반   복 유 과 연   적 백 리 자   숙 용 량   적 천 리 자   삼 월 취 량   지 이 충

又何知?
우 하 지

小知不及大知, 小年不及大年, 奚以知其然也? 朝菌不知晦朔, 蟪蛄不知春秋, 此小年也.
소 지 불 급 대 지   소 년 불 급 대 년   해 이 지 기 연 야   조 균 부 지 회 삭   혜 고 불 지 춘 추   차 소 년 야

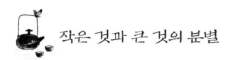# 작은 것과 큰 것의 분별

초나라의 남쪽에 명령冥靈이라는 나무가 있는데, 오백 년을 살아도 봄 한철, 가을 한철 지낸 것에 불과하다 했다. 그리고 태곳적에 대춘大椿이라는 나무는 8천 년을 살아도 봄 한철, 가을 한철 지낸 것에 불과하다 했다.

또한 팽조彭祖는 지금까지도 오래 산 사람으로 특히 유명하다. 보통 사람들이 그에게 자기 목숨을 견주어 부러워한다니, 어찌 슬프다 하지 않겠는가? 탕왕湯王이 극(棘: 탕왕 때의 어진 신하)과 말씀하는 가운데 이런 대목이 있다.

북극의 불모지 땅, 궁발窮髮에 명해冥海란 바다가 있는데, 그 바다가 바로 천지天池였다. 거기에 한 마리 물고기가 있는데 그 넓이는 수천 리이고, 그 길이를 아는 사람이 없으며, 그 이름을 곤이라 하였다.

楚之南有冥靈者, 以五百歲爲春, 五百歲爲秋, 上古有大椿者, 以八千歲爲春, 八千歲
초 지 남 유 명 령 자 이 오 백 세 위 춘 오 백 세 위 추 상 고 유 대 춘 자 이 팔 천 세 위 춘 팔 천 세

爲秋.
위 추

而彭祖乃今以久特聞, 衆人匹之, 不亦悲乎!
이 팽 조 내 금 이 구 특 문 중 인 필 지 불 역 비 호

湯之問棘也是已, 窮髮之北有冥海者, 天池也. 有魚焉, 其廣數千里, 未有知其修者,
탕 지 문 극 야 시 이 궁 발 지 북 유 명 해 자 천 지 야 유 어 언 기 광 수 천 리 미 유 지 기 수 자

其名爲鯤.
기 명 위 곤

거기에 또 새가 있는데 그 이름을 붕이라 하였다. 그 등짝이 태산 같고 날개는 하늘에 드리운 구름장 같았다. 휘몰아치는 폭풍, 빙빙 회오리바람에 날개를 치고 구만 리 장천을 선회하니, 거기에는 구름 기운도 끊긴 높은 곳에서 푸른 하늘을 등지고 남녘으로 향하여 남쪽 바다로 날아갔다.

연못가 작은 새가 이를 보고 비웃었다.

"저 붕새는 어디로 가는 것인가? 나는 날개를 활짝 펴 몇 길도 못 올라 내려오며, 쑥대밭 사이를 오락가락 퍼덕이는데, 이것도 역시 날아다니는 극치이거늘 저 붕새는 어디로 가려는 것인가?"

이것이 작은 것과 큰 것의 분별인 것이다.

有鳥焉, 其名爲鵬, 背若太山, 翼若垂天之雲. 搏扶搖羊角, 而上者九萬里.
유 조 언 기 명 위 붕 배 약 태 산 익 약 수 천 지 운 박 부 요 양 각 이 상 자 구 만 리

絶雲氣, 負靑天, 然後圖南, 且適南冥也.
절 운 기 부 청 천 연 후 도 남 차 적 남 명 야

斥鴳笑之曰:『彼且奚適也? 我騰躍而上, 不過數仞而下, 翶翔蓬蒿之間, 此亦飛之至也,
척 안 소 지 왈 피 차 해 적 야 아 등 약 이 상 불 과 수 인 이 하 고 상 봉 호 지 간 차 역 비 지 지 야

而彼且奚適也?』
이 피 차 해 적 야

此小大之辯也.
차 소 대 지 변 야

하늘의 바른 기운에 몸을 맡겨라

그러므로 지혜가 하나의 벼슬을 감당할 수 있고, 행실이 한 고을을 다스릴 만하고, 덕이 한 임금을 모시기에 모자람이 없고, 능력이 한 나라에 쓰임을 받을만한 사람이 그들 자신을 보는 것도 이 작은 새와 같다.

그런데 송영자宋榮子는 이들을 보고 비웃었으며, 비록 온 세상 사람들이 그를 칭찬하더라도 우쭐해 하지 않았고, 온 세상 사람들이 그를 비난하더라도 기죽지 않았다. 송영자는 안과 밖의 구분을 확실하게 정하고 영욕의 경계를 구별할 수 있었기 때문이다. 그는 돌아가는 세상의 일에 대해 자주 집착했던 적은 없었지만, 그러면서도 아직까지 도달하지 못한 경지가 있었다.

故夫知效一官, 行比一鄕, 德合一君, 而徵一國者, 其自視也亦若此矣. 而宋榮子猶然
고 부 지 효 일 관 행 비 일 향 덕 합 일 군 이 징 일 국 자 기 자 시 야 역 약 차 의 이 송 영 자 유 연

笑之, 且擧世而譽之而不加勸, 擧世而非之而不加沮. 定乎內外之分, 辯乎榮辱之境,
소 지 차 거 세 이 예 지 이 불 가 권 거 세 이 비 지 이 불 가 저 정 호 내 외 지 분 변 호 영 욕 지 경

斯已矣. 彼其於世未數數然也, 雖然, 猶有未樹也.
사 이 의 피 기 어 세 미 삭 삭 연 야 수 연 유 유 미 수 야

열자는 바람을 타고 다니면서 자연의 물소리를 들으며 친해져 노닐다가 보름이 지나서야 돌아왔으나, 그가 바람을 타는 복을 얻는 것에 대해 집착했던 적은 없었다. 이것은 비록 걸음마 단계는 벗어났다 할지라도 아직도 도달하지 못한 경지가 있는 것이다. 만약에 천지의 바른 기운에 몸을 맡기고 두둥실 떠다니며, 여섯 가지 기운을 자유자재로 변화시켜, 무궁무진한 경지에서 노니는 사람이라면, 그는 어디에도 의지함이 없을 것이다. 그러므로 지인至人은 자기에게 의지하지 않고, 신인神人은 공로에 얽매이지 않으며, 성인聖人은 명예를 탐하지 않는다.

夫列子御風而行, 冷然善也, 旬有五日而後反, 彼於致福者, 未數數然也.
부 열 자 어 풍 이 행 영 연 선 야 순 유 오 일 이 후 반 피 어 치 복 자 미 삭 삭 연 야

此雖免乎行, 猶有所待者也. 若夫乘天地之正, 而御六氣之辯, 以遊無窮者,
차 수 면 호 행 유 유 소 대 자 야 약 부 승 천 지 지 정 이 어 육 기 지 변 이 유 무 궁 자

彼且惡乎待哉.
피 차 오 호 대 재

故曰, 至人無己, 神人無功, 聖人無名.
고 왈 지 인 무 기 신 인 무 공 성 인 무 명

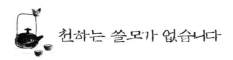

천하는 쓸모가 없습니다

요堯임금이 천하를 허유(許由; 세상을 피하여 기산箕山에 숨어 살던 현인)에게 물려주고자 하였다.

"해와 달이 밝게 비치는데 횃불을 또 밝히는 것은 빛을 내는데 헛된 수고가 아니겠습니까? 철에 맞추어 비가 왔는데 여전히 논밭에 물을 대는 일은 헛된 수고가 되지 않겠습니까? 선생님께서 천자가 되시어 천하를 다스린다면 잘 다스려질 것입니다. 제가 임금 노릇을 하면서 스스로 제 부끄러움을 알았으니, 부디 이 천하를 물려받아 주십시오."

허유가 이에 대답하였다.

"당신이 천하를 다스리자 천하는 이토록 태평합니다. 그런데 제가 당신을 대신하여 천하를 다스린다면 백성들은 나에게 명예욕에 눈이 멀어 임금 자리를 탐낸 자라고 손가락질을 할 것입니다. 명예욕이란 헛것에 불과합니다. 제가 그 노릇을 해야 합니까?

堯讓天下於許由曰:『日月出矣, 而爝火不息, 其於光也, 不亦難乎? 時雨降矣, 而猶浸灌,
요 양 천 하 어 허 유 왈   일 월 출 의 이 작 화 불 식   기 어 광 야   불 역 난 호 시 우 강 의 이 유 침 관

其於澤也, 不亦勞乎? 夫子立, 而天下治, 而我猶尸之, 吾自視缺然. 請致天下.』
기 어 택 야 불 역 로 호 부 자 립 이 천 하 치 이 아 유 시 지 오 자 시 결 연 청 치 천 하

許由曰:『子治天下, 天下旣已治也, 而我猶代子, 吾將爲名乎? 名者, 實之賓也, 吾將
허 유 왈   자 치 천 하   천 하 기 이 치 야   이 아 유 대 자   오 장 위 명 호   명 자   실 지 빈 야   오 장

爲賓乎?
위 빈 호

뱁새가 깊은 숲속에 둥우리를 친다 해도 한 개의 나뭇가지만을 사용할 따름이며, 두더지가 황하의 물을 마신다 하더라도 그것은 배를 채우는데 지나지 않을 것입니다. 돌아가십시오. 임금님! 저에게는 천하라는 것이 아무런 쓸모가 없습니다. 설마 부엌일 보는 이가 아무리 밥 짓기를 거절한다 하더라도 시축(尸祝: 제사에서 축문의 낭독을 담당한 관원)이 술그릇과 제기祭器를 넘어가 그의 일을 대신하지 않는 법입니다."

鷦鷯巢於深林, 不過一枝, 偃鼠飮河, 不過滿腹. 歸休乎君! 予無所用天下爲.
초료소어심림 불과일지 언서음하 불과만복 귀휴호군 여무소용천하위

庖人, 雖不治庖, 尸祝, 不越樽俎而代之矣.」
포인 수불치포 시축 불월준조이대지의

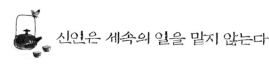

신인은 세속의 일을 맡지 않는다

견오肩吾가 연숙連叔에게 물었다.

"나는 일찍이 접여(接興; 춘추시대 초나라의 광인)의 이야기를 들은 바 있습니다만, 하도 커서 당치않았으며 하도 허황하여 걷잡을 수 없었습니다. 그것은 마치 저 하늘에 있는 은하수의 끝을 찾을 수 없는 거나, 문 밖과 뜰 안의 거리가 너무 아득한 것 같아 너무 크고 엄청나서 상식에 벗어나는 것이었습니다."

"대체 무슨 이야기였소?"

연숙이 물었다.

"그 이야기는 대략 이러합니다. 먼 곳의 막고야산(藐姑射山; 현인들이 살던 산 이름)에 신인神人이 살고 있었답니다. 살결은 얼음과 눈처럼 희고, 보드랍기가 숫처녀와 같았는데 곡식을 먹지 않고, 바람과 이슬을 마셨으며 구름을 타고 용을 부려서 이 세상 밖에 노닐었다 합니다. 그의 신령한 기운이 응집하면 만물이 병들지 않고 오곡이 무르익더랍니다. 나는 하도 허황되게 여겨 믿지 않았습니다."

肩吾問於連叔曰：『吾聞言於接興, 大而無當, 往而不返. 吾驚怖其言, 猶河漢而無極也,
견 오 문 어 연 숙 왈   오 문 언 어 접 여   대 이 무 당   왕 이 불 반   오 경 포 기 언   유 하 한 이 무 극 야

大有逕庭, 不近人情焉.』
대 유 경 정   불 근 인 정 언

連叔曰：『其言謂何哉?』
연 숙 왈   기 언 위 하 재

「曰：『藐姑射之山, 有神人居焉, 肌膚若氷雪, 綽約若處子. 不食五穀, 吸風飮露, 乘雲氣,
왈   막 고 야 지 산   유 신 인 거 언   기 부 약 빙 설   작 약 약 처 자   불 식 오 곡   흡 풍 음 로   승 운 기

御飛龍, 而遊乎四海之外. 其神凝, 使物不疵癘, 而年穀熟.』吾以是狂而不信也.」
어 비 룡   이 유 호 사 해 지 외   기 신 응   사 물 불 자 려   이 년 곡 숙   오 이 시 광 이 불 신 야

듣고 있는 연숙이 말하였다.

"그렇겠소. 눈 먼 장님은 아름다운 무늬를 볼 수 없고 귀머거리는 아름다운 악기 소리를 들을 수 없는 것이오. 어찌 오직 형체에만 장님과 귀머거리가 있겠소? 지능에도 역시 그것이 있는 것이요. 이 말은 바로 당신 같은 사람에게 적용될 것이오. 그 신인의 그러한 덕은 만물과 함께 어울려 하나가 되는 것이오. 세상이 스스로 다스려지도록 되어 있다면 누가 수고로이 천하를 위하여 일하겠소?

그 신인은 어떤 물건도 그를 손상시킬 수가 없소. 큰 장마물이 하늘에 닿는다한들 물에 빠지지 않으며, 큰 가뭄에 쇠와 돌이 녹아 흐르고 산과 흙이 탄다한들 뜨거움을 느끼지 않을 것이요, 그는 티끌이나 찌꺼기, 또는 곡식의 쭉정이와 겨 같은 것으로도 요임금이나 순임금 같은 거룩한 공업功業을 빚어낼 수 있을 텐데, 어찌 세속의 일을 맡는다 하겠는가?

連叔曰: 『然! 瞽者無以與乎文章之觀, 聾者無以與乎鐘鼓之聲. 豈唯形骸有聾盲哉?
연 숙 왈   연   고 자 무 이 여 문 장 지 관   농 자 무 이 여 호 종 고 지 성   기 유 형 해 유 농 맹 재

夫知亦有之, 是其言也, 猶時女也. 之人也, 之德也, 將旁礴萬物以爲一.
부 지 역 유 지 시 기 언 야 유 시 여 야   지 인 야   지 덕 야   장 방 박 만 물 이 위 일

世蘄乎亂, 孰弊弊焉以天下爲事? 之人也, 物莫之傷, 大浸稽天而不溺, 大旱金石流,
세 기 호 란 숙 폐 폐 언 이 천 하 위 사   지 인 야   물 막 지 상   대 침 계 천 이 불 닉 대 한 금 석 류

土山焦, 而不熱.
토 산 초 이 불 열.

是其塵垢粃糠, 將猶陶鑄堯舜者也, 孰肯分分然以物爲事?
시 기 진 구 비 강 장 유 도 주 요 순 자 야 숙 긍 분 분 연 이 물 위 사

송나라 사람이 장보(章甫: 유학자의 예식에 사용하는 예관)를 밑천으로 월나라에 장사를 하러 갔는데, 월나라 사람들은 머리카락을 짧게 자르고 몸에는 문신을 했기 때문에, 장보는 쓸모없는 물선으로 팔수가 없었다오. 요임금이 천하를 잘 다스려 백성이 편안한 태평성대라 네 사람의 신인을 뵙고자 막고야산에 가서 만나 뵙고, 분수汾水의 북쪽에 이르러서는 자기가 다스리던 천하가 있다는 것을 잊어버렸다오.”

宋人資章甫, 而適諸越, 越人, 斷髮文身, 無所用之.
송 인 자 장 보 이 적 저 월 월 인 단 발 문 신 무 소 용 지

堯治天下之民, 平海内之政, 往見四子邈姑射之山, 汾水之陽, 窅然喪其天下焉.』
요 치 천 하 지 민 평 해 내 지 정 왕 견 사 자 막 고 야 지 산 분 수 지 양 요 연 상 기 천 하 언

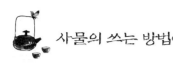 사물의 쓰는 방법이 다릅니다

혜자惠子가 장자莊子에게 말하였다.

"위왕魏王이 나에게 큰 박씨 하나를 주었소. 내가 그것을 심었더니 자라서 다섯 섬들이가 되게 컸습니다. 그러나 물을 부었더니 박이 튼튼치 않게 물러서 제대로 들 수가 없기에 그것을 두 쪽으로 쪼개어 표주박을 만들었더니, 펑퍼짐하기만 해서 아무것도 담을 수가 없었습니다. 그래서 아무리 큰 것이라 할지라도 그것이 소용이 없으므로 나는 그것을 깨뜨려 버렸습니다."

이에 장자가 말하였다.

"선생께서는 정말 큰 것을 쓸 줄 모르는군요. 송나라 사람 중에 손이 트지 않는 약을 잘 만드는 사람이 있었는데, 겨울에 물빨래를 해도 손이 트지 않기에 대대손손 빨래질을 하고 있었습니다. 마침 지나가던 나그네가 그 약방문을 듣고 백금으로 그걸 사고자 하니, 그 가족

惠子謂莊子曰:『魏王貽我大瓠之種, 我樹之. 成而實五石, 以盛水漿, 其堅不能自舉也,
혜 자 위 장 자 왈   위 왕 이 아 대 호 지 종   아 수 지   성 이 실 오 석   이 성 수 장   기 견 불 능 자 거 야

剖之以爲瓢, 則瓠落無所容. 非不呺然大也, 吾爲其無用, 而掊之.』
부 지 이 위 표   즉 호 락 무 소 용   비 불 효 연 대 야   오 위 기 무 용   이 부 지

莊子曰:『夫子固拙於用大矣. 宋人, 有善爲不龜手之藥者, 世世以洴澼絖爲事, 客聞之,
장 자 왈   부 자 고 졸 어 용 대 의   송 인   유 선 위 불 균 수 지 약 자   세 세 이 병 벽 광 위 사   객 문 지

請買其方以百金.
청 매 기 방 이 백 금

들이 모여 '우리집이 대를 물려 빨래질이나 하면서 돈 몇 푼 벌던 것이 하루아침에 백금을 벌게 되었으니 팔기로 하자'하여 약방문이 팔렸습니다. 약방문을 산 그 나그네는 오나라 왕을 찾아가 그 약을 수전水戰에 사용하고자 하였습니다.

얼마 후 마침 월나라의 침략이 있자 오왕은 그를 대장으로 임명하고, 겨울 빙판에 월나라 군사와 수전을 벌여 크게 이기고 승전하여 많은 땅을 하사받았다 합니다.

손을 트지 않게 하는 방법은 같은 데도 어떤 이는 나라의 땅을 봉해 받고, 어떤 이는 빨래질을 면치 못했으니, 이는 쓰는 방법이 달랐기 때문입니다. 지금 당신에게 다섯 섬들이 큰 박이 있다면 어찌하여 그것을 큰 배로 삼아 강호에 띄워둘 생각은 하지 않는 것이요? 그리고는 조각난 바가지가 펑퍼짐하여 아무것도 담을 수 없는 것만을 걱정했으니, 선생의 마음 쓰는 것이 답답하지 않습니까?"

聚族而謀曰:「我世世爲洴澼絖, 不過數金. 今一朝而鬻技百金, 請與之.」
취 족 이 모 왈   아 세 세 위 병 벽 광   불 과 수 금   금 일 조 이 육 기 백 금   청 여 지

客得之, 以說吳王. 越有難, 吳王使之將, 冬與越人水戰, 大敗越人, 裂地而封之.
객 득 지   이 설 오 왕   월 유 난   오 왕 사 지 장   동 여 월 인 수 전   대 패 월 인   열 지 이 봉 지

能不龜手, 一也, 或以封, 或不免於洴澼絖, 則所用之異也.
능 불 균 수   일 야   혹 이 봉   혹 불 면 어 병 벽 광   즉 소 용 지 이 야

今子有五石之瓠, 何不慮以爲大樽, 而浮乎江湖, 而憂其瓠落無所用? 則夫子猶有蓬
금 자 유 오 석 지 호   하 불 려 이 위 대 준   이 부 호 강 호   이 우 기 호 락 무 소 용   즉 부 자 유 유 봉

之心也夫?」
지 심 야 부

물건이 쓸모없다 하여 근심할 필요가 없다

혜자가 장자에게 말하였다.

"우리집에 큰 나무 한 그루가 있는데 남들은 가죽나무라고 부릅니다. 그 줄기엔 옹이가 울퉁불퉁하여 먹줄을 대어 널빤지로 쓸 수 없고, 그 가지는 뒤틀려 있어 자를 댈 수도 없을 지경이며, 길가에 서 있어도 목수들조차 거들떠보지 않소. 지금 당신의 말도 크기만 했지, 쓸 곳이 없으니 모든 사람들이 상대도 하지 않을 것입니다."

이에 장자가 말하였다.

"당신은 삵과 족제비를 본 적이 있나요? 땅에 몸을 납작 엎드려 붙이고 들쥐가 나오기를 노리지만, 동서를 뛰어다니며 높고 낮음을 꺼려하지 않다가 덫이나 그물에 걸려 죽고 말지요.

惠子謂莊子曰:『吾有大樹. 人謂之樗. 其大本擁腫, 而不中繩墨, 其小枝卷曲, 而不中
혜자위장자왈 오유대수 인위지저 기대본옹종 이불중승묵 기소지권곡 이불중

規矩, 立之塗, 匠者不顧. 今子之言, 大而無用, 衆所同去也.』
규구 입지도 장자불고 금자지언 대이무용 중소동거야

莊子曰:『子獨不見狸猩乎? 卑身而伏, 以候敖者, 東西跳梁, 不避高下, 中於機辟, 死
장자왈 자독불견이성호 비신이복 이후오자 동서도량 불피고하 중어기벽 사

於罔罟.
어망고

그런데 저 리우(犛牛; 중국 서남지방에 살던 들소)란 소는 그 크기가 하늘에 드리운 구름과 같소. 이놈은 큰일을 할 수 있지만 쥐는 한 마리조차도 잡을 능력이 없단 말입니다. 지금 당신은 그 커다란 나무가 쓸모없이 덩그러니 서 있는 것만을 걱정하지만, 아무것도 없는 고장, 광활한 들에다 그것을 심어 놓고 때로는 하염없이 그 곁을 거닐다가 또는 그 아래 드러누워 낮잠을 즐겨 볼 생각은 안하는 것이오. 그 나무는 도끼에 일찍 찍히지 않을 것이고, 아무것도 그것을 해치지 않을 것이오. 쓸모가 없다고 하여 어찌 근심거리가 된단 말이오?"

今夫犛牛, 其大若垂天之雲. 此能爲大矣, 而不能執鼠.
금 부 리 우   기 대 약 수 천 지 운   차 능 위 대 의   이 불 능 집 서

今子有大樹, 患其無用, 何不樹之於無何有之鄕, 廣莫之野, 彷徨乎無爲其側. 逍遙乎
금 자 유 대 수   환 기 무 용   하 불 수 지 어 무 하 유 지 향   광 막 지 야   방 황 호 무 위 기 측   소 요 호

寢臥其下.
침 와 기 하

不夭斤斧, 物無害者, 無所可用, 安所困苦哉?』
불 요 근 부   물 무 해 자   무 소 가 용   안 소 곤 고 재

제 2 편

제물론 齊物論

'제물齊物'은 평등한 견지見地에서 만물을 관찰한다는 뜻이다. 곧
세상의 일반적인 가치관을 초월하여 높은 견지에서 볼 때,
모든 사물은 한결같이 보이는 것이다.
여기에서는 온 천하의 모든 사물과 이치를 평등하게 본다는
만물제동萬物齊同 사상을 피력한 편이다.
즉 만물이 하나라는 것을 명확하게 밝히는 것이다.
세상의 온갖 사물이나 말들은 모두 하나라고 본다.
무심과 무아의 경지로 옳고 그름을 가지런히 하면
세상의 온갖 시비는 절로 하나가 되기 때문이다.

齊物論

하늘의 피리소리를 들어라

남곽자기(南郭子綦; 초나라 소왕(昭王)의 서모에게서 난 아우. 남쪽 외성에서 살았다고 하여 '남곽'이라 부른다.)가 의자에 기대앉아 우두커니 하늘을 우러러 큰 숨을 내쉬는 모습은 그 자신조차도 잃고 있는 듯하였다.

그 옆에 시중들고 있던 안성자유(顏成子遊; 성은 안성, 이름은 언(偃), 자유는 그의 자이다.)가 말하였다.

"어째서 그러고 계십니까? 그 몸을 고목나무처럼 만드시고, 마음은 불 꺼진 재처럼 보이십니다. 지금 의자에 앉으신 모습은 아까의 모습과는 전혀 다르십니다."

남곽자기가 말하였다.

"언아 옳게 잘 보았다. 지금 내가 나 자신을 잊었고 내 종전의 생각까지도 잊었었는데, 네가 그걸 살필 수 있었느냐? 너는 사람들의 피리소리는 들었겠지만 땅의 피리소리(자연에서 나는 모든 소리)는 듣지 못했을 것이다. 네가 땅의 피리소리를 들었다하더라도 하늘의 피리소리는 듣지 못했을 것이다."

南郭子綦隱机而坐, 仰天而噓, 荅焉似喪其耦. 顏成子游立侍乎前曰:
남곽자기은궤이좌 앙천이허 답언사상기우 안성자유입시호전왈

『何居乎? 形固可使如槁木, 而心固可使如死灰乎 今之隱机者, 非昔之隱机者也.』
하거호 형고가사여고목 이심고가사여사회호 금지은궤자 비석지은궤자야

子綦曰:『偃, 不亦善乎 而問之也 今者吾喪我, 汝知之乎? 汝聞人籟, 而未聞地籟,
자기왈 언 불역선호 이문지야 금자오상아 여지지호 여문인뢰 이미문지뢰

汝聞地籟, 而未聞天籟夫.』
여문지뢰 이미문천뢰부

자유가 말하였다.

"선생님, 그 도리를 가르쳐주십시오."

남곽자기가 말하였다.

"무릇 대지가 뿜어내는 기운을 바람이라고 말한다. 이것이 일어나지 않으면 그뿐이지만, 그 큰 바람이 일기만 하면, 지상의 모든 구멍은 성난 듯 울부짖으며 소리를 내는데, 혹 너 혼자 그 윙윙거리는 소리를 들어보지 못하였느냐? 산 숲의 나무들이 뒤흔들리고 몇 백 아름드리의 커다란 나무들이 숭숭히 구멍이 나 어떤 것은 사람의 코와도 같고, 입과도 같고 귀와도 같으며, 목이 긴 병과도 같고 술잔과도 같고, 절구통과도 같고, 깊은 웅덩이 같은 놈에 얕은 도랑 같은 것들이 여기저기 뚫려 있는데, 그런 구멍들에 바람이 일면, 소용돌이치는 격류가 흐르고, 화살의 시위소리가 들리는가 하면, 무엇을 꾸짖는 듯, 들이마시는 듯, 외치듯, 울부짖듯, 터지는 소리가 들리다가도 다시 그윽한 것, 그리고 흐느끼는 소리도 들려온다. 앞의 것이 '우우'하고 노래하면, 뒤의 것은 '와와'하고 화답한다.

子游曰:『敢問其方.』
자유왈   감문기방

子綦曰:『夫大塊噫氣, 其名爲風. 是唯無作, 作則萬竅窺怒』. 而獨不聞之翏翏乎?
자기왈 부 대 괴 희 기 기 명 위 풍 시 유 무 작 작 즉 만 규 규 노 이 독 불 문 지 료 료 호

山陵之畏佳, 大木百圍之竅穴, 似鼻, 似口, 似耳, 似枅, 似圈, 似臼,
산 릉 지 외 최 대 목 백 위 지 규 혈 사 비 사 구 사 이 사 병 사 권 사 구

似洼者, 似汚者, 激者, 譹者, 叱者, 吸者, 叫者, 譹者, 宎者, 咬者. 前者唱于 而隨者唱喁.
사 와 자 사 오 자 격 자 학 자 질 자 흡 자 규 자 호 자 요 자 교 자 전 자 창 우 이 수 자 창 우

30

바람이 잦으면 노랫소리도 잦아지고, 바람이 사나우면 큰 소리로 화답한다. 그러나 모진 바람이 멎으면 모든 구멍은 허허로이 조용해지며 작은 나뭇가지들만이 남아서 조용히 흔들리고 있을 것이다.”

안성자유가 말하였다.

“땅의 피리소리란 바로 여러 구멍에서 나는 것임을 알았습니다. 사람의 피리소리란 바로 피리에서 나는 것임을 알았습니다. 감히 하늘의 피리소리에 대하여 알고자 합니다.”

남곽자기가 말하였다.

“한 줄기 바람이 대지에 불면 대지상의 모든 구멍은 제각기 다른 소리를 내고 있는데, 그 바람이 대지상의 구멍을 불 때 그들로 하여금 스스로의 소리를 내게 하는 것이 하늘의 소리인 것이다. 모든 만물이 스스로가 택한 소리를 천연적으로 내고 있는데, 누가 감히 시킨다고 해서 그렇게 되는 것이겠느냐?”

冷風則小和, 飄風則大和, 厲風濟 則衆竅爲虛. 而獨不見 之調調 之刁刁乎.」
영풍즉소화   표풍즉대화   여풍제 즉중규위허   이독불견 지조조 지조조호

子游曰：『地籟則衆竅是已, 人籟則比竹是已. 敢問天籟.」
자유왈   지뢰즉중규시이   인뢰즉비죽시이   감문천뢰

子綦曰：『夫天籟者, 吹萬不同, 而使其自己也, 咸其自取, 怒者其誰邪?」
자기왈   부천뢰자   취만부동   이사기자기야   함기자취   노자기수야

천리를 어기고 물욕에 빠져들지 말라

큰 지혜를 지닌 사람은 언제나 여유가 있지만 작은 지혜를 지닌 사람은 언제나 급급하여 남의 눈치나 살핀다. 훌륭한 말은 담담하고 너절한 말은 쓸데없이 수다스럽다. 잠을 자거나 깨어 있을 때도 다르다. 보통사람은 잠자면서도 정신이 복잡하게 뒤섞여 있으며, 깨어 있을 때도 무엇인가에 물들어 있다. 그렇게 환경에 얽히어 있고 날마다 그 환경 사이에 갈등과 경쟁을 벌이고 있다. 어떤 이는 폭넓게 열려 있고, 어떤 이는 깊숙이 잠겨 있으며, 어떤 이는 조용하면서도 세밀하다. 이렇게 서로 사귀는 일과 그 인격은 다른 것이다.

공포에 대한 반응 또한 마찬가지다. 작은 일에 놀란 사람은 조마조마해 하는데 비해 큰일에 놀란 사람은 오히려 느긋하기까지 하다.

人知閑閑, 小知開開, 大言炎炎, 小言詹詹. 其寐也魂交, 其覺也形開, 與接爲搆,
대 지 한 한   소 지 간 간   대 언 담 담   소 언 첨 첨   기 매 야 혼 교   기 각 야 형 개   여 접 위 구

日以心鬪, 縵者, 窖者, 密者. 小恐惴惴, 大恐縵縵
일 이 심 투   만 자   교 자   밀 자   소 공 췌 췌   대 공 만 만

범인凡人들은 시빗거리를 마치 화살을 쏘듯이 내뱉고, 승리에 도취되어 자만하는 모습은 마치 신 앞에 맹세하듯이 집요하다. 시비하는 집념에 본래의 천성을 날마다 말살당하는 것은, 마치 무성했던 초목들이 가을과 겨울에 쇠락되어 가는 것과 같고, 깊은 물에 빠져 허덕이는 사람처럼 다시는 돌이킬 수 없게 한다.

천리를 어기고 물욕에 빠져 결국은 우리 속에 갇히듯이 캄캄해지는 것은 늙어감에 따라 말라비틀어지는 것이니, 이래서 죽음에 가까워지면 이미 다시 생기를 회복할 수 없게 되는 것이다.

其發若機栝, 其司是非之謂也, 其留如詛盟, 其守勝之謂也, 其殺若秋冬, 以言其日消也.
기 발 약 기 괄 기 사 시 비 지 위 야 기 류 여 저 맹 기 수 승 지 위 야 기 쇄 약 추 동 이 언 기 일 소 야

其溺之所爲之, 不可使復之也, 其厭也如緘, 以言其老洫也.
기 익 지 소 위 지 불 가 사 복 지 야 기 염 야 여 함 이 언 기 노 혁 야

近死之心, 莫使復陽也.
근 사 지 심 막 사 부 양 야

실유의 진심을 따라 스승을 삼으라

사람에게는 기쁨과 노여움, 슬픔과 즐거움, 근심과 탄식, 변덕과 고집스러움, 경박하고 방탕함, 뽐냄과 허세의 마음으로 범벅되어 있다.

이런 것들은 음악이 피리의 공간에서 생겨나고 버섯이 수증기로 말미암아 자라나는 것처럼 밤낮으로 우리 앞에 서로 교차되어 나타나지만, 그것들의 싹이 어디에서 돋아나는지를 알 수 없다.

아아, 정말 갑갑한 일이다. 밤낮으로 안겨진 이 고민과 힘은 분명히 자연의 생성변에서 온 것이 아닐까!

자연은 인류를 낳았고 인류는 자연에 순응하는 자연의 소규모 현상에 지나지 않는다. 자연이 아니면 내가 존재할 수 없고, 내가 아니면 자연의 섭리를 체득할 수 없으니 나와 자연은 그렇게 가까운 것이다.

그러나 대자연의 도를 주재主宰하는 자가 있을 터인데 우리는 그가 누구인지를 모른다. 분명 자연의 도道가 운행되어 서로를 주재하고 있는 그 자취를 찾을 수가 없다. 곧 자연을 지배하고 있는 줄은 알지만, 그 형체를 볼 수가 없다. 말하자면 외부의 형체는 없이 내부의 현실성은 존재하고 있는 것이다.

喜怒哀樂, 慮嘆變熱, 姚佚啓態. 樂出虛, 蒸成菌. 日夜相代乎前, 而莫知其所萌.
희 노 애 락　여 탄 변 집　조 일 계 태　악 출 허　증 성 균　일 야 상 대 호 전　이 막 지 기 소 맹

已乎, 已乎! 旦暮得此, 其所由以生乎!
이 호　이 호　단 모 득 차　기 소 유 이 생 호

非彼無我, 非我無所取. 是亦近矣, 而不知所爲使. 若有眞宰, 而特不得其朕.
비 피 무 아　비 아 무 소 취　시 역 근 의　이 부 지 소 위 사　약 유 진 재　이 특 부 득 기 진

可行已信, 而不見其形, 有情而無形.
가 행 이 신　이 불 견 기 형　유 정 이 무 형

우리의 신체에 비유해 보자. 우리 몸에는 백 개의 뼈(많음)와 아홉 개의 구멍(눈·코·입·귀·항문), 여섯 개의 내장(심장·간장·비장·폐·신장, 신장을 둘로 본 것)이 갖추어져 있다. 우리는 그중 어느 것과 친한가? 당신은 그것을 모두 좋아하는가? 그중 특별히 사랑하는 것이 있는가? 그렇다면 신체의 모든 부분이 똑같이 내 종이 될 수 있는가? 만일 모두가 종들이라면 누가 주인이 되고 누가 종이 된단 말인가? 아니면 신체의 모든 부분들이 서로 번갈아가며 누가 주인(임금)이 되고 누가 종(신하)이 된단 말인가?

아니다. 그 형체 밖에 정말로 지배하는 진정한 주재자가 존재할 것이다. 그러나 그 이치를 안다고 해서, 이 주재자에게 도움을 주거나, 이 이치를 모른다고 해서 이 주재자에게 손해를 끼칠 수는 없는 것이다. 사람이 세상에 태어나면 바로 죽는 것은 아니지만, 누구나 죽음을 기다려야 된다. 그런데도 살아있는 동안 날마다 세상과 서로 엇갈리기도 하고, 서로 따르기도 하면서 말 등에 업혀 뜀박질하듯 그렇게 가 버리고, 그 세월을 멈추게 할 수 없으니 슬프지 않은가?

百骸「九竅」六藏, 賅而存焉, 吾誰與爲親? 汝皆說之乎? 其有私焉? 如是皆有爲臣妾乎?
백 해 구 규 육 장 해 이 존 언 오 수 여 위 친 여 개 설 지 호 기 유 사 언 여 시 개 유 위 신 첩 호

其臣妾不足以相治乎? 其遞相爲君臣乎? 其有眞君存焉?
기 신 첩 부 족 이 상 치 호 기 체 상 위 군 신 호 기 유 진 군 존 언

如求得其情與不得, 無益損乎其眞.
여 구 득 기 정 여 부 득 무 익 손 호 기 진

一受其成形, 不化以待盡. 與物相刃相靡, 其行進如馳, 而莫之能止, 不亦悲乎?
일 수 기 성 형 불 화 이 대 진 여 물 상 인 상 미 기 행 진 여 치 이 막 지 능 지 불 역 비 호

물질이란 허황되고 순간적인 것, 제아무리 죽을 때까지 발버둥 쳐도 아무것도 이루어지지 않은 채 끝내는 기진맥진하여 어디로 돌아갈 바를 모르니, 또한 슬프지 않은가! 다른 사람들이 당신한테 죽지 않겠다고 위안해 준들 그것이 무슨 소용이 있겠으며, 일단 그 몸이 사라지면 당신 몸에 깃들었던 영혼조차 그렇게 사라지니 얼마나 슬픈 일인가? 삶이란 참으로 이처럼 아둔한 것인가? 아니면 나만 홀로 아둔하고 남들은 아둔하지 않은 사람이 있는 것인가?

사람은 모두 '실유의 진심'(자기 몸에 저절로 갖추어진 마음)을 지니고 있다. 그 실유의 진심을 따라 이를 스승으로 삼는다면, 누구라도 스승은 있는 것이다.

이것은 자기에게 스스로 생겨진 마음이다. 어찌 자연의 변화를 알고 난 다음에야 스스로 얻게 된 것인가? 이는 어리석은 사람에 이르기까지 마음의 스승을 지니고 사는 것이다.

終身役役, 而不見其成功, 苶然疲役, 而不知其所歸, 可不哀邪? 人謂之不死, 奚益
종 신 역 역   이 불 견 기 성 공   날 연 피 역   이 부 지 기 소 귀   가 불 애 야   인 위 지 불 사   해 익

其形化, 其心與之然, 可不謂大哀乎?
기 형 화   기 심 여 지 연   가 불 위 대 애 호

人之生也, 固若是芒乎, 其我獨芒, 而人亦有不芒者乎?
인 지 생 야   고 약 시 망 호   기 아 독 망   이 인 역 유 불 망 자 호

夫隨其成心, 而死之, 誰獨且無師乎? 奚必知代, 而心自取者有之? 愚者與有焉.
부 수 기 성 심   이 사 지   수 독 차 무 사 호   해 필 지 대   이 심 자 취 자 유 지   우 자 여 유 언

그런데 마음으로 스승을 삼지도 않고서 옳고 그름을 따진다면 그것
은 오늘 월나라로 떠나면서 어제 이미 도착했다는 것이나 같다. 이것
은 존재하지 않는 것을 존재한다고 하는 것이다. 존재하지 않는 것을
존재한다고 하는 자는 비록 신령스러운 우임금(하나라를 세운 임금)이라
하더라도 역시 알아 줄 수 없는 것이거늘 내가 또한 어찌할 수 있겠
는가?

未成乎心而有是非, 是今日適越, 而昔至也. 是以無有爲有, 無有爲有, 雖有神禹,
미 성 호 심 이 유 시 비   시 금 일 적 월   이 석 지 야   시 이 무 유 위 유   무 유 위 유   수 유 신 우

且不能知, 吾獨且奈何哉?
차 불 능 지   오 독 차 내 하 재

밝은 지혜가 필요하다

무릇 언어(말)란 바람에 불리어 자연히 나오는 소리가 아니다. 언어에는 내용이 있어야 한다. 무릇 언어에는 제 나름의 편견이 있어서 듣는 이는 얼른 그 시비를 가리지 못한다. 그러나 말을 했다고 해서 과연 말을 한 셈이 될지 안 될지는 모르는 것이다. 비록 아기 새의 지저귀는 소리와는 다를지라도 거기에 분별이 있는 건지 없는 건지조차 알 길이 없다.

도道는 무엇에 가리어 진위의 분별이 생겼고, 언어는 무엇에 가리어 시비의 쟁변을 불러일으켰을까? 도는 진위의 분별이 없기 때문에 어디를 가나 존재하고, 언어는 시비의 분별이 없기 때문에 어디에나 타당한 것이 아닌가? 도는 조그만 성취에 숨겨져 있으며, 말은 화려함에 가려져 있는 것이다.

夫言非吹也, 言者有言, 其所言者 特未定也. 果有言邪, 其未嘗有言邪.
부 언 비 취 야   언 자 유 언   기 소 언 자 특 미 정 야   과 유 언 야   기 미 상 유 언 야

其以爲異於鷇音, 亦有辯乎, 其無辯乎.
기 이 위 이 어 구 음   역 유 변 호   기 무 변 호

道惡乎隱而有眞僞, 言惡乎隱 而有是非? 道惡乎往而不存, 言惡乎存而不可?
도 오 호 은 이 유 진 위   언 오 호 은   이 유 시 비   도 오 호 왕 이 부 존   언 오 호 존 이 불 가

道隱於小成, 言隱於榮華.
도 은 어 소 성   언 은 어 영 화

그러므로 유가(儒家: 공자의 학설이나 학풍 등을 신봉하고 연구하는 학자나 학파)와 묵가(墨家: 노나라의 사상가 묵자가 개창한 제자백가의 한 파)의 시비가 존재하게 되어, 상대방이 그르다고 하는 것은 이 편에서 옳다하고, 상대방이 옳다고 하는 것은 이 편에서 그르다고 한다. 상대방이 그르다고 하는 것을 옳다고 하고, 상대방이 옳다고 하는 것은 그르다고 하려면 곧 밝은 지혜로써 해야만 할 것이다.

故有儒墨之是非, 以是其所非 而非其所是. 欲是其所非 而非其所是, 則莫若以明.
고 유 유 묵 지 시 비   이 시 기 소 비   이 비 기 소 시   욕 시 기 소 비   이 비 기 소 시   즉 막 약 이 명

성인은 자연의 입장에서 사물을 본다

세상의 모든 사물은 상대적이다. 모든 사물은 '그'가 아닌 것이 없고, '이것'이 아닌 것도 없다. 자기가 아닌 그의 입장에서 볼 때엔 보이지 않는 것도, 자기의 입장에서는 볼 수 있는 것이다.

그러므로 '그'는 '이것'이 있기에 생겼고, '이것'은 '그'가 있기에 생긴 것이다. 이같이 '자기는 옳고, 남은 그르다'의 관념은 상대적으로 발생된 것이다. 생生에 상대되는 것으로 사死가 있고, 사에 상대되는 것으로 생이 있다. 마찬가지로 가능에 상대되는 것으로 불가가 있고, 불가에 상대되는 것으로 가능이 있다. 옳은 것 때문에 그른 것이 있고, 그른 것 때문에 옳은 것이 있다.

때문에 성인이라야 상대적 입장에 서지 않고, 자연의 입장에서 사물을 보는 것이다. 그것은 시비의 상대성을 초월한지라 시비와 피차에는 아무런 분별이 없는 것을 알 수 있는 것이다.

物無非彼, 物無非是. 自彼則不見, 自是則知之. 故曰 彼出於是, 是亦因彼.
물 무 비 피 물 무 비 시   자 피 즉 불 견   자 시 즉 지 지   고 왈 피 출 어 시   시 역 인 피

彼是方生之說也, 雖然, 方生方死, 方死方生, 方可方不可, 方不可方可. 因是因非,
피 시 방 생 지 설 야   수 연   방 생 방 사   방 사 방 생   방 가 방 불 가   방 불 가 방 가   인 시 인 비

因非因是. 是以聖人不由, 而照之於天, 亦因是也.
인 비 인 시   시 이 성 인 불 유   이 조 지 어 천   역 인 시 야

'이'는 곧 '그'요. '그'는 곧 '이'인 것이다. '그'에겐 '그'를 옳다고 판단하고, '이'에겐 '이'를 옳다고 판단한다. 때문에 '그'와 '이' 사이엔 각각 옳은 것과 그른 것이 입장을 바꾸어 존재한다. 곧 저것도 한 가지 시비가 되고, 이것도 한 가지 시비가 된다. 그러면 과연 저것과 이것이 있는 것인가? 또는 저것과 이것이 없는 것인가? 저것과 이것이란 상대적인 개념이 없는 것, 그것을 일컬어 도추(道樞: 도는 세상 모든 일의 중추가 된다)라고 한다.

중추가 되어야만 비로소 둥근 고리의 중심(得其環中: 도의 근원적인 경계로 '공空'의 상태를 가리킨다.)을 차지한 꼴이 되어, 즉 문짝의 지도리는 고리 속에 끼임으로 해서 그 빈 공간에서 무궁히 작용한다. 옳다는 것도 무궁한 변화의 하나요, 그르다는 것도 무궁한 변화의 하나로 서로 무궁하게 발전하나, 이 옳고 그름의 쟁변과 '그'와 '이'의 분별을 종식시키려면 큰 도를 밝히는 방법밖에 없는 것이다.

是亦彼也, 彼亦是也. 彼亦一是非, 此亦一是非. 果且有彼是乎哉? 果且無彼是乎哉?
시 역 피 야, 피 역 시 야. 피 역 일 시 비, 차 역 일 시 비. 과 차 유 피 시 호 재   과 차 무 피 시 호 재

彼是莫得其偶, 謂之道樞. 樞始得其環中, 以應無窮. 是亦一無窮, 非亦一無窮也.
피 시 막 득 기 우, 위 지 도 추 추 시 득 기 환 중, 이 응 무 궁 시 역 일 무 궁 비 역 일 무 궁 야

故曰莫若以明.
고 왈 막 약 이 명

손가락을 가리켜 손가락이 아니라고 하는 설명에, 손가락을 들고 손가락이 아니라고 설명하는 것만 같지 못하다. 말馬을 가리켜 말이 아니라고 하는 설명에, 말을 가리키고 말이 아니라 함은, 말이 아닌 다른 동물을 들어 말이 아니라 하는 것만 같지 못하다.

이처럼 도의 입장에서 본다면 천지를 한 개의 손가락이라 할 수 있고, 만물을 한 마리의 말이라고도 할 수 있다.

세상 사람들은 자기가 가可하다고 생각한 것을 가하다하고, 불가不可하게 생각한 것을 불가하다고 한다. 그것은 마치 없었던 길을 사람이 통행함으로써 길이 이루어지는 것과 마찬가지인 관습인 것이다.

만물도 그런 것이다. 본래 없었던 명칭을 사람이 만들어 부르게 된 것이다.

以指喩指之非指, 不若以非指 喩指之非指也.
이 지 유 지 지 비 지　불 약 이 비 지 유 지 지 비 지 야

以馬喩馬之非馬, 不若以非馬 喩馬之非馬也. 天地一指也, 萬物一馬也.
이 마 유 마 지 비 마　불 약 이 비 마　유 마 지 비 마 야　천 지 일 지 야　만 물 일 마 야 .

可於可, 不可乎不可. 道行之而成, 物謂之而然.
가 어 가　불 가 호 불 가　도 행 지 이 성　물 위 지 이 연

왜 '그렇다'고 긍정하는 것일까? 그것은 남들이 '그렇다'고 긍정하기 때문에 따라서 긍정하게 된 것이다. 왜 '그렇지 않다'고 부정하는 것일까? 그것은 남들이 '그렇지 않다'고 부정하기 때문에 따라서 부정하는 것이다.

만물의 시초를 논한다면, 본래 옳고 그르고, 그리고 가可하거나 불가不可한 것도 있다. 이는 또한 어떤 결과이든 옳지 못할 것이 없고, 가하다고 인정 못할 것도 없다는 말이 된다.

有自也而可, 有自也而不可. 有自也而然, 有自也而不然. 惡乎然?
유 자 야 이 가   유 자 야 이 불 가   유 자 야 이 연   유 자 야 이 불 연   오 호 연

然於然. 惡乎不然? 不然於不然. 惡乎可? 可於可. 惡乎不可? 不可於不可.
연 어 연   오 호 불 연   불 연 어 불 연   오 호 가   가 어 가   오 호 불 가   불 가 어 불 가

物固有所然, 物固有所可. 無物不然, 無物不可.
물 고 유 소 연   물 고 유 소 가   무 물 불 연   무 물 불 가

모든 사물에는 생성과 훼멸의 분별이 없다

몇 가지 예를 들기로 한다.

가로 뻗친 들보와 세로 선 기둥, 문둥이(나병 환자)와 서시(四施: 월왕 구천이 오왕 부차에게 바쳤던 미인), 이들은 가로와 세로, 아름다움과 추함으로 해괴망측하게 상대되고 있으나 초월한 입장에서 본다면 그것은 한 가지의 사실이지, 결코 분별이 없는 것이다.

이렇게 무차별한 입장에서 본다면, 분산한다는 것은 생성하는 것이요, 생성한다는 것은 곧 훼멸(없어짐)된다는 것이니, 모든 사물에는 생성과 훼멸의 분별없이 하나로 분별되는 것이다.

오직 도를 통달한 사람만이 만물이 하나라는 섭리를 알게 된다. 그러므로 자기의 편견을 버리고 '심상尋常한 도'에 맡기게 된다.

故爲是擧莛與楹, 厲與西施, 恢恑憰怪, 道通爲一. 其分也, 成也. 其成也, 毁也.
고 위 시 거 정 여 영   여 여 서 시   회 궤 휼 괴   도 통 위 일   기 분 야   성 야   기 성 야   훼 야

凡物無成與毁, 復通爲一. 唯達者知通爲一, 爲是不用而寓諸庸.
범 물 무 성 여 훼   부 통 위 일   유 달 자 지 통 위 일   위 시 불 용 이 우 제 용

보편적이고 영원하다는 뜻의 '용庸'은 작용이란 뜻의 '용用'이니, 자연의 작용을 뜻한다. 용이란 자연과 혼연히 교통하게 되는 것으로, 자연과 통하게 되면 도를 체득하게 된다. 그 도를 체득하게 될 때에 큰 도에 접근할 수 있는 것이다. 이는 곧 천리와 자연에 맡기는 것이다. 때문에 비록 자연 그대로인 도를 따를 따름이지, 그 까닭을 알 수도 없는 것이 곧 도인 것이다.

만일 노심초사하여 억지로 만물을 하나로 보려고 해도 만물제동(萬物齊同: 모든 사물과 이치를 평등하다)의 섭리를 알 수 있는 것은 아니다. 이런 것을 조삼朝三이라 한다.

庸也者, 用也. 用也者, 通也. 通也者, 得也. 適得而幾矣. 因是已.
용 야 자   용 야   용 야 자   통 야   통 야 자   득 야   적 득 이 기 의   인 시 이

已而不知其然, 謂之道. 勞神明爲一, 而不知其同也, 謂之朝三.
이 이 부 지 기 연   위 지 도   노 신 명 위 일   이 부 지 기 동 야   위 지 조 삼

무얼 조삼朝三이라 하는가?

옛날 송나라 때 원숭이를 키우는 사람이 도토리 먹이기를 '아침에 세 개, 저녁에 네 개씩 먹이련다'하니, 원숭이들이 성을 내어 덤볐다. 다시 '그러면 아침에 네 개, 저녁에 세 개로 하면?'하니, 원숭이들이 모두 좋아했다고 한다.

명분과 실제에 있어 별다를 바 없지만, 기쁘고 성냄이 달라지는 것은 역시 자기의 편견을 따르기 때문이다. 이는 억지로 도를 알려는 사람과 다를 바 없는 것이다.

때문에 성인은 시비의 대립을 건너, 하나로 조화시키고 자연의 천균 (天鈞; 자연의 평등한 이치)에 머무는 것이다.

이는 시비가 각각 존재하게 하면서도 시비 사이에 서로 걸리지 않게 지나감을 말하는 것으로, 이것을 일컬어 '양행兩行'이라 한다.

何謂朝三?
하 위 조 삼

狙公賦芧曰:「朝三而暮四.」衆狙皆怒. 曰:「然則朝四而暮三.」衆狙皆悅.
저 공 부 서 왈   조 삼 이 모 사   중 저 개 노   왈   연 즉 조 사 이 모 삼   중 저 개 열

名實未虧而喜怒爲用, 亦因是也. 是以聖人和之以是非而休乎天鈞, 是之謂兩行.
명 실 미 휴 이 희 노 위 용   역 인 시 야   시 이 성 인 화 지 이 시 비 이 휴 호 천 균   시 지 위 양 행

성인은 본연의 빛으로 사물을 살핀다

옛사람 가운데엔 그 지혜가 궁극의 경지까지 다다른 이가 있었다.
어떻게 그 궁극의 이치를 알 수 있을까?
최고의 경지는, 천지만물을 잊고 우주 간에 아직도 아무것도 존재하지 않는다고 생각한 사람이다. 이는 가장 높은 경지여서 다시 거기에 첨가할 것이 없다.
그 다음의 경지는, 사물은 존재하지만 사물 사이에 아직 분별이 없다고 보는 것이다.
또 그 다음 경지는, 사물 사이에 분별은 있지만, 누가 옳고 누가 그르다의 시비 관념이 존재하지 않는다고 보는 것이다.
그러나 뒷날, 시비의 분별이 생기자 도는 붕괴당하고, 도가 붕괴하자 정욕은 사사롭게 돋아나는 것이다.

古之人, 其知有所至矣. 惡乎至? 有以爲未始有物者, 至矣, 盡矣, 不可以加矣.
고 지 인 　기 지 유 소 지 의 　오 호 지 　　유 이 위 미 시 유 물 자 　지 의 　진 의 　불 가 이 가 의

其次, 以爲有物矣, 而未始有封也. 其次, 以爲有封焉, 而未始有是非也. 是非之彰也,
기 차 　이 위 유 물 의 　이 미 시 유 봉 야 　　기 차 　이 위 유 봉 언 　이 미 시 유 시 비 야 　　시 비 지 창 야

道之所以虧也. 道之所以虧, 愛之所以成.
도 지 소 이 휴 야 　도 지 소 이 휴 　애 지 소 이 성

과연 도에는 생성과 붕괴의 현상이 있는 것일까?

아니면 생성과 붕괴가 없는 것일까?

도의 현상에는 생성과 붕괴가 있다.

예를 들면, 소(昭; 거문고의 명수)씨가 거문고를 뜯을 때에는 오음伍音이 전부 연주되는 것이 아니라, 이 소리가 나면 저 소리는 나지 않으므로 나는 소리는 생성이요, 나지 않는 소리는 붕괴인 것이다. 때문에 생성과 붕괴는 있다 할 수 있다. 그러나 소씨가 거문고를 던지고 뜯지 않을 때, 오음은 소리 없이 생성도 붕괴도 없는 것이다.

소씨가 거문고를 뜯고 사광(師曠; 진나라 평공平公의 악사)이 지팡이로 땅을 치면서 반주를 하고, 혜자가 책상을 비키고 변론을 벌일 때, 그들의 지혜는 최고의 경지에 다다른 것으로 명성을 당시에 떨쳤고, 뒷날 기록에도 남기게 된 것이다.

다만 그들이 즐겨하는 것은 남들과 다르다고 생각했기 때문에 나아가서는 그들이 즐겨한 바를 남에게 밝히려고 했다.

그러나 이것은 남들이 꼭 알려는 것이 아니었다.

果且有成與虧乎哉? 果且無成與虧乎哉? 有成與虧, 故昭氏之鼓琴也.
과 차 유 성 여 휴 호 재   과 차 무 성 여 휴 호 재   유 성 여 휴   고 소 씨 지 고 금 야

無成與虧, 故昭氏之不鼓琴也. 昭文之鼓琴也, 師曠之枝策也,
무 성 여 휴   고 소 씨 지 불 고 금 야   소 문 지 고 금 야   사 광 지 지 책 야

惠子之據梧也, 三子之知, 幾乎皆其盛者也, 故載之末年. 唯其好之也, 以異於彼,
혜 자 지 거 오 야   삼 자 지 지   기 호 개 기 성 자 야   고 재 지 말 년   유 기 호 지 야   이 이 어 피

其好之也, 欲以明之.
기 호 지 야   욕 이 명 지

만일 남들이 꼭 알기를 강요한다면, 이는 견백론(堅白論; 굳고 흰 돌이라는 감각에 의한 판단과, 흰 돌이라는 시각적 판단으로 분리할 수 있다는 논리)을 남에게 알리려 해도, 남들은 끝내 그것을 알 수 없는 것과 같은 것이다. 또한 소씨의 아들이 아버지의 기술을 배우고도, 끝내는 그 기술보다 더 성취시키지는 못하였다.

이상 세 사람이 만일 재능이 뛰어나 남들과 다르게 도를 이루었다고 한다면, 나도 또한 도를 이루었다 말할 것이요, 만일 이 세 사람이 도를 이루지 못했다고 한다면 남들이나 나도 모두 도를 이루지 못한 것이다. 그러므로 성인은 도를 미혹하고 세상 사람을 현혹하는 일을 없애려고 힘쓰고 있다. 그리하여 성인은 자기의 슬기를 작용하지 않고, 다만 영원한 도에 융합하려 하므로, 이를 '본연의 빛'이라 하고, 이로써 사물을 살피는 것이다.

내가 이렇게 이야기했지만, 그것이 남들이 갖고 있는 '그'와 '이'의 분별 관념과 비슷한 것일까? 비슷하지 않은 것일까?

彼非所明而明之, 故以堅白之昧終. 而其子又以文之綸終, 終身無成. 若是而可謂成乎.
피 비 소 명 이 명 지   고 이 견 백 지 매 종   이 기 자 우 이 문 지 륜 종   종 신 무 성   약 시 이 가 위 성 호

雖我無成, 亦可謂成矣. 若是而不可謂成乎? 物與我無成也. 是故滑疑之耀,
수 아 무 성   역 가 위 성 의   약 시 이 불 가 위 성 호   물 여 아 무 성 야   시 고 골 의 지 요

聖人之所圖也. 爲是不用而寓諸庸, 此之謂以明.
성 인 지 소 도 야   위 시 불 용 이 우 저 용   차 지 위 이 명

今且有言於此, 不知其與是類乎? 其與是不類乎?
금 차 유 언 어 차   부 지 기 여 시 류 호   기 여 시 불 류 호

그러나 비슷하든 비슷하지 않던, 여러 부류를 한데 합치면, 거기엔 차이가 존재할 수 없다. 아무튼 큰 도란 언어(말)로 표현할 수 없지만 시험 삼아 이야기해 보자.

시간에 있어서 시초가 있었을 것이다. 그렇다면 시초가 있기 전의, 시초가 없었을 때도 있었을 것이다. 한 걸음 더 나아가 아직 시초가 없었던 때도 있었을 것이다.

마찬가지로 '유有'라는 것이 있었다면, 유 이전의 '무無'가 있었을 것이고, 다시 그 무가 없었던 상태도 있었을 것이다.

유와 무의 관계는 본래 이렇게 순환적이다.

그러나 유와 무는 불현듯 또 나타나, 우리는 있고 없고의 결과가 누구에게는 있고 누구에게는 없는지를 알 수 없다.

나는 말로 하는 것을 반대해 왔다. 그러나 여기까지 말하지 않을 수 없었다. 다만 내 말엔 시비의 고집이 없었거늘 내 말이 도대체 무엇을 말했다고 할 수 있을지, 아니면 없었다고 할지?

類與不類, 相與爲類, 則與彼無以異矣. 雖然, 請嘗言之.
류 여 불 류   상 여 위 류   즉 여 피 무 이 이 의   수 연   청 상 언 지

有始也者, 有未始有始也者, 有未始有夫未始有始也者.
유 시 야 자   유 미 시 유 시 야 자   유 미 시 유 부 미 시 유 시 야 자

有有也者, 有無也者, 有未始有無也者, 有未始有夫未始有無也者.
유 유 야 자   유 무 야 자   유 미 시 유 무 야 자   유 미 시 유 부 미 시 유 무 야 자

俄而有無矣, 而未知有無之果孰有孰無也. 今我則已有謂矣, 而未知吾所謂之其果有
아 이 유 무 의   이 미 지 유 무 지 과 숙 유 숙 무 야   금 아 즉 이 유 위 의   이 미 지 오 소 위 지 기 과 유

謂乎, 其果無謂乎?
위 호   기 과 무 위 호

자연의 도에 내 발걸음을 맡겨야 한다

형체상으로 보는 천지만물엔 대소의 분별이 있지만, 성분상으로 보는 천지만물엔 대소의 분별이 없다.

말하자면 가을날 짐승의 털끝보다 큰 것은 천하에 없고, 태산은 오히려 작은 것이라고 할 수 있다. 일찍 요절한 어린 아이보다 오래 산 이는 없고, 팽조는 오히려 요절했다고 할 수 있는 것이다.

형체의 대소, 수명의 장단이 없기 때문에 천지는 비록 장수한 듯하지만, 나와 함께 공존하며, 천차만별인 만물도 나와 같이 하고 있는 것이다.

천지만물이 한 덩이로 통달되었을 때 또 무슨 언어가 필요할까? 그러나 '만물이 한 덩이로 통달되다'란 말도 말로 형용될 수밖에 없는 것이다.

天下莫大於秋毫之末, 而大山爲小, 莫壽於殤子, 而彭祖爲夭. 天地與我並生, 而萬物
천 하 막 대 어 추 호 지 말   이 태 산 위 소   막 수 어 상 자   이 팽 조 위 요   천 지 여 아 병 생   이 만 물

與我爲一. 旣已爲一矣. 且得有言乎? 旣已謂之一矣, 且得無言乎.
여 아 위 일   기 이 위 일 의   차 득 유 언 호   기 이 위 지 일 의   차 득 무 언 호

이렇게 언어로 표현하는 일이 불가피하다면, '하나'라는 사실과 하나라는 언어가 합쳐서 둘이 된다. 하나라는 언어가 생겼을 때, 또 하나의 상대적인 명칭이 생기는 이 두 가지의 명칭에다 본래 하나라는 사실을 합하면 셋이 되는 것이다.

이렇게 계속 늘어나게 되면 아무리 수학에 능한 사람일지라도(계산을 잘하는 사람) 헤아릴 수 없게 될 것이므로, 하물며 평범한 필부에게는 당해낼 수 없는 것이다.

이처럼 무에서 유로 발전한다면, 곧 세 가지 시비의 명칭까지 번졌거늘, 하물며 처음부터 유에서 출발하여 유로 나간다면, 번잡한 분별 속에서 견딜 수 없을 것이다.

그래서 차라리 언어의 분별과 시비의 관념을 버리고 자연의 도에 내 발걸음을 맡겨야 한다.

一與言爲二, 二與一爲三. 自此以往, 巧曆不能得, 而況其凡乎.
일 여 언 위 이   이 여 일 위 삼   자 차 이 왕   교 력 불 능 득   이 황 기 범 호

故自無適有以至於三, 而況自有適有乎! 無適焉, 因是已.
고 자 무 적 유 이 지 어 삼   이 황 자 유 적 유 호   무 적 언   인 시 이

사람의 지혜는 모르는 데에 그치고 마는 것이 오히려 최고의 지혜다

무릇 도道란 어디든지 있는 것, 결코 한계가 없는 것이다. 언어는 본래 '그'와 '이'의 분별 때문에 시비가 따르기 마련이다. 그러기 때문에 언어는 차별을 갖게 마련이고, 따라서 한계를 면치 못한다.

언어의 한계에 대한 예를 들어 보자.

좌左가 있으면 우右가 있고, 원칙적인 사리(이론)가 있으면 비판적(설명)인 것이 있고, 분(分, 분석)에 대해 변(辯, 분별)이 있고, 경(競, 대립)에 대해 쟁(爭, 다툼)이 있다.

이것을 여덟 가지 덕, 팔덕(八德)이라 하는데, 사람마다 지니고 있는 작용이다.

그러므로 성인은 육합(六合: 하늘과 땅, 그리고 사방) 외의 문제, 즉 형이상形而上의 문제는 언어로 형용할 수 없는 것으로 여겨 논의의 대상을 삼지 않았고, 육합 안의 문자, 즉 형이하形而下의 문제는 논급한 바 있으나 비평을 가하진 않았다.

夫道未始有封, 言未始有常, 爲是而有畛也.
부 도 미 시 유 봉   언 미 시 유 상   위 시 이 유 진 야

請言其畛: 有左, 有右, 有倫, 有義, 有分, 有辯, 有競, 有爭, 此之謂八德.
청 언 기 진   유 좌   유 우   유 륜   유 의   유 분   유 변   유 경   유 쟁   차 지 위 팔 덕

六合之外, 聖人存而不論, 六合之内, 聖人論而不議.
육 합 지 외   성 인 존 이 불 론   육 합 지 내   성 인 론 이 불 의

『춘추春秋』는 시대의 기록이요, 선왕의 사적인바 세상을 다스리는 길(경륜)을 쓴 책이다. 그러므로 옛 임금들의 뜻이 실려 있는데, 성인은 거기에 논급하여 당시의 이익을 따졌지만, 결코 사견으로 시비하거나 공박하지는 않았다.

그러므로 성인은 도道를 억지로 분석하지 않는 태도로 사물을 분석했고, 억지로 변론하지 않는 태도로 사물을 분별했다. 그것은 성인이 도를 자기 몸에 품고 그것을 자기와 일체로 삼으나 범인은 한사코 그것을 변론하여 남에게 자기를 과시하려 한다. 때문에 변론이란 아무리 해 보아도 남에게 진리를 송두리째 보일 수는 없는 것이다.

무릇 진정한 대도大道는 이름을 붙일 수 없고, 진정한 변론은 말로써 되는 것이 아니다. 따라서 진정 대인(大仁: 위대한 사랑)한 이는 그 표현이 무심하고(사랑하지 않는 듯 하여도 사랑이 있는 모습), 위대한 청렴은 그의 모습을 드러내지 않으며, 위대한 용기는 남을 해치지 않는다.

春秋經世先王之志, 聖人議而不辯. 故分也者, 有不分也, 辯也者, 有不辯也.
춘 추 경 세 선 왕 지 지 성 인 의 이 불 변   고 분 야 자   유 불 분 야   변 야 자   유 불 변 야

曰: 何也? 聖人懷之, 衆人辯之以相示也.
왈   하 야   성 인 회 지   중 인 변 지 이 상 시 야

故曰辯也者, 有不見也. 夫大道不稱, 大辯不言, 大仁不仁, 大廉不嗛, 大勇不忮.
고 왈 변 야 자   유 불 견 야   부 대 도 불 칭   대 변 불 언   대 인 불 인   대 렴 불 겸   대 용 불 기

도를 밖으로 빛나게 함은 진정한 도가 아니요, 말을 지나치게 지껄이면 진실에 미치지 못한다. 따라서 인仁도 너무 고집하면 널리 퍼질 수 없고, 청렴함이 분명히 드러난다면, 도리어 그 내심을 믿을 수 없게 되며, 용기도 너무 맹렬하면 도리어 남의 원한을 사는 법이다.

이 다섯 가지는 본래 둥근 것이거늘, 형적(形迹; 사물의 형상과 자취를 아울러 이르는 말)에 구애되어 오히려 모진 것으로 가까워지고 만 것이다. 그러므로 사람의 지혜란 모르는 데에 그치고 마는 것이 오히려 최고의 지혜가 된다.

이처럼 사람의 본분을 지켜야만 극점에 다다를 수 있거늘, 누가 감히 언어로 쓸모없는 변론과 이름 지을 수 없는 도를 알 수 있겠는가?

만약 있다면 전지전능한 자연의 보고인 '천부(天府; 자연의 창고)'라고 할 수 있을 것이다.

거기엔 아무리 물을 부어도 넘치지 않고, 아무리 퍼내도 마르지 않으면서 오히려 수원水源을 알 수 없는 경지일 테니, 이러한 경지를 바로 빛을 싸서 감추는 '보광葆光'이라 말하는 것이다.

道昭而不道, 言辯而不及, 仁常而不成, 廉淸而不信, 勇忮而不成. 五者圓, 而幾向方矣.
도 소 이 부 도 언 변 이 불 급 인 상 이 불 성 염 청 이 불 신 용 기 이 불 성 오 자 원 이 기 향 방 의

故知止其所不知, 至矣. 孰知不言之辯, 不道之道?
고 지 지 기 소 부 지 지 의 숙 지 불 언 지 변 부 도 지 도

若有能知, 此之謂天府. 注焉而不滿, 酌焉而不竭, 而不知其所由來, 此之謂葆光.
약 유 능 지 차 지 위 천 부 주 언 이 불 만 작 언 이 불 갈 이 부 지 기 소 유 래 차 지 위 보 광

덕망만이 만인을 고루 비추어 살게 할 수 있다

옛날에 요임금이 순에게 물었다.

"나는 종(宗)·회(膾)·서오(胥敖)의 세 나라를 정벌하고 싶소. 천자의
자리에 있으면서도 늘 이 생각을 버릴 수가 없으니 그 까닭을 모르
겠소?"

순이 대답했다.

"그 세 나라의 군주들은 쑥대가 무성하고 미개한 땅을 거느리고 있습
니다. 하필이면 그네들을 치시겠다고 하심은 무슨 까닭인지요?
옛날 열 개의 태양이 한꺼번에 지상을 비추어 곡식은 타 죽었다 합
니다. 오직 폐하의 덕망만이 만인을 고루 비추어 살게 할 수 있었습
니다. 하물며 덕이 해보다도 더 뛰어나신 임금께서 그러실 수 있으
십니까?"

故昔者堯問於舜曰:『我欲伐宗·膾·胥敖, 南面而不釋然. 其故何也?』
고 석 자 요 문 어 순 왈 아 욕 벌 종 회 서 오 남 면 이 불 석 연 기 고 하 야

舜曰:『夫三子者, 猶存乎蓬艾之間. 若不釋然, 何哉? 昔者十日並出, 萬物皆照,
순 왈 부 삼 자 자 유 존 호 봉 애 지 간 약 불 석 연 하 재 석 자 십 일 병 출 만 물 개 조

而況德之進乎日者乎?』
이 황 덕 지 진 호 일 자 호

지인은 이해를 따지는 마음쯤이야 그 마음에 둘 턱이 없다

설결(齧缺: 요임금 대의 어진 선비로 허유의 스승이자 왕예의 제자)이 그의 스승에게 물었다.

"선생님은 모든 사물이 절대적인 진리임을 아시고 계십니까?"

"내가 어떻게 안단 말인가?"

"그러면 선생님은 무엇을 모르고 계신 줄은 아십니까?"

"그것도 모르지."

"그러면 모든 만물도 선생님처럼 모르고 있는 겁니까?"

"그것도 모르겠군. 그렇다면 시험 삼아 몇 마디 해보지. 이른바 내가 안다고 하는 것을 어찌 안다고 할 수 있고, 이른바 내가 모른다는 것을 어찌 모른다고만 할 수 있을까? 한 가지 자네에게 묻겠는데, 사람이 습기 찬 곳에서 자면 요통이 생겨 끝내는 반신불수로 죽는데, 미꾸라지도 그렇던가?

또 사람이 나무에 오르면 몸을 바들바들 떨고 있는데 원숭이도 그렇던가?

齧缺問乎王倪曰：『子知物之所同是乎?』
설 결 문 호 왕 예 왈   자 지 물 지 소 동 시 호

曰：『吾惡乎知之.』『子知子之所不知邪?』曰：『吾惡乎知之.』『然則物無知邪?』
왈   오 오 호 지 지   자 지 자 지 소 부 지 야   왈   오 오 호 지 지   연 즉 물 무 지 야

曰：『吾惡乎知之. 雖然嘗試言之. 庸詎知吾所謂知之非不知邪? 庸詎知吾所謂不知之
왈   오 오 호 지 지   수 연 상 시 언 지   용 거 지 오 소 위 지 지 비 부 지 야   용 거 지 오 소 위 부 지 지

非知邪?
비 지 야

且吾嘗試問乎汝: 民濕寢則腰疾偏死, 鰌然乎哉? 木處則惴慄恂懼, 猨猴然乎哉?
차 오 상 시 문 호 여   민 습 침 즉 요 질 편 사   추 연 호 재   목 처 즉 췌 률 순 구   원 후 연 호 재

이 세 가지 사람·미꾸라지·원숭 중에서 누구의 거처가 정당하다고 생각되는가? 사람들은 소·양과 개·돼지를 잡아 육식을 즐기고, 고라니와 사슴은 풀을 먹고, 지네는 뱀을 잘 먹고, 올빼미와 까마귀는 쥐를 즐겨 먹으니, 도대체 이 네 가지 중에 누가 진정한 맛을 안다고 생각되는가? 그뿐인가? 원숭이는 편저(猵狙: 원숭이의 종류)를 암컷으로 삼고, 고라니는 암사슴과 정을 통하고, 미꾸라지는 물고기들과 짝을 지어 자기들끼리 노닐 걸세.

그런데 모장(毛嬙: 월왕의 미희)이나 여희(麗姬: 진나라 헌공의 미희)는 사람들이 일컫는 절세미인이지만, 물고기가 그녀를 보면 물속으로 숨어버릴 게고, 새들이 그녀를 보면 하늘 높이 날아갈 것이고, 사슴들이 보면 그도 겁을 먹고 뺑소니치고 말 것일세.

그렇다면 도대체 이 넷 중에서 누가 천하의 미를 안다고 생각되는가? 내가 보기엔 인의(仁義)의 분별이나 시비의 길은 착잡하게 헝클어져 난들 어찌 그 분별을 알 수 있겠는가?"

三者孰知正處?
삼 자 숙 지 정 처

民食芻豢, 麋鹿食薦, 蝍蛆甘帶, 鴟鴉嗜鼠, 四者孰知正味? 猨猵狙以爲雌, 麋與鹿交,
민 식 추 환 미 록 식 천 즉 저 감 대 치 아 기 서 사 자 숙 지 정 미 원 편 저 이 위 자 미 여 록 교

鰌與魚游. 毛嬙·麗姬, 人之所美也, 魚見之深入, 鳥見之高飛, 麋鹿見之決驟.
추 여 어 유 모 장 여 희 인 지 소 미 야 어 견 지 심 입 조 견 지 고 비 미 록 견 지 결 취

四者孰知天下之正色哉?
사 자 숙 지 천 하 지 정 색 재

自我觀之, 仁義之端, 是非之塗, 樊然殽亂, 吾惡能知其辯?」
자 아 관 지 인 의 지 단 시 비 지 도 번 연 효 란 오 오 능 지 기 변

설결은 계속해서 물었다.

"선생님께서는 이해(利害; 이롭고 해로운 것)를 모르시는 듯합니다. 그렇다면 지덕至德한 사람도 이해를 모를까요?"

왕예가 대답하였다.

"지덕한 사람, 즉 지인은 신비로운 것이다. 큰 연못을 말릴 뜨거운 불, 산림이 훨훨 타올라도 그를 태우지는 못하고, 큰 강이 얼어붙는다 해도 그를 춥게는 못하고, 더구나 산을 뒤엎는 우레와, 바다를 뒤집는 폭풍이 밀려온다 해도 그를 놀라게 하지는 못할 것이다. 뿐만 아니라 지인은 오히려 구름을 타고, 거기다가 해와 달에 올라 앉아 저 멀리 사해의 밖 무궁한 허공을 소요하면서 삶도 죽음도 그와는 아랑곳없을 테니, 하물며 그 따위 이해를 따지는 마음쯤이야 그 마음에 둘 턱이 있겠나?"

齧缺曰: 『子不知利害, 則至人固不知利害乎?』
설 결 왈   자 부 지 이 해 즉 지 인 고 부 지 이 해 호

王倪曰: 『至人神矣! 大澤焚而不能熱, 河漢沍而不能寒, 疾雷破山而不能傷, 飄風振海
왕 예 왈   지 인 신 의   대 택 분 이 불 능 열 하 한 호 이 불 능 한 질 뢰 파 산 이 불 능 상   표 풍 진 해

而不能驚.
이 불 능 경

若然者, 乘雲氣, 騎日月, 而遊乎四海之外. 死生無變於己, 而況利害之端乎?』
약 연 자 승 운 기 기 일 월 이 유 호 사 해 지 외 사 생 무 변 어 기 이 황 이 해 지 단 호

성인은 만물을 모두 있는 그대로 두고
그냥 되는 대로 살아간다

구작자瞿鵲子가 장오자長梧子에게 물었다.

"저는 선생님의 이런 말씀을 들었습니다. 성인은 세상의 속무(俗務; 속된 일)에 따르지 않고, 이익을 좇지 아니하고, 해로움을 피하려고도 아니할 뿐더러, 없는 것을 구차하게 구하지도 않거니와, 도덕을 따르는 일도 없다더군요. 말하지 않았건만 말한 것이 있기 마련이고, 말을 했건만 도리어 말을 안 한 것이 된다더군요. 그리하여 속세를 초탈하여 멀리 노닌다고요.

선생님께선 이것을 맹랑한 말이라고 하시지만, 제 생각엔 거기에 오묘한 도가 있다고 여기는데 선생님께서는 어떻게 생각하십니까?"

장오자가 대답했다.

"이것은 황제 같은 성인일지라도 들으면 당황하여 어리둥절할 말이다. 하물며 나 같은 사람이야 어찌 알겠느냐? 그런데 자네가 이 말을 처음으로 듣고 오묘하다고 여기는 것은 너무 성급한 것 같다.

瞿鵲子問乎長梧子曰:『吾聞諸夫子, 聖人不從事於務, 不就利, 不違害, 不喜求,
구작자문호장오자왈 오문저부자 성인부종사어무 불취리 불위해 불희구

不緣道, 無謂有謂, 有謂無謂, 而遊乎塵垢之外.」
불연도 무위유위 유위무위 이유호진구지외

夫子以爲孟浪之言, 而我以爲妙道之行. 吾子以爲奚若?』
부자이위맹랑지언 이아이위묘도지행 오자이위해약

長梧子曰:『是皇帝之所聽熒也, 而丘也何足以知之,
장오자왈 시황제지소청형야 이구야하족이지지

자네의 그런 태도는 마치 달걀을 보자 새벽을 알리는 닭을 생각하고, 탄궁(彈弓; 새를 잡는 탄환을 쏘는 활)을 보자 곧 부엉이 고기구이를 생각하는 것과 같은 일이다."

그는 계속 말하였다.

"기왕 꺼낸 김에 계속해서 망언을 할 터이니 자네도 아무렇게나 들어보게! 성인이란 해와 달에 의지해 행동하고 영원히 빛나는 우주를 품에 낀 듯이 처신한다. 행동은 만물과 한 덩어리 되어, 그 몸을 혼돈 속에 놓아두고는 천한 사람에 이르기까지 귀히 여겨 아무런 분별을 하지 않는다.

그런데 범인들은 시비의 구렁텅이에서 서로 악착스레 하지만, 성인은 멍청할 정도로 모든 것을 망각하고 지낸다. 유구한 세월 속에 모든 사물이 천양만태로 변하는 그 가운데 몸을 던지면서도 한 가닥 도를 지키기에 순수할 뿐이다. 모든 사물이 그렇지 않은 것이 없거늘 다만 성인만은 만물을 모두 있는 그대로 두고 그냥 되는 대로 살아가는 것이다."

且汝亦大早計, 見卵而求時夜, 見彈而求鴞炙.』
차 여 역 대 조 계   견 란 이 구 시 야   견 탄 이 구 효 자

『予嘗爲女妄言之, 女以妄聽之笑! 旁日月, 挾宇宙, 爲其脗合, 置其滑涽, 以隸相尊.
여 상 위 여 망 언 지   여 이 망 청 지 해   방 일 월   협 우 주   위 기 문 합   치 기 골 혼   이 례 상 존

衆人役役, 聖人愚芚, 參萬歲而一成純. 萬物盡然, 而以是相蘊.』
중 인 역 역   성 인 우 둔   참 만 세 이 일 성 순   만 물 진 연   이 이 시 상 온

큰 깨어남이 있어야만 비로소 이 삶이
큰 꿈임을 알게 된다

장오자의 말은 계속되었다.

"삶을 탐하는 것이 하나의 미혹이 아니라고 자네는 부정할 수 있겠는가! 죽음을 두려워하는 것이 마치 어려서 고향을 떠나 타향을 유랑하다가 커서도 귀향할 줄을 모르는 것과 같다고 자네는 생각되지 않겠는가! 여희麗姬는 애(융나라의 변경)땅의 국경지기의 딸이었네. 진나라로 시집갈 때 어찌나 울었는지 눈물로 옷깃을 적셨는데, 헌공獻公의 왕실에 들어선 뒤, 왕과 푹신한 침상에 뒹굴면서 미식을 즐기게 되면서부터는 당초에 울고불고하던 것을 후회했다고 하더군! 마찬가지로 죽은 사람이, 죽어 보니까 비로소 그 죽음이 편안하여 왜 죽기 전에는 살려고 발버둥 쳤나를 후회할지 알았겠는가!"

장오자의 말은 계속되었다.

"꿈과 현실은 더러 상반된다. 꿈속에 술을 마시며 즐기던 자가 아침이 되어 통곡하는 일도 있거니와, 꿈속에 울고불고 하더니만 낮에 사냥질을 하면서 좋은 일이 생기기도 한다.

『予惡乎知說生之非惑邪! 予惡乎知惡死之非弱喪而不知歸者邪!
여 오 호 지 열 생 지 비 혹 야 여 오 호 지 오 사 지 비 약 상 이 부 지 귀 자 야

麗之姬, 艾封人之子也, 晉國之始得之也, 涕泣沾襟, 及其至於王所, 與王同筐牀,
여 지 희 애 봉 인 지 자 야 진 국 지 시 득 지 야 체 읍 첨 금 급 기 지 어 왕 소 여 왕 동 광 상

食芻豢, 而後悔其泣也. 予惡乎知夫死者不悔其始之蘄生乎!』
식 추 환 이 후 회 기 읍 야 여 오 호 지 부 사 자 불 회 기 시 지 기 생 호

『夢飮酒者, 旦而哭泣, 夢哭泣者, 旦而田獵.
몽 음 주 자 단 이 곡 읍 몽 곡 읍 자 단 이 전 렵

꿈속에선 그것이 꿈인 줄 모르고 그 꿈의 길흉을 점치기에 버둥거리다가 꿈이 깬 뒤에야 그것이 한바탕 꿈이었던 것을 알게 되는 것이다. 또한 큰 깨어남이 있어야만 비로소 이 삶이 큰 꿈임을 알게 된다. 그런데 어리석은 사람은 스스로 정신을 차리고 있다고 뽐내고 자기가 명철하게 사물을 보고 있는 줄 안다. 그것뿐인가? 어떤 것은 높다고 추켜세우고 어떤 것은 천하다고 업신여기니 얼마나 고루한 짓인가? 나도 지금 자네와 더불어 꿈속에 있는 것이다. 내가 자네더러 꿈속에 있다고 하는 것도 결국은 나도 꿈속이란 말이다. 이런 말을 사람들은 지극히 기묘하다고 할 것이다. 만세(萬世, 오랜 세월)라도 지나 이런 말을 이해하는 위대한 성인을 한 번 만나서 그 뜻을 알게 된다 하더라도 그것은 하루 사이에 만나는 것이다."

方其夢也, 不知其夢也. 夢之中又占其夢焉, 覺而後知其夢也.
방 기 몽 야, 부 지 기 몽 야   몽 지 중 우 점 기 몽 언   교 이 후 지 기 몽 야

且有大覺而後知此其大夢也. 而愚者自以爲覺, 竊竊然知之.
차 유 대 교 이 후 지 차 기 대 몽 야   이 우 자 자 이 위 교   절 절 연 지 지

君乎, 牧乎, 固哉! 丘也與女, 皆夢也. 予謂女夢, 亦夢也.
군 호   목 호   고 재   구 야 여 여   개 몽 야   여 위 여 몽   역 몽 야

是其言也, 其名爲弔詭. 萬世之後而一遇大聖, 知其解者, 是旦暮遇之也.』
시 기 언 야   기 명 위 적 궤   만 세 지 후 이 일 우 대 성   지 기 해 자   시 단 모 우 지 야

올바른 판정은 무엇인가?

장오자의 말은 그칠 줄 몰랐다.

"만일 자네와 내가 변론을 벌이다가 자네가 나를 이겼다고 하자. 그러면 자네의 말은 필연코 옳은 것이고, 내 말은 필연코 틀린 것인가? 거꾸로 내가 자네를 이겼다면 나는 과연 옳고, 자네는 과연 그른 것이 되겠는가? 아니면 어느 쪽은 옳고 어느 쪽은 틀린 것인가? 그것도 아니면, 두 가지가 다 옳고, 두 가지가 다 그르다는 말인가? 나와 자네 사이에는 피차의 편견으로 서로 물러서지 않을 것이다. 설사 남을 불러들인다 해도 더구나 망설이고 말 것이다. 누구를 불러야 우리를 올바르게 판정해 줄까?

만일 자네의 견해를 동조하는 사람더러 판정을 청한다면 그 결과는 자네의 견해와 같은 것이 뻔한 일일 터이니, 어찌 그 사람의 판정이 공정하다고 할 수 있겠는가 말이다. 경우를 바꾸어서 나의 견해에 동조하는 사람을 불러 판정을 청한다면 그 결과도 내 견해와 같을 것이 뻔할 터이니, 도대체 그 사람의 판정을 공정하다고 할 수 있겠는가?

『既使我與若辯矣, 若勝我, 我不若勝, 若果是也, 我果非也邪?
　기 사 아 여 약 변 의　약 승 아　아 불 약 승　약 과 시 야　아 과 비 야 야

我勝若, 若不吾勝, 我果是也, 而果非也邪? 其或是也, 其或非也邪? 其俱是也,
아 승 약　약 불 오 승　아 과 시 야　이 과 비 야 야　기 혹 시 야　기 혹 비 야 야　기 구 시 야

其俱非也邪? 我與若不能相知也, 則人固受黮闇, 吾誰使正之?
기 구 비 야 야　아 여 약 불 능 상 지 야　즉 인 고 수 담 암　오 수 사 정 지

使同乎若者正之? 既與若同矣, 惡能正之?
사 동 호 약 자 정 지　기 여 약 동 의　오 능 정 지

使同乎我者正之? 既同乎我矣, 惡能正之?
사 동 호 아 자 정 지　기 동 호 아 의　오 능 정 지

그렇다면 이번에는 나나 자네의 견해를 달리하는 사람을 청하여 판정을 내린다면, 그 사람 또한 나와 자네의 견해를 달리한 이상, 어찌 올바른 판정을 내려 주겠는가! 마지막으로 나나 자네의 견해를 같이 하는 사람을 청하여 판정을 구한다면, 그 결과가 나와 자네의 견해와 다를 바 없을 터이니, 그도 어찌 바른 판정을 해주리라고 생각되는가! 그러다보면 나나 자네나 제삼자는 모두 무엇이 옳고 무엇이 그른가를 모르는 것이 되는 것이다. 도대체 이밖의 누구를 청해야 된단 말인가?"

使異乎我與若者正之, 旣異乎我與若矣, 惡能正之!
사 이 호 아 여 약 자 정 지   기 이 호 아 여 약 의 오 능 정 지

使同乎我與若者正之, 旣同乎我與若矣, 惡能正之!
사 동 호 아 여 약 자 정 지   기 동 호 아 여 약 의 오 능 정 지

然則我與若與人俱不能相知也, 而待彼也邪』
연 즉 아 여 약 여 인 구 불 능 상 지 야   이 대 피 야 야

상대적인 관념을 버리고
자연에 순응하는 천예가 필요하다

장오자는 시비是非의 분규에 대하여 계속 풀이해 갔다.

"결국은 피차 상대적인 관념을 버리고 자연에 순응하는 천예(天倪: 자연의 분수)가 필요하다.

그러면 어떻게 천예로 조화할 수 있겠는가?

옳다는 것과 그르다는 것이 상대적이요, 그렇다고 시인하는 것과 그렇지 않다고 부인하는 것이 상대적이거늘 그 상대적인 대립은 모두 허망한 것이다. 때문에 '옳음'은 반드시 옳지 못했고, 그렇다고 시인하던 것도 반드시 그런 것은 아니다. '옳음'이 절대적으로 옳다면, 여기엔 시와 비의 분별이 생겨나고, 그렇다고 시인하던 것이 절대적으로 그렇다면, 시인과 부인의 분별은 면할 수 없는 것이다.

그러나 지금 자네가 옳다고 하던 것을 나는 옳지 않다고 말하고, 내가 옳다고 말한 것은 자네가 그르다고 하지 않는가?

『化聲之相待, 若其不相待,
　화 성 지 상 대　　약 기 불 상 대

和之以天倪, 因之以曼衍,
　화 지 이 천 예　　인 지 이 만 연

所以窮年也. 何謂和之以天倪?
　소 이 궁 년 야　　하 위 화 지 이 천 예

시비나 긍정, 부정은 모두 절대적인 것이 아니다. 시비의 대립은 모두 허환(虛幻: 비 현실적인 것)한 것이라 결국 대립이 없는 것과 같은 것이다.

이런 허환한 대립을 자연적인 원칙에 화합시켜 자연 무한한 변화와 그 운행에 몸을 맡기고 하늘이 준 목숨대로 살아가는 것이다.

그러면서 세월을 잊고 시비를 간파하여 시비의 명의名義를 잊고, 무궁한 우주 속에 노닐면서, 그 무궁한 절대적 세계에 몸을 맡기는 것이다."

曰: 是不是, 然不然. 是若果是也, 則是之異乎不是也, 亦無辯, 然若果然也, 則然之異
왈   시불시   연불연   시약과시야   즉시지이호불시야   역무변   연약과연야   즉연지이

乎不然也亦無辯. 忘年忘義, 振於無竟, 故寓諸無竟.』
호불연야역무변   망년망의   진어무경   고우저무경

자연 그대로를 따라 움직인다

망량(罔兩: 그림자 밖에 있는 희미한 그늘)이 그림자에게 물었다.

"조금 전에 보니까 당신이 움직이고 있었는데 지금 보니 멈춰 있소. 아까는 앉아 있더니 지금은 일어나 있고, 당신은 어째서 그처럼 일정한 마음가짐이 없는가?"

그림자가 대답했다.

"당신이 말한 대로 일정한 마음가짐이 없는 것은 사실이오. 나는 무엇인가 형체를 따르고 있는 것이오. 내가 이렇게 움직이고 있는 것은, 내가 또 무엇인가 다른 형체를 따라 움직이고 있는 것이 아닐까? 내 행동은 피동일 뿐이오. 마치 뱀이 뱀의 배 아래 비늘에 의하여 기어가고, 매미가 그 날개를 힘입어 날을 수 있는 것과 같을지 모르오.

내가 왜 그렇게 되는지, 혹은 왜 그러면 안 되는지를 어떻게 알겠소. 그저 자연 그대로를 따라 움직이고 있는 것이오!"

罔兩問景曰：『曩子行, 今子止, 曩子坐, 今子起, 何其無特操與?』
망 량 문 영 왈　　낭 자 행　금 자 지　낭 자 좌　금 자 기　하 기 무 특 조 여

景曰：『吾有待而然者邪, 吾所待又有待而然者邪? 吾待蛇蚹蜩翼邪. 惡識所以然.
영 왈　오 유 대 이 연 자 야　오 소 대 우 유 대 이 연 자 야　오 대 사 부 조 익 야　오 식 소 이 연

惡識所以不然!』
오 식 소 이 불 연

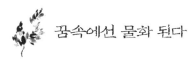 꿈속에선 물화 된다

예전에 나는 내가 나비가 되어 훨훨 날아 본 꿈을 꾼 적이 있다.
그때 나는 우쭐대면서 훨훨 날아다니는 한 마리 나비였었다.
그리고 그냥 즐거울 뿐, 별로 그것이 싫지 않았을 뿐만 아니라 그것
이 바로 장주(莊周: 장자 자신)인 줄도 까맣게 잊고 있었다. 소스라쳐 꿈
이 깨자, 나는 여전히 형체가 있는 나인 줄도 알게 되었다.
도대체 장주가 나비된 꿈을 꾼 것인지, 아니면 나비가 장자 된 꿈을
꾼 것인지 모르겠다. 그러나 장주와 나비는 분명히 별개의 것이다. 그
러나 꿈속에선 누가 누군지 서로의 관계가 애매해진다.
이를 이른바 물화(物化: 한 물건이 다른 물건으로 변화)라고 하니, 즉 두 가
지 사물이 하나로 됨을 말하는 것이다.

昔者莊周夢爲胡蝶, 栩栩然胡蝶也, 自喻適志與! 不知周也. 俄然覺, 則蘧蘧然周也.
석 자 장 주 몽 위 호 접   허 허 연 호 접 야   자 유 적 지 여   부 지 주 야   아 연 교   즉 거 거 연 주 야

不知周之夢爲胡蝶與, 胡蝶之夢爲周與? 周與胡蝶, 則必有分矣. 此之謂『物化』.
부 지 주 지 몽 위 호 접 여   호 접 지 몽 위 주 여   주 여 호 접   즉 필 유 분 의   차 지 위 물 화

제3편

양생주 養生主

'양생주'란 '삶을 길러 주는 주인'이란 뜻이다.
우리 몸이란 생명에 부수되어 있는 것이며,
마음이나 지각은 또 신경의 작용에 의한 것이다.
따라서 몸이나 마음은 모두 생명의 주인이 될 수 없는 것이다.
곧 자기 몸이나 마음에 따라 움직이는 일없이 언제나 자연을 따르고
사물을 거스르지 않을 때, 비로소 행복한 인생의 길이 열린다는 것이다.

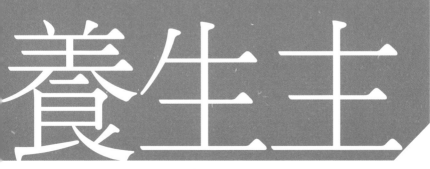
養生主

자연의 정도正道를 따라야 한다

우리들의 생명엔 한계가 있지만, 우리들의 지혜엔 한계가 없다. 유한한 생명체로 무한한 지혜를 추구한다는 것은 위험한 일일 뿐이다. 더구나 이런 위험을 알지 못하면서 다시 지혜를 얻으려는 것은 더욱 피곤해 버리고 만다.

선을 행한다 해도 명성을 얻으려 해서는 안 되고, 악을 행한다 해도 형벌을 불러들여서는 안 되는 것이다.

자연의 정도(正道, 올바른 길)를 따라 적당한 선을 지켜야만 비로소 그대의 몸을 보전할 수 있고, 그대의 생명을 보전할 수 있고, 나아가서는 그대의 부모를 봉양하면서 하늘이 준 수명을 다할 수 있는 것이다.

해설

왕선겸(王先謙: 청대淸代 말기의 학자)의 말을 빌면, 장자가 말한 양생의 종지(宗旨, 근본이 되는 중요한 뜻)는 모든 사물의 자연적인 이치를 순응하면서도 그 사물에 구애당하지 않고, 모든 감정의 복잡한 비환을 잊으면서도 그 천명을 거역하지 않는 것에 있다고 했다. 그것은 오직 자연에 순응하면서 삶과 죽음을 같은 이치로 보고, 다시 이 광대한 천지의 운행과 함께 존재함으로써 얻어지는 것이다. 양생을 자칫하면 장생불로의 선도(仙道, 신선의 도)로 오해되는 경우도 있으나, 장자 본연의 종지는 결코 생명의 사악한 욕심에 둔 것이 아니다. 본편 중에 간혹 장자의 본지를 멀리한 곳이 보이기 때문에, 어떤 이는 후인들의 가필이라 의심하기도 한다는 것을 부언해 둔다.

吾生也有涯, 而知也無涯. 以有涯隨無涯, 殆已. 已而爲知者, 殆而已矣. 爲善無近名,
오 생 야 유 애   이 지 야 무 애   이 유 애 수 무 애   태 이   이 이 위 지 자   태 이 이 의   위 선 무 근 명

爲惡無近刑. 緣督以爲經, 可以保身, 可以全生, 可以養親, 可以盡年.
위 악 무 근 형   연 독 이 위 경   가 이 보 신   가 이 전 생   가 이 양 친   가 이 진 년

삶을 기르는 양생을 터득하다

양혜왕(梁惠王: 전국시대 양나라 혜왕)의 주방장(백정)이 왕을 위해 소를 잡은 적이 있었다.

그의 손이 닿는 곳이나 어깨를 기대는 곳, 발로 밟는 곳, 무릎으로 누르는 곳, 그 동작 하나가 움직일 때마다 삐걱삐걱 쓱쓱 하며 뼈와 살이 떨어지는 소리와 칼질하는 소리가 범벅이 되어 들렸는데 그것이 모두 음악의 가락에 맞았다.

마치 상림(桑林: 탕湯임금이 만들었다는 춤)의 춤과 같고, 경수(經首: 요임금의 음악인 함지咸池의 악장)의 음악도 연상케 했다. 보고 있던 양혜왕이 탄식하며 입을 열었다.

"기막히군, 아아, 훌륭하다! 손재주가 이런 경지에까지 이를 수가 있는가?"

주방장은 칼을 놓고 대답했다.

"제가 즐기는 것은 도락道樂입니다. 이미 손재주의 과정은 지나쳐 버렸습니다. 제가 처음으로 칼잡이가 되어 소를 가를 때만 해도 눈에 보이는 것은 소뿐이었습니다.

庖丁爲文惠君解牛, 手之所觸, 肩之所倚, 足之所履, 膝之所踦, 砉然嚮然, 奏刀騞然,
포 정 위 문 혜 군 해 우   수 지 소 촉   견 지 소 의   족 지 소 리   슬 지 소 기   획 연 향 연   주 도 획 연

莫不中音. 合於桑林之舞, 乃中經首之會. 文惠君曰: 『譆, 善哉! 技蓋至此乎?』
막 불 중 음   합 어 상 림 지 무   내 중 경 수 지 회   문 혜 군 왈   희   선 재   기 개 지 차 호

庖丁釋刀對曰: 『臣之所好者道也, 進乎技矣, 始臣之解牛之時, 所見無非全牛者.
포 정 석 도 대 왈   신 지 소 호 자 도 야   진 호 기 의   시 신 지 해 우 지 시   소 견 무 비 전 우 자

그런데 삼년이 지나자 소의 모습은 완전히 보이지 않았습니다. 지금 저는 마음으로 소를 처리하는 것이지, 결코 눈으로 관찰하는 것은 아닙니다. 감각의 작용은 모두 정지되었고, 오직 내 마음의 경로만을 따라서 소의 자연적인 구조를 만지고 있는 것입니다.

칼을 골절이 연접된 골짜기에 대고, 거기를 쪼개는가 하면, 거기 빈 골절 사이를 왔다갔다하는 것이니, 말하자면 자연의 도리를 따라 칼질하는 것입니다. 제 칼날은 결코 가로세로 얽혀진 힘줄을 다치지 않게 하거늘, 하물며 커다란 뼈를 아프게 하는 일은 있을 수 없습니다.

능숙한 칼잡이도 일 년에 한 번은 칼을 바꿉니다. 그것은 살을 너무 많이 벤 까닭입니다. 어중간한 칼잡이는 한 달이면 한 번씩 칼을 바꿉니다. 그것은 칼로 살을 베는 게 아니라 뼈를 베는 까닭입니다.

지금 제가 쓰는 칼은 벌써 십구 년이나 써 오고 있는데, 이 칼로 가른 소만도 수천 마리는 될 것입니다. 그러나 칼날은 금방 숫돌에 갈아 온 듯 날카롭습니다.

三年之後, 未嘗見全牛也. 方今之時, 臣以神遇而不以目視, 官知之而神欲行.
삼 년 지 후 미 상 견 전 우 야 방 금 지 시 신 이 신 우 이 불 이 목 시 관 지 지 이 신 욕 행

依乎天理, 批大郤, 導大窾因其固然, 技經肯綮之未嘗微礙, 而況大軱乎.
의 호 천 리 비 대 각 도 대 관 인 기 고 연 기 경 긍 경 지 미 상 미 애 이 황 대 고 호

良庖歲更刀, 割也, 族庖月更刀, 折也. 今臣之刀十九年矣, 所解數千牛矣, 而刀刃若新
양 포 세 갱 도 할 야 족 포 월 갱 도 절 야 금 신 지 도 십 구 년 의 소 해 수 천 우 의 이 도 인 약 신

發於硎.
발 어 형

그 까닭은 이렇습니다. 원래 뼈마디끼리 잇단 곳에는 빈틈이 있기 마련인데, 제가 쓴 칼날은 그 빈틈보다 얇습니다. 얇은 두께로, 넓은 간격을 휘두르면 아무리 해보아도 칼날은 칼날대로 보전되는 것입니다. 비록 그렇기는 하나, 힘줄과 뼈가 엉켜진 곳을 만났을 때엔 저도 그것이 어려운 줄 알고, 한층 긴장하여 조심합니다.

제 눈빛을 한곳에 모으고 저의 손발도 서서히 움직이면서 칼질을 가볍게 뚫고 나가면, 와르르 소의 골육은 조용히 갈라져서 마치 흙덩이가 땅에 떨어지듯 우수수 흩어집니다.

그러고 나서야, 저는 칼을 집고 일어서서 사방을 휘둘러봅니다. 가슴에 일렁이는 만족감을 안은 채 저는 다시 칼을 손질하여 넣어 둡니다."

양혜왕은 몹시 감동했다.

"훌륭하다! 나는 칼잡이의 말을 듣고 비로소 삶을 기르는, 양생의 법을 체득하였구나."

공문헌(公文軒; 송나라 사람)은 우사(右師; 벼슬 이름)를 보자 놀라며 말했다.

彼節者有閒, 而刀刃者無厚. 以無厚入有閒, 恢恢乎其於遊刃必有餘地矣. 是以十九年
피 절 자 유 한　이 도 인 자 무 후　이 무 후 입 유 간　회 회 호 기 어 유 인 필 유 여 지 의　시 이 십 구 년

而刀刃若新發於硎. 雖然, 每至於族, 吾見其難爲, 怵然爲戒, 視爲止, 行爲遲.
이 도 인 약 신 발 어 형　수 연　매 지 어 족　오 견 기 난 위　출 연 위 계　시 위 지　행 위 지

動刀甚微, 謋然已解, 如土委地. 提刀而立, 爲之四顧, 爲之躊躇滿志, 善刀而藏之.』
동 도 심 미　획 연 이 해　여 토 위 지　제 도 이 립　위 지 사 고　위 지 주 저 만 지　선 도 이 장 지.

文惠君曰:『善哉! 吾聞庖丁之言, 得養生焉.』
문 혜 군 왈　선 재　오 문 포 정 지 언　득 양 생 언

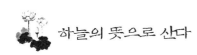
하늘의 뜻으로 산다

"아니 어디 이런 사람이 있담? 왜 외짝다리인가? 하늘이 그렇게 한
건가? 사람이 그렇게 만든 건가?"
우사의 대답은 이러했다.
"하늘이 이렇게 한 짓이지, 사람이 한 짓은 아니올시다. 하늘이 나를
낳을 때 본디 외발로 낳아 주었습니다. 사람의 형체는 하늘이 만들어
준 것이니, 이 외발도 하늘의 뜻인 걸로 알고 있습니다."

못(진펄)가에 사는 꿩은 먹이가 없어, 열 걸음이나 걸어 나가야 먹이
를 쪼고, 백 걸음이나 나가야 한 모금의 물을 마시지만, 사람 손에 잡
혀 울 속에 갇히는 것을 원치 않는다. 울 안에선 먹이를 찾기에 힘들
지 않아 기운은 좋을지 모르나, 결코 들판에서처럼 즐겁지 못한 까닭
이다.

公文軒見右師而驚曰:『是何人也? 惡乎介也? 天與? 其人與?』
공 문 헌 견 우 사 이 경 왈   시 하 인 야   오 호 개 야   천 여   기 인 여

曰:『天也, 非人也. 天之生是使獨也, 人之貌有與也. 以是知其天也, 非人也.』
왈   천 야   비 인 야   천 지 생 시 사 독 야   인 지 모 유 여 야   이 시 지 기 천 야   비 인 야

澤雉十步一啄, 百步一飮, 不蘄畜乎樊中. 神雖王, 不善也.
택 치 십 보 일 탁   백 보 일 음   불 기 축 호 번 중   신 수 왕   불 선 야

천도를 어기고 세속의 감정에 속박된 죄악이다

노자(老子; 성은 이李, 이름은 이耳, 자는 담聃이다. 노老는 존경을 표시하기 위해 붙인 것임.)가 죽었다. 진실秦失이 조문을 가서 남들이 하는 대로 세 번 곡哭을 하고 나와 버렸다.

이를 본 진실의 제자가 물었다.

"아니. 그분은 선생님의 친구가 아니십니까?"

"그래."

"그렇다면 그렇게 조문을 하셔도 됩니까?"

진실은 조용히 대답했다.

"그럴 수밖에 없었지. 처음엔 곡을 하던 사람들이 모두 노자의 일가인 줄로만 알았다. 그런데 이제금 그들이 모두 노자의 일가들이 아닌 것을 알게 되었다. 아까 내가 조문하면서 보니, 노인들은 마치 자기 자식이 죽은 것처럼 슬퍼하고, 젊은이들은 마치 자기 부모가 죽은 것처럼 슬퍼하더구나. 그들이 그의 죽음에 감동된 까닭은 반드시 조문을 해달라고 부탁하지는 않았을망정 조문을 하도록 만들고, 곡해달라고 부탁하지는 않았을망정 곡을 하도록 만들었기 때문일 것이다.

老聃死, 秦失弔之, 三號而出.
노담사 진실조지 삼호이출

弟子曰:『非夫子之友邪?』曰:『然.』『然則弔焉若此, 可乎?』
제자왈 비부자지우야 왈 연 연즉조언약차 가호

曰:『然. 始也吾以爲至人也, 而今非也. 向吾入而弔焉, 有老者哭之, 如哭其子,
왈 연 시야오이위지인야 이금비야 향오입이조언 유노자곡지 여곡기자

少者哭之, 如哭其母. 彼其所以會之, 必有不蘄言而言, 不蘄哭而哭者.
소자곡지 여곡기모 피기소이회지 필유불기언이언 불기곡이곡자

이것은 자연을 어기고 진실을 배반한 것이며 그의 분수를 잊은 것이다. 곧 그들은 천도(天道, 천지자연의 도리)를 벗어나서 인간의 정만을 덧붙일 뿐, 하늘이 내려 준 천성을 잊어버린 것이다. 옛사람들은 이를 천도에서 도피하는 죄악이라고 일렀던 거야.

'천도를 어기고 세속의 감정에 속박된 죄악이라고.'

선생님께서 태어나신 것은 그때를 태어날 때로 정했기 때문이요, 선생님께서 가신 것도 자연의 운행에 마땅히 순종한 것일 뿐이다.

하늘이 준 시간의 흐름에 따라 자연의 모든 변화에 순종하면서 삶과 죽음을 도외度外로 내던지면 슬픔이나 기쁨이 우리 가슴에 끼어들 수 없는 것이다. 이를 두고 옛사람들은 하늘에서 우리 육신이 해방되었다고 일컬어 왔었네. '말하자면 사람이 삶과 죽음의 곤혹에 얽매여 마치 거꾸로 매달려 살고 있는 그런 고통에서 해방된다는 말이다'."

是遯天倍情, 忘其所受, 古者謂之遁天之刑.
시 둔 천 배 정   망 기 소 수   고 자 위 지 둔 천 지 형

適來, 夫子時也, 適去, 夫子順也. 安時而處順, 哀樂不能入也, 古者謂是帝之懸解.』
적 래   부 자 시 야   적 거   부 자 순 야   안 시 이 처 순   애 락 불 능 입 야   고 자 위 시 제 지 현 해

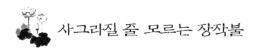 사그라질 줄 모르는 장작불

손가락으로 땔나무를 만드는 데는 한계가 있으나, 꺼지려는 불에 장작을 밀어 넣으면, 불은 새로 옮겨 사그라질 줄을 모른다.

___
해설

사람의 형체를 장작에, 불을 사람의 정신에 비유하여 훼멸(파괴)할 때에도 정신은 영원히 죽지 않는다는 양생법을 풀이한 것이다.

指窮於爲薪, 火傳也, 不知其盡也.
지 궁 어 위 신   화 전 야   부 지 기 진 야

제4편

인간세 人間世

인간세는 '세상' 또는 '사람들이 살고 있는 세상'을 뜻한다.
거기엔 사회적 생활을 전제한다.
결코 산림에 은둔하거나 구릉에 누워 고독하게 살 수 없음을 시사했다.
그러나 인간 사회는 무수한 변화의 연속임도 알아야 한다.
그 변화를 순응하면서 자기 몸에 누를 초치하지 않는 처세 방법을 말하고 있다.
그것은 어지러운 난세에 처하여 모든 사물을 대할 때, 명성은 구하지 말고,
자기의 덕행은 숨겨야만 자기 몸을 보전할 수 있다는 독선적인 방법인 것이다.

人間世

남을 해치는 사람은 남에게 해를 받는다

안회(顔回: 공자의 제자)가 공자孔子에게 여행을 떠나겠다고 인사를 드렸다.

"어디를 가려는가?"

"위衛나라에 가렵니다."

"무슨 일로 가려느냐?"

"제가 듣자니, 위나라 임금이 나이가 젊은지라 그 처사가 너무 독단적이어서 백성들을 함부로 부려도 감히 아무도 간諫을 드리지 못한답니다. 백성들은 함부로 전쟁에 보내어 그들의 시체가 온 나라에 질편하여 마치 초개草芥처럼 버린다니, 백성은 무섭고 굶주린 들판에서 어디로 돌아갈 바를 모르고 있답니다.

저는 선생님께서, '태평한 나라를 떠나 어지러운 나라로 가야 된다. 거기엔 일이 있고 불쌍한 백성이 기다린다. 마치 의사의 집에 병자가 모이는 것과 같은 이치이다'라고 한 말씀을 기억합니다.

顔回見仲尼, 請行.
안 회 현 중 니 청 행

曰:『奚之?』
왈   해 지

曰:『將之衛.』
왈   장 지 위

曰:『奚爲焉?』
왈   해 위 언

曰:『回聞衛君, 其年壯, 其行獨, 輕用其國, 而不見其過, 輕用民死, 死者以(國)量乎,
왈   회 문 위 군   기 년 장   기 행 독   경 용 기 국   이 불 견 기 과   경 용 민 사   사 자 이 (국) 량 호

澤若蕉, 民其無如矣, 回嘗聞之夫子曰:『治國去之, 亂國就之, 醫門多疾.』
택 약 초   민 기 무 여 의   회 상 문 지 부 자 왈   치 국 거 지   난 국 취 지   의 문 다 질

이제 선생님의 가르침을 좇아 가 보겠습니다. 그러면 아마 그 나라의 병폐도 다스릴 수 있을 것입니다."

공자가 말하였다.

"그것은 안 될 말이다. 네가 그 나라 사람들께 봉변만 당할 것이다. 무릇 도道란 순수한 것으로 번잡해서는 안 된다. 번잡하면 일이 많아지고, 일이 많아지면 마음이 어지러워지고, 마음이 어지러우면 근심이 생긴다. 스스로의 근심이 번지면 남을 건져낼 수 없게 된다.

옛날 성인은 먼저 자기를 확립한 뒤에 남을 세우려 했다. 자기도 확립하지 못한 주제에 어찌 폭군의 소행을 다스릴 여유가 있겠는가?

너는 덕이 그 진실함을 잃기 쉽고, 지혜는 지나치게 되기 쉬운 그 연유를 아느냐? 덕은 명예욕 때문에 진실성을 잃기 쉽고, 지혜는 위선의 다툼 때문에 지나치게 되는 것이다.

願以所聞, 思其所行, 則庶幾其國 有瘳乎.』
원 이 소 문　사 기 소 행　즉 서 기 기 국　유 추 호

仲尼曰：『譆. 若殆往而刑耳. 夫道不欲雜, 雜則多, 多則擾, 擾則憂, 憂而不救.
중 니 왈　희　약 태 왕 이 형 이　부 도 불 욕 잡　잡 즉 다　다 즉 요　요 즉 우　우 이 불 구

古之至人, 先存諸己而後存諸人. 所存於己者未定, 何暇至於暴人之所行?
고 지 지 인　선 존 저 기 이 후 존 저 인　소 존 어 기 자 미 정　하 가 지 어 폭 인 지 소 행

且若亦知夫德之所蕩而知之所爲出乎哉? 德蕩乎名, 知出乎爭.
차 약 역 지 부 덕 지 소 탕 이 지 지 소 위 출 호 재　덕 탕 호 명　지 출 호 쟁

명예욕은 남을 훼방하는 근본이 되며, 지혜는 남과 다투는 무기에 지나지 않는다. 이 두 가지는 모두 흉기일 뿐, 결코 처세의 정도가 될 수 없는 것이다. 그리고 아무리 자기의 덕행이 돈독하고 신용이 확실하다 할지언정 아직 남의 기질을 알기엔 부족하고, 아무리 명예를 다투는 일이 없다 할지언정 아직 남의 마음을 이해하기엔 부족하다. 하물며 인仁이니 의義니 법도니 하는 논의를 폭군 앞에서 억지로 지껄이는 것은, 오히려 남들에게서 네가 자신을 과시하려는 사람이라고 미움을 받고 말 것이다.

이러한 사람을 '남을 해치는 사람'이라고 한다. 남을 해치는 사람은 반드시 남에게 해를 받게 마련이다. 그렇다면 너도 남들로부터 재해를 받게 될 것이다."

名也者, 相軋也,
명 야 자   상 알 야

知者也, 爭之器也.
지 자 야   쟁 지 기 야

二者凶器, 非所以盡行也.
이 자 흉 기   비 소 이 진 행 야

且德厚信, 未達人氣, 名聞不爭, 未達人心. 而强以仁義繩墨之言術暴人之前者,
차 덕 후 신 강   미 달 인 기   명 문 부 쟁   미 달 인 심   이 강 이 인 의 승 묵 지 언 술 포 인 지 전 자

是以人惡育其美也,
시 이 인 악 육 기 미 야

命之曰菑人. 菑人者, 人必反菑之, 若殆爲人菑夫.』
명 지 왈 재 인   재 인 자   인 필 반 재 지   약 태 위 인 재 부

명성과 실리를 탐하는 사람은
성인도 감화시키기 어렵다

만일 위나라 군주가 어진 이를 좋아하고, 나쁜 이를 미워한다면 하필 너 같은 사람을 등용하여 특이한 일을 해주기 바라겠는가?

만일 위나라가 혼란해지더라도 너는 오직 말을 하지 않는 것이 마땅하다. 무엇인가를 말한다면 임금은 반드시 너를 권세로 누르고 그 이론을 무찌를 것이다. 그러면 보나마나 네 눈은 아찔해지고 낯빛은 태연한 듯 애를 쓰지만 입으로는 변명하기에 바쁘고, 태도는 비굴해질 것이며 마음조차 누그러져 그를 따라가게 될 것이다.

이는 마치 불로써 불을 끄고, 물로써 물을 막는 거와 같은 것이다. 이런 걸 보고 익다(益多: 더욱 늘이는 것)라고 하니 불난 데 부채질하는 격이다. 이런 식으로 처음부터 그의 독선에 끌려가 아마 끝까지 그를 따라갈 수밖에 없을 것이다.

다시 말하거니와 네가 충후忠厚한 말로 너를 믿지 않는 사람을 간한다면, 너는 반드시 그 폭군의 손에 죽고 말 것이다.

且苟爲悅賢而惡不肖, 惡用而求有以異? 若唯無詔, 王公必將乘人而鬪其捷.
차 구 위 열 현 이 오 불 초   오 용 이 구 유 이 이   약 유 무 조   왕 공 필 장 승 인 이 투 기 첩

而目將熒之, 而色將平之, 口將營之, 容將形之, 心且成之. 是以火救火, 以水救水,
이 목 장 형 지   이 색 장 평 지   구 장 영 지   용 장 형 지   심 차 성 지   시 이 화 구 화   이 수 구 수

名之曰益多.
명 지 왈 익 다

順始無窮, 若殆以不信厚言, 必死於暴人之前矣.
순 시 무 궁   약 태 이 불 신 후 언   필 사 어 포 인 지 전 의

공자는 계속해서 말했다.

"또 옛날에 하걸왕(夏桀王; 하 왕조의 마지막 왕)은 어진 신하였던 관용봉關龍逢을 죽였고, 은의 주왕紂王은 숙부인 비간比干을 죽였다. 이들은 모두 자기 몸을 닦아서 신하의 몸으로 백성을 사랑하고, 신하의 몸으로 군주의 뜻을 어긴 사람들이다.

그러므로 군주는 그들의 몸가짐이 착실하기 때문에 오히려 그들을 제거해버렸던 것이다. 그것은 그들이 명성을 좋아했고, 또한 군주는 그들의 명성이 자기보다 높을까를 두려워했던 소치인 것이다.

옛날에 요堯는 총지叢枝와 서오胥敖를 공격하였고, 우禹는 유호有扈를 공격하였다.

결과로 그 세 나라는 초토화되어 폐허가 되고 사람들은 죽임을 당하였다. 그것은 전쟁을 불사하면서 명성과 실리를 추구해 왔기 때문이다. 과연 이론과 실리를 추구했던 사람의 최후가 이러하거늘, 너는 일찍이 들어본 적이 없었느냐?

명성과 실리를 탐하는 것은 성인도 차마 감화시킬 수 없거늘, 하물며 네가 어떻게 위왕을 설복시키겠는가!"

『且昔者桀殺關龍逢, 紂殺王子比干, 是皆修其身以下傴拊人之民, 以下拂其上者也,
　차 석 자 걸 살 관 용 봉　주 살 왕 자 비 간　시 개 수 기 신 이 하 구 부 인 지 민　이 하 불 기 상 자 야

故其君因其修以擠之. 是好名者也.
고 기 군 인 기 수 이 제 지　시 호 명 자 야

昔者堯攻叢枝·胥敖, 禹攻有扈, 國爲虛厲, 身爲刑戮, 其用兵不止, 其求實無已.
석 자 요 공 총 지 · 서 오　우 공 유 호　국 위 허 려　신 위 형 륙　기 용 병 부 지　기 구 실 무 이

是皆求名實者也. 而獨不聞之乎? 名實者, 聖人之所不能勝也, 而況若乎!』
시 개 구 명 실 자 야　이 독 불 문 지 호　명 실 자　성 인 지 소 불 능 승 야　이 황 약 호

옛사람들의 예를 인용하여
감화시킬 수 있지 않겠습니까?

공자가 다시 물었다.

"네가 위나라에 갈지라도 설복은 어려울 줄 아나, 네 나름의 자신이 있을 테니 얘기나 해 보아라."

안회가 말하였다.

"외모를 단정히 하고, 마음을 겸허히 지니고, 뜻을 굳게 세워 언어를 한 길로 모으면 되지 않겠습니까?"

"아니! 어찌된단 말인가! 위왕의 내심엔 사나운 기로 충만하여 그것이 외면에도 드러나 있거늘, 희로의 변화도 무상하여 누구도 감히 위왕을 거스르게 할 수 없다. 뿐만 아니라 그는 남의 간청도 억압하면서, 다만 내심의 만족만을 방종하게 추구하고 있다. 때문에 이런 사람은 날마다 조금씩 작은 덕으로 감화시켜도 되지 않거늘, 하물며 갑자기 큰 덕으로 그 같은 사람을 감화시킬 수 있겠는가! 그는 반드시 고집스러워 조금도 감화를 받지 않을 것이며, 만약 그가 남들의 간을 듣는다면 겉으로만 들은 체할 뿐 속으로는 거들떠보지도 않을 테니, 도대체 어떻게 감화시킨단 말인가!"

雖然, 若必有以也, 嘗以語我來.」顔回曰:『端而虛, 勉而一則可乎?』
수 연 약 필 유 이 야 상 이 어 아 래   안 회 왈   단 이 허 면 이 일 즉 가 호

曰:『惡! 惡可! 夫以陽爲充孔揚, 采色不定, 常人之所不違, 因案人之所感,
왈 오 오 가 부 이 양 위 충 공 양 채 색 부 정 상 인 지 소 불 위 인 안 인 지 소 감

以求容與其心.
이 구 용 여 기 심

名之曰日漸之德不成, 而況大德乎! 將執而不化, 外合而内不, 其庸詎可乎!」
명 지 왈 일 점 지 덕 불 성 이 황 대 덕 호 장 집 이 불 화 외 합 이 내 불 자 기 용 거 가 호

88

안회가 다시 말했다.

"그러면 저는 이렇게 하겠습니다. 마음은 곧게 하되 겉으로는 완곡하게 하면서 간을 드릴 때엔 옛사람들의 예를 인용해 보겠습니다. 마음속이 곧은 사람은 하늘과 같은 무리가 될 것입니다.

하늘과 같은 무리가 된다는 것은 군왕도 나도 귀천 없이 다 같이 하늘의 아들임을 알게 되는 것이니, 자기 말이 남에게 칭찬을 받든가 아니면, 비난을 받든가를 아랑곳없이 여기는 것입니다. 이렇게 천진하면, 사람들은 저를 어린아이라고 부를 것이며, 저는 곧 하늘과 같은 무리의 사람이 될 것입니다. 겉으로 완곡함은 남에게 호감을 얻어 남들과 한 무리가 될 것입니다.

손 모아 홀忽을 들고 무릎을 꿇든지, 허리를 굽히는 것은 신하된 사람의 예의입니다. 남들이 모두 그렇게 하거늘, 저인들 하지 않을 도리가 있겠습니까? 남들이 하는 일을 저도 한다면, 남들은 결코 저를 미워하지는 않을 것입니다. 이것이 곧 남들과 한 무리가 되는 길입니다.

『然則我內直而外曲, 成而上比. 內直者, 與天爲徒, 與天爲徒者, 知天子之與己皆天之
연 즉 아 내 직 이 외 곡   성 이 상 비   내 직 자   여 천 위 도   여 천 위 도 자   지 천 자 지 여 기 개 천 지

所子, 而獨以己言蘄乎而人善之, 跂乎而人不善之邪.
소 자   이 독 이 기 언 기 호 이 인 선 지   기 호 이 인 불 선 지 야

若然者, 人謂之童子, 是之謂與天爲徒. 外曲者, 與人之爲徒也.
약 연 자   인 위 지 동 자   시 지 위 여 천 위 도   외 곡 자   여 인 지 위 도 야

擎跽曲拳, 人臣之禮也, 人皆爲之, 吾敢不爲邪?
경 기 곡 권   인 신 지 례 야   인 개 위 지   오 감 불 위 야

爲人之所爲者, 人亦無疵焉, 是之謂與人爲徒.
위 인 지 소 위 자   인 역 무 자 언   시 지 위 여 인 위 도

간을 드릴 때, 옛사람들의 예를 인용하면서 자기 의견을 말하는 것은, 또한 옛사람들의 교훈이라 할지라도 사실상 지금의 군왕을 꾸짖는 것이니, 그 말 자체는 옛사람의 것이니, 결코 내 것이 아닙니다.

그렇다면 언어가 비록 곧을지라도 걱정을 끼칠 일은 없을 것입니다. 이것을 곧 옛사람과 같은 무리가 되는 일이라고 합니다. 이 방법이 어떻습니까?"

공자가 말했다.

"아니! 그것도 안 되는 말이다! 너는 너무도 남을 바로잡는 말이 너무 많아서 친근해질 수가 없을 것이다! 네 말이 비록 법도에는 맞지만, 너무 번잡스러워 마땅치가 않다. 비록 소견은 고루하나 벌은 받지 않겠지. 하지만 겨우 거기에 그치고 말 것이다! 어찌 감화를 줄 수 있겠느냐! 너는 아직도 자기만의 분별에 매달려 있을 뿐이다."

成而上比者, 與古爲徒. 其言雖敎, 讁之實也, 古之有也, 非吾有也.
성 이 상 비 자　　여 고 위 도　　기 언 수 교　　적 지 실 야　　고 지 유 야　　비 오 유 야

若然者, 雖直而不病, 是之謂與古爲徒. 若是則可乎?』
약 연 자　　수 직 이 불 병　　시 지 위 여 고 위 도　　약 시 즉 가 호

仲尼曰: 『「惡! 惡可! 大多政法而不諜, 雖固亦無罪. 雖然, 止是耳矣, 夫胡可以及化!
중 니 왈　　오　오 가　　태 다 정 법 이 불 첩　　수 고 역 무 죄　　수 연　지 시 이 의　　부 호 가 이 급 화

猶師心者也.』
유 사 심 자 야

마음을 다른 잡념 없이 순수하게 가져라!

안회가 공자께 다시 여쭈었다.

"저로서는 더 이상 어찌할 길이 없습니다. 무슨 좋은 방법이라도 있습니까?"

"먼저 재계를 한다면 말해 주겠다. 너처럼 사심을 가지고 인위적인 생각으로 남을 감화시키려면 잘되겠느냐? 잘된다고, 그렇게 쉽게 여기는 사람은 하늘도 마땅치 않게 여길 것이다."

안회가 다시 말을 이었다.

"제 집은 본디 가난하여 술도 안 마셨고, 파·마늘 따위의 매운 것을 먹어 본 지도 몇 달이 되었습니다. 이런 것으로는 재계했다고 볼 수 없습니까?"

"그것은 제사 지낼 때의 재계일 뿐, 마음의 재계는 아니다."

顔回曰:『吾無以進矣, 敢問其方?』
안 회 왈   오 무 이 진 의   감 문 기 방

仲尼曰:『齋, 吾將語若. 有心而爲之, 其易邪? 易之者, 皥天不宜.』
중 니 왈   재   오 장 어 약   유 심 이 위 지   기 이 야   이 지 자   호 천 불 의

顔回曰:『回之家貧, 唯不飲酒不茹葷者數月矣. 如此, 則可以爲齋乎?』
안 회 왈   회 지 가 빈   유 불 음 주 불 여 훈 자 수 월 의   여 차   즉 가 이 위 재 호

曰:『時祭祀之齋, 非心齋也.』
왈   시 제 사 지 재   비 심 재 야

안회가 다시 물었다.

"마음의 재계란 어떻게 하는 것입니까?"

"먼저 네 마음을 다른 잡념 없이 순수하게 가져라! 귀로 듣지 말고 마음으로 들어라. 그리고 마음으로도 듣지 말고 기氣로 들어라. 귀는 소리를 들을 뿐이며, 마음은 사물을 영합할 뿐이기도 한다. 그러나 기는 공허한 것이면서도 모든 사물을 용납하기도 한다. 도는 오직 이 공허한, 텅 빈 곳에 모이게 마련이다. 텅 비게 하는 것이 마음의 재계인 것이다."

안회가 다시 말하였다.

"제가 마음의 재계를 미처 몰랐을 때엔 제가 안회임을 의식하였으나, 마음의 재계를 알고 난 뒤로는 제가 안회임을(자기 존재) 다시는 의식할 수 없습니다. 이제는 '텅 빈, 공허한 심지心地'라고 말할 수 있겠습니까?"

回曰:『敢問心齋?』
회 왈   감 문 심 재

仲尼曰:『若一志, 無聽之以耳而聽之以心, 無聽之以心而聽之以氣! 耳止於聽,
중 니 왈   약 일 지 무 청 지 이 이 이 청 지 이 심 무 청 지 이 심 이 청 지 이 기 이 지 어 청

心止於符. 氣也者, 虛而待物者也. 唯道集虛. 虛者, 心齋也.』
심 지 어 부 기 야 자 허 이 대 물 자 야 유 도 집 허 허 자 심 재 야

顏回曰:『回之未始得使, 實有回也, 得使之也, 未始有回也. 可謂虛乎?』
안 회 왈   회 지 미 시 득 사 실 유 회 아 득 사 지 야 미 시 유 회 야 가 위 허 호

자기의 주관과 지혜를 버리는 것이
처세의 근본이다

공자가 차근하게 대답했다.

"마음의 재계는 이렇게 묘한 것이다. 좀 더 얘기해 주겠다. 네가 만일 위나라 국경에 뛰어들면, 네가 명성 같은 데에는 도시 마음이 없음을 알려 위왕을 감동시켜야 한다. 그리고 위왕이 네 말을 들으려 할 때엔 네가 말하고, 네 말을 들으려 하지 않을 때엔 말하지 말라. 사물에 대하여 태연자약하고, 천하에다 편안히 몸을 맡기고, 그렇게 자연의 추세에 순응하여 마음을 한 도道에 정착시키고 있다가 부득불한 경우에만 말을 한다면 거의 완벽한 것이라 할 수 있겠다.

그것은 마치 길에 나서지 않는 것은 쉬운 일이나, 길을 다니면서도 흔적을 남기지 않는 것은 어려운 것과 같다. 자기가 남의 부림을 받았을 때, 그 사람을 속이기는 쉬우나, 하늘의 부림을 받았을 때, 하늘을 속이기는 어렵다. 날개 있는 짐승이 하늘을 난다는 것은 익히 들은 바 있지만, 날개 없는 짐승이 하늘을 난다는 것은 들은 바가 없다. 마찬가지로 지혜를 가진 사람이 사리에 밝다는 말은 들은 바 있지만, 지혜 없는 사람이 사리에 밝다는 말은 들은 적이 없을 것이다.

夫子曰:『盡矣. 吾語若! 若能入遊其樊而無感其名, 入則鳴, 不入則止.
부자왈 진의 오어약 약능입유기번이무감기명 입즉명 불입즉지

無門無毒, 一宅而寓於不得已, 則幾矣.
무문무독 일택이우어부득이 즉기의

絶迹易, 無行地難. 爲人使易以僞, 爲天使難以僞. 聞以有翼飛者矣.
절적이 무행지난 위인사이이위 위천사난이위 문이유익비자의

未聞以無翼飛者也, 聞以有知知者矣, 未聞以無知知者也.
미문이무익비자야 문이유지지자의 미문이무지지자야

저 텅 빈 방을 보라. 거기엔 햇빛이 가득하고, 또 거기 한적한 곳엔 행운이 머무르고 있다. 만일 마음의 세계가 조용하지 못하다면, 그것은 형체만 거기에 앉아 있는 것일 뿐, 마음은 어디로 피곤하게 줄달음치고 있는 것이라고 말할 수 있다.

귀와 눈으로 하여금 마음에 내통케 하고, 자기의 주관과 지혜를 버린다면, 귀신도 찾아와 그에게 머물게 할 것이다. 하물며 사람이야 말할 것이 있겠느냐?

이는 바로 만물까지 감화시킨 것이니, 우임금이나 순임금도 처세의 근본으로 삼았던 것이며, 복희나 궤거같은 어진 제왕도 평생토록 실행했던 길인 것이다. 하물며 평범한 사람이야 감화 받지 않을 수 있겠느냐 말이다."

瞻彼闋者, 虛室生白, 吉祥止止. 夫且不止, 是之謂坐馳.
첨 피 결 자   허 실 생 백   길 상 지 지   부 차 부 지   시 지 위 좌 치

夫徇耳目內通而外於心知, 鬼神將來舍, 而況人乎?
부 순 이 목 내 통 이 외 어 심 지   귀 신 장 래 사   이 황 인 호

是萬物之化也, 禹舜之所紐也, 伏羲几蘧之所行終, 而況散焉者乎.』
시 만 물 지 화 야   우 순 지 소 뉴 야   복 희 궤 거 지 소 행 종   이 황 산 연 자 호

닥쳐진 일에 온 힘을 기울여 행하라

섭공자고(葉公子高: 초나라의 대부로서 섭현葉縣을 영지로 다스림)가 초왕의
사신으로 제나라에 갈 때 공자에게 물었다.

"왕께서 저에게 주신 사명은 몹시 무겁습니다. 듣건대 제나라에게서는
사신을 대할 때 매우 공경하면서도 실제로 일을 처리하는 데에는 서두
르지 않을 것 같습니다. 보통사람 하나를 설복시키는 데도 쉽지 않거늘,
하물며 대국의 제후를 어떻게 다루어야 할지, 저는 몹시 두렵습니다.
선생님께선 항상 저에게 이런 말씀을 하셨습니다.

'무릇 일이란 크든 작든 간에 올바른 도를 따르지 않고는 성공을 보
기가 어렵다. 만약에 일을 성공시키지 못하면 반드시 법에 의한 형벌
을 받게 될 것이다. 또한 일이 성공한다 해도 기쁨과 두려움이 엇갈
려 반듯이 병이 날 것이다. 일이 성공하든, 성공을 못하든, 뒷날에 근
심을 남기지 않는 것은 오직 덕 있는 사람만이 가능하다'고 하셨습니
다. 저는 평일에도 음식에 소탈하여 좋은 것을 달라 하지 않았습니다.
때문에 하인들도 더워도 시원한 것을 찾는 일이 없었습니다.

葉公子高將使於齊, 問於仲尼曰:「王使諸梁也甚重, 齊之待使者, 蓋將甚敬而不急.
엽 공 자 고 장 사 어 제 문 어 중 니 왈   왕 사 제 량 야 심 중   제 지 대 사 자 개 장 심 경 이 불 급

匹夫猶未可動, 而況諸侯乎. 吾甚慄之.
필 부 유 미 가 동   이 황 제 후 호   오 심 률 지

子常語諸梁也曰:「凡事若小若大, 寡不道以懽成. 事若不成, 則必有人道之患,
자 상 어 제 량 야 왈   범 사 약 소 약 대   과 부 도 이 환 성   사 약 불 성   즉 필 유 인 도 지 환

事若成, 則必有陰陽之患.
사 약 성   즉 필 유 음 양 지 환

若成若不成而後無患者, 唯有德者能之.」吾食也執粗而不臧, 爨無欲清之人.
약 성 약 불 성 이 후 무 환 자   유 유 덕 자 능 지   오 식 야 집 조 이 부 장 찬 무 욕 청 지 인

그런데 오늘 아침 사신으로 가라는 특명을 받고서, 밤에는 얼음물을 마셨는데도 저의 몸 안은 근심으로 뜨거워져 있습니다. 저는 지금 일을 치르기도 전에 벌써 기쁨과 두려움이 엇갈리는 고통을 받고 있습니다. 거기다 만일 일조차 성공하지 못한다면, 반드시 왕의 노여움으로 벌을 받게 될 것인 바, 고통이 두 배가 되어 있습니다. 신하된 사람으로 감당키 어려우니, 선생님께서 이 재앙에서 벗어날 방법을 가르쳐 주십시오!"

공자께서 말씀하셨다.

"천하엔 크게 경계해야 될 것이 두 가지 있습니다. 그 하나는 천명이요, 또 하나는 의입니다. 자식이 어버이를 사랑하는 것은 천명이므로, 마음으로부터 풀어놓을 수가 없는 것입니다. 신하가 임금을 섬기는 것은 인위적인 의로움입니다. 어느 땅, 어느 나라를 가도 임금이 없는 곳이 없으니 임금을 섬기는 일은 끝내 도피할 수 없는 것입니다. 그래서 크게 경계할 것이라고 말씀드린 것입니다.

今吾朝受命而夕飮氷, 我其内熱與! 吾未至乎事之情, 而旣有陰陽之患矣.
금 오 조 수 명 이 석 음 빙   아 기 내 열 여   오 미 지 호 사 지 정   이 기 유 음 양 지 환 의

事若不成, 必有人道之患. 是兩也, 爲人臣者不足以任之, 子其有以語我來!」
사 약 불 성   필 유 인 도 지 환   시 량 야   위 인 신 자 부 족 이 임 지   자 기 유 이 어 아 래

仲尼曰:『天下有大戒二: 其一, 命也, 其一, 義也. 子之愛親, 命也, 不可解於心,
중 니 왈   천 하 유 대 계 이   기 일   명 야   기 일   의 야   자 지 애 친   명 야   불 가 해 어 심

臣之事君, 義也, 無適而非君也, 無所逃於天地之間. 是之謂大戒,
신 지 사 군   의 야   무 적 이 비 군 야   무 소 도 어 천 지 지 간   시 지 위 대 계

부모를 섬기는 것은 어느 환경을 막론하고 다만 부모를 편히 해드리는 것이 효도의 극치가 되며, 임금을 섬기는 것은 어떤 일이건 막론하고 다만 임금을 안심케 해드리는 것이 충성의 극치가 되는 것입니다. 어버이를 섬기든가 임금을 섬기든가, 그 마음을 섬기는 사람들은 비록 슬프고 즐거운 환경에 처할지라도 충성스럽고 효한 마음을 변치 말아야 합니다. 만일 어쩔 수 없을 경우에는 운명에 순종하는 것이 덕의 극치입니다. 남의 신하된 자, 남의 자식 된 자에게는 부득이한 일을 면할 수 없습니다.

그럴 경우에는 닥쳐진 자기 일에 온 힘을 기울여 행하고 자신의 몸을 돌보지 않는다면, 어찌 삶을 탐욕하고 죽음을 싫어할 여가가 있겠습니까?

선생님께서는 그대로 가 보셔도 좋겠습니다."

是以夫事其親者, 不擇地而安之, 孝之至也, 夫事其君者, 不擇事而安之, 忠之盛也.
시 이 부 사 기 친 자 불 택 지 이 안 지 효 지 지 야 부 사 기 군 자 불 택 사 이 안 지 충 지 성 야

自事其心者, 哀樂不易施乎前, 知其不可奈何 而安之若命, 德之至也.
자 사 기 심 자 애 락 불 이 시 호 전 지 기 불 가 내 하 이 안 지 약 명 덕 지 지 야

爲人臣子者, 固有所不得已.
위 인 신 자 자 고 유 소 부 득 이

行事之情而忘其身, 何暇至於悅生而惡死? 夫子其行可矣.』
행 사 지 정 이 망 기 신 하 가 지 어 열 생 이 오 사 부 자 기 행 가 의

필연의 도리에 순종하여 마음에
중화의 기운을 길러라!

공자는 말을 계속했다.

"이왕 말을 한 김에 내가 옛날에 들은 바 있어 당신께 이야기하겠습니다. 무릇 인접된 나라와 외교할 때엔 성실과 믿음으로 심복케 할 것이요. 먼 나라와 외교할 때엔 언어로써 충심을 표하되 반드시 사신을 통하여 언어를 전달해야 합니다.

양국 사이에 기뻐하거나 노여워하는 말을 전하는 것은 세상에서 가장 어려운 것입니다. 왜냐하면, 양국 사이에 모두 기뻐하고 있을 때의 말이란 반드시 정도 이상의 찬미가 따르기 마련이고, 양국 사이에 모두 노여워할 때의 말이란 지나친 비방이 따르기 마련입니다.

무릇 찬미와 비방이 심한 말에는 진실성이 없는 것 같아서 서로 불신이 생겨서 막연히 의심하게 되며, 또 그렇게 의심하게 되면 말을 전한 사신은 재앙을 당하게 됩니다. 그러기에 옛사람의 격언에도 '진실만을 전하고 찬미나 비방이 지나친 말을 전하지 않으면 거의 안전하다'고 말했습니다."

『丘請復以所聞: 凡交近則必相靡以信, 交遠則必忠之以言, 言必或傳之.
구 청 복 이 소 문 범 교 근 즉 필 상 미 이 신 교 원 즉 필 충 지 이 언 언 필 혹 전 지

夫傳兩喜兩怒之言, 天下之難者也. 夫兩喜必多溢美之言, 兩怒必多溢惡之言.
부 전 량 희 량 노 지 언 천 하 지 난 자 야 부 량 희 필 다 일 미 지 언 양 노 필 다 일 오 지 언

凡溢之類妄, 妄則其信之也莫, 莫則傳言者殃. 故法言曰:「傳其常情, 無傳其溢言,
범 일 지 류 망 망 즉 기 신 지 야 막 막 즉 전 언 자 앙 고 법 언 왈 전 기 상 정 무 전 기 일 언

則幾乎全.」』
즉 기 호 전

또, 기교技巧로써 승부를 다투는 사람은 처음에는 힘으로 시작하지만 언제나 음모로써 끝맺습니다. 지나치게 되면 기묘한 기교가 많아집니다.

마찬가지로 예의를 차려 술을 마시는 사람이 처음엔 점잔을 빼지만, 끝내는 어지러운 난장판을 벌이기 일쑤입니다. 그것은 너무 지나치면 음탕한 즐거움을 추구하기 때문입니다. 모든 일이 이렇게 처음과 끝이 달라집니다. 처음에는 성실하지만 끝내는 야비해지고, 처음에 작았던 것이 끝판에는 수습할 수 없이 커지는 것입니다.

무릇 사람의 언어란 풍랑처럼 위험하여, 그 행동에 진실을 잃기 쉽습니다. 언어가 풍랑처럼 흔들리기 쉽기에, 따라서 행동도 갈피를 못 잡다가 드디어는 위태롭게 됩니다. 그러므로 분노가 일어나는 것은 다름이 아니라, 바로 달콤한 말이나 치우친 말 때문인 것입니다.

且以巧鬪力者, 始乎陽, 常卒乎陰, 泰至則多奇巧. 以禮飮酒者, 始乎治, 常卒乎亂,
차 이 교 투 력 자　시 호 양　상 졸 호 음　태 지 즉 다 기 교　이 례 음 주 자　시 호 치　상 졸 호 란

泰至則多奇樂. 凡事亦然. 始乎諒, 常卒乎鄙. 其作始也簡, 其將畢也必巨.
태 지 즉 다 기 락　범 사 역 연　시 호 량　상 졸 호 비　기 작 시 야 간　기 장 필 야 필 거

言者, 風波也, 行者, 實喪也. 夫風波易以動, 實喪易以危. 故忿設無由, 巧言偏辭.
언 자　풍 파 야　행 자　실 상 야　부 풍 파 이 이 동　실 상 이 이 위　고 분 설 무 유　교 언 편 사

짐승을 궁지에 몰아넣으면 그 울음소리가 가리지 않고 울부짖거니와, 그 숨소리도 씨근거려 별안간 사람을 잡아먹을 듯 분노하고 맙니다. 사람도 마찬가지로 너무 각박하게 핍박하면, 반드시 상대를 모해하려는 나쁜 마음이 발작하여, 스스로도 왜 그런지를 모르게 되는 법입니다. 정말로 자기도 모르게 그렇게 악화되면, 그 결과는 누가 감히 상상할 수 있겠습니까? 그러므로 옛 격언에도 '임금의 명령을 어기거나 고치지 말 것이며, 그를 이룩하고자 억지로 강행하지 말지어다'라고 했습니다. 그것은 말을 덧붙여 본도(本度: 본래의 취지)를 지나치기 때문입니다.

獸死不擇音, 氣息茀然, 於是竝生茀心. 剋核大至, 則必有不肖之心應之, 而不知其然也.
수 사 불 택 음   기 식 발 연   어 시 병 생 발 심   극 핵 태 지   즉 필 유 불 초 지 심 응 지   이 부 지 기 연 야

苟爲不知其然也, 孰知其所終?
구 위 부 지 기 연 야   숙 지 기 소 종

故法言曰:「無遷令, 無勸成, 過度益也.」
고 법 언 왈   무 천 령   무 권 성   과 도 익 야

100

임금의 명령을 고치거나, 성공시키고자 무리수를 쓰는 것은 오히려 일을 망치는 것입니다. 좋은 일이란 일시에 이루어지는 것이나, 나쁜 일이란 이루어지면 만회할 여유가 없는 법이니 조심스럽게 하지 않을 수 있겠습니까? 모든 것을 자연의 추이에 맡기고 거기서 유유한 마음으로 노닐지만, 필연의 도리에 순종하여 마음에 중화中和의 기운을 길러 가면, 그것이 바로 도의 극치입니다.

선생이 제나라를 위해 보답하려고, 왜 꼭 자기의 의견을 그 속에 끼워 넣으려 합니까? 오직 명령만을 전달한 것만 못 합니다. 형벌이나 걱정 같은 것은 고려할 것이 안 됩니다. 그렇다면 무엇이 어렵겠습니까?"

遷令勸成殆事, 美成在久, 惡成不及改, 可不愼與?
천 령 권 성 태 사 미 성 재 구 악 성 불 급 개 가 불 신 여

且夫乘物以遊心, 託不得已以養中, 至矣. 何作爲報也? 莫若爲致命, 此其難者?』
차 부 승 물 이 유 심 탁 부 득 이 이 양 중 지 의 하 작 위 보 야 막 약 위 치 명 차 기 난 자

호랑이가 사람을 해치는 것은, 바로 사람이 호랑이 성질을 거스른 까닭이다

안합(顔闔: 노나라의 현인)이 위나라 영공의 태자 스승이 되자, 거백옥(蘧伯玉: 위나라 대부)에게 물었다.

"지금 여기에 어떤 사람이 있는데 그의 덕은 천성적으로 매우 흉험(凶險)하기 그지없습니다. 만일 그와 한데 어울려 나쁜 짓을 한다면 나라가 위태로울 것이고, 그를 타일러 좋은 일을 하도록 한다면 도리어 내 몸이 위태롭습니다. 그의 지혜는 남의 과실을 꾸짖기엔 족하지만, 자기 과실을 찾아 낼 줄을 모릅니다. 이런 사람을 나는 어떻게 교화해야 됩니까?"

거백옥이 말하였다.

"좋은 질문입니다. 당신이 먼저 조심하고 삼가 하여 당신의 몸을 바르게 하십시오! 겉으로 가깝게 응대하고, 속으로도 온순하게 대하면 그것이 제일 좋은 방법입니다. 그러나 이 두 가지에도 결점이 있습니다. 겉으로 친절히 하면서도 굴복하지 말고, 속으로 온순히 하면서도 그것을 드러내지 말아야 합니다.

顔闔將傅衛靈公太子,
안 합 장 부 위 령 공 태 자

而問於蘧伯玉曰:『有人於此, 其德天殺. 與之爲無方, 則危吾國, 與之爲有方, 則危吾身.
이 문 어 거 백 옥 왈 유 인 어 차 기 덕 천 살 여 지 위 무 방 즉 위 오 국 여 지 위 유 방 즉 위 오 신

其知適足以知人之過, 而不知其所以過. 若然者, 吾奈之何?』
기 지 적 족 이 지 인 지 과 이 부 지 기 소 이 과 약 연 자 오 내 지 하

蘧伯玉曰:『善哉問乎. 戒之, 愼之, 正汝身也哉! 形莫若就, 心莫若和. 雖然, 之二者有患.
거 백 옥 왈 선 재 문 호 계 지 신 지 정 여 신 야 재 형 막 약 취 심 막 약 화 수 연 지 이 자 유 환

就不欲入, 和不欲出.
취 불 욕 입 화 불 욕 출

겉으로 친절히 하면서 상대에게 굴복해 버리면, 자기를 위태롭게 하여 결국은 무너져 버리고, 속으로 온순히 하면서 그것을 드러내 버리면, 자기의 명성을 올리는 결과가 되어 드디어는 상대의 미움을 받아 재앙으로 변하고 맙니다.

만일 그가 갓난애가 된다면, 당신도 따라서 갓난애의 행세를 해야 합니다. 그가 행동에 법도를 지키지 않는다면, 당신도 따라서 법도를 지키지 말아야 합니다. 또 그가 방자히 굴면, 따라서 방자히 굴면 되는 것입니다. 우선은 그의 뜻대로 놀게 하면서 점점 올바른 길로 끌어올리는 것이 옳습니다."

거백옥이 계속하여 말을 이었다.

"당신은 버마재비(사마귀)를 본 적이 있습니까?

그놈은 두 팔을 활짝 벌리고 커다란 수레바퀴에 곧잘 덤벼듭니다. 그놈은 자기 힘으로는 도저히 당해낼 수 없다는 것을 모르고 오히려 제 재주가 꽤 있는 줄로 믿고 있습니다.

形就而入, 且爲顚爲滅, 爲崩爲蹶. 心和而出, 且爲聲爲名, 爲妖爲孼.
형취이입 차위전위멸 위붕위궐 심화이출 차위성위명 위요위얼

彼且爲嬰兒, 亦與之爲嬰兒, 彼且爲無町畦, 亦與之爲無町畦, 彼且爲無崖,
피차위영아 역여지위영아 피차위무정휴 역여지위무정휴 피차위무애

亦與之爲無崖. 達人入於無疵.
역여지위무애 달인입어무자

汝不知夫螳蜋乎? 怒其臂以當車轍, 不知其不勝任也, 是其才之美者也. 戒之, 愼之.
여부지부당랑호 노기비이당거철 부지기불승임야 시기재지미자야 계지 신지

이런 일은 조심하고 삼가 해야 합니다. 자기의 재주를 너무 믿어 남을 업신여긴다면, 이는 위험한 일입니다.

당신은 호랑이를 키우는 자에 대해서 알고 있습니까?

그는 산 짐승을 먹이로 주지 않을 겁니다. 그것은 호랑이가 산 짐승을 죽이는 중에 생겨날 노여움 때문입니다. 또 그는 먹이를 통째로 주지 않을 겁니다. 그것은 호랑이가 먹이를 찢는 사이에 생겨날 노여움 때문입니다. 먹이를 줄 적에는 잘 맞추어야 합니다. 호랑이가 배고픈지 배부른지를 잘 살피고, 호랑이가 기뻐할지 화낼지를 알아서 다스려야 합니다. 호랑이와 사람이 비록 종류는 다르지만, 사람이 호랑이의 성질을 맞추어 주면, 호랑이도 사람에게 순종하는 법입니다. 그러기에 호랑이가 사람을 해치는 것은, 바로 사람이 호랑이 성질을 거스른 까닭입니다.

績伐而美者以犯之, 幾矣. 『汝不知夫養虎者乎? 不敢以生物與之, 爲其殺之之怒也,
적 벌 이 미 자 이 범 지   기 의   여 부 지 부 양 호 자 호   불 감 이 생 물 여 지   위 기 살 지 지 노 야

不敢以全物與之,
불 감 이 전 물 여 지

爲其決之之怒也. 時其飢飽, 達其怒心. 虎之與人異類而媚養己者, 順也. 故其殺之者, 逆也.
위 기 결 지 지 노 야 시 기 기 포   달 기 노 심   호 지 여 인 이 류 이 미 양 기 자   순 야   고 기 살 지 자   역 야

무릇 말馬을 사랑하는 사람은 광주리에 말의 똥을 받고 대합大蛤에 말의 오줌을 담습니다. 비록 그렇게 성의를 다하지만, 어쩌다가 모기나 빈대가 말에 붙으면, 갑자기 이를 때리기 때문에, 말은 당장에 놀라 굴레를 던지고 고삐를 끊어, 사람은 드디어 머리가 깨지고 가슴이 부서지는 참극을 빚고 맙니다. 소중한 마음을 갖고 있으면서도 결국은 사랑하는 것을 잃고 마니, 어찌 조심하지 않을 수 있겠습니까!"

大愛馬者, 以筐盛矢, 以蜄盛溺. 適有蚊虻僕緣, 而拊之不時, 則缺銜毀首碎胸.
부 애 마 자 이 광 성 시   이 신 성 뇨   적 유 문 맹 복 연   이 부 지 불 시   즉 결 함 훼 수 쇄 흉

意有所至而愛有所亡, 可不愼邪!』
의 유 소 지 이 애 유 소 망 가 불 신 아

무용無用으로 삶을 보존한다

장석匠石이란 목수가 제나라에 가다가 곡원曲轅이란 고을에 이르렀다. 길가 토지사(土地祠; 토지신에게 제사 지내는 곳)에 굴참나무가 있었는데, 어찌나 큰지 몇 마리의 소가 그늘 아래 쉴 수 있을 만큼 둘레가 백 아름쯤 헤아렸고, 높이도 산만큼이나 높아 열 길이나 위로 가지가 뻗었으니, 그 가지를 목재로 배를 만든다면 오히려 열 척도 만들 수 있었다.

이쯤 되니 구경꾼들이 저잣거리처럼 몰려들었다. 그러나 장석은 아랑곳없이 그 나무를 지나쳐 버렸다. 동행하던 제자가 뒤늦게 장석을 쫓아와서 물었다.

"제가 도끼를 잡고 선생님께 목공을 배운 이래로 이렇게 좋은 목재는 본 일이 없습니다. 그런데 선생님은 왜 못 본 체하고 가시는 것은 무슨 까닭입니까?"

匠石之齊, 至於曲轅, 見櫟社樹. 其大蔽數千牛, 絜之百圍, 其高臨山,
장석지제 지어곡원 견력사수 기대폐수천우 혈지백위 기고림산

十仞而後有枝其可以爲舟者旁十數.
십인이후유지기가이위주자방십수

觀者如市, 匠伯不顧, 遂行不輟. 弟子厭觀之, 走及匠石,
관자여시 장백불고 수행불철 제자염관지 주급장석

曰: 『自吾執斧斤以隨夫子, 未嘗見材如此其美也. 先生不肯視, 行不輟, 何邪?』
왈 자오집부근이수부자 미상견재여차기미야 선생불긍시 행불철 하아

106

"그만두어라! 쓸데없는 소리! 그것은 쓸모없는 나무다. 배를 만들면 가라앉을 것이요, 관(棺)을 만들면 쉽게 썩을 것이요, 기구를 만들면 금시 깨질 것이요, 문을 만들면 진이 흐를 것이요, 기둥을 만들면 좀에 먹힐 것이니, 아무 쓸모없는 나무다. 하기야 아무 쓸모없는 까닭에 이만큼 오래 살게 된 것이다."

장석이 집에 돌아오니, 토지사의 굴참나무가 꿈에 나타나 말하였다.

"너는 장차 나를 무엇에 비교하겠는가? 나를 쓸모 있는 나무에 비교할 셈인가? 저 아가위·돌배·귤·유자 등의 과일이 열리는 나무나 풋과일 따위는 열매가 익으면 따게 되고 딸 때에는 욕을 당하게 된다. 그러자니 큰 가지는 부러지고 작은 가지는 휘어지게 마련이다. 이들은 쓸모 있는 재료가 되었기에 오히려 자기 목숨에 괴롭힘을 당하게 된 것이다. 그렇기 때문에 타고난 목숨대로 끝까지 살지 못한 채 중도에서 요절했고, 스스로 세속의 타격을 불러들인 편이 된 것이다. 세상만사가 모두 이런 것이다.

日:『已矣, 勿言之矣! 散木也, 以爲舟則沈, 以爲棺槨則速腐, 以爲器則速毀,
왈   이의 물언지의 산목야 이위주즉침 이위관곽즉속부 이위기즉속훼

以爲門戶則液樠, 以爲柱則蠹. 是不材之木也, 無所可用, 故能若是之壽.』
이위문호즉액만 이위주즉두 시부재지목야 무소가용 고능약시지수

匠石歸, 櫟社見夢日:『女將惡乎比予哉? 若將比予於文木邪? 夫柤梨橘柚, 果蓏之屬,
장석귀 역사현몽왈 여장오호비여재 약장비여어문목야 부사리귤유 과라지속

實熟則剝, 剝則辱. 大枝折, 小枝泄.
실숙즉박 박즉욕 대지절 소지예

此以其能苦其生者也, 故不終其天年而中道夭, 自掊擊於世俗者也. 物莫不若是.
차이기능고기생자야 고부종기천년이중도요 자부격어세속자야 물막불약시

내가 쓸모없는 물건이 되려고 애써온 지는 벌써 오래된 일이다. 그러나 더러는 내가 쓸모없는 줄을 모르고 덤비려는 사람 때문에 자칫하면 죽을 뻔했었다. 그러나 이제야 모처럼 너 같은 사람을 만나 내가 쓸모없다는 말을 들으니, 정말 내가 뜻대로 되어 무용無用이 대용大用의 존재가 된 것이다. 내가 만약 사람들에게 쓸모가 있었던들, 이렇게 크게 자라지는 못했을 것이다.

그리고 너나 나는 다 같이 만물 중의 한 가지일 뿐인데 어째서 나만을 물건으로 보려 하는가, 더구나 거의 죽음에 가까운 너 따위 쓸모없는 사람이 어찌 내가 쓸모없는 나무인 줄을 알 수 있겠는가?"

장석이 꿈에서 깨어나 그 제자에게 꿈 이야기를 하였다.

且予求無所可用久矣, 幾死, 乃今得之, 爲予大用. 使予也而有用, 且得有此大也邪?
차 여 구 무 소 가 용 구 의   기 사   내 금 득 지   위 여 대 용   사 여 야 이 유 용   차 득 유 차 대 야 야

且也若與予也皆物也, 奈何哉其相物也? 而幾死之散人, 又惡知散木!』匠石覺而診其夢.
차 야 약 여 여 야 개 물 야   내 하 재 기 상 물 야   이 기 사 지 산 인   우 오 지 산 목   장 석 교 이 진 기 몽

제자의 말이었다.

"쓸모없는 것을 원하면서, 하필이면 토지사를 지키는 굴참나무가 된 것은 무슨 까닭일까요?"

"입을 다물어라! 함부로 말하지 말라! 저 나무는 다만 제단의 나무란 명목을 빌려 있을 뿐이다. 사람들이 멋대로 그를 욕질하는 것은, 그가 쓸모없는 나무였기에 그런지도 모른다. 그리고 만일 제단의 나무로 태어나지 않았다 해도 어찌 사람의 손에 베일 염려가 있을까보냐?

그가 자기 생명을 보전하는 방법은 범속한 나무와는 아주 다른 것이다. 그는 곧 무용無用으로 보존한 것이다. 그런데 그 나무가 제단의 나무가 된 것을 영예로 생각한다면, 그것은 굴참나무의 본뜻에서 아주 먼 것이다."

弟子曰:『趣取無用, 則爲社何邪?』
제 자 왈   취 취 무 용 , 즉 위 사 하 야

曰:『密! 若無言! 彼亦直寄焉, 以爲不知己者詬厲也. 不爲社者, 且幾有翦乎?
왈   밀   약 무 언   피 역 직 기 언   이 위 부 지 기 자 후 려 야   불 위 사 자   차 기 유 전 호

且也彼其所保與衆異, 而以義喩之, 不亦遠乎.』
차 야 피 기 소 보 여 중 이   이 이 의 유 지   불 역 원 호

쓸모없기에 천명을 누릴 수 있다

남백자기(南伯子綦; 제2편 제물론에 등장한 남곽자기와 같은 사람)가 상구(商丘; 송나라 도읍)를 여행할 때 큰 나무 한 그루가 유별난 것을 보았다. 천 대의 네 필 말 수레(4천 마리)를 한 곳에 매어 놓아도 그 그늘에 덮여 보이지 않을 정도였다.

"이것은 무슨 나무일까? 반드시 좋은 목재로 쓰일 것이다!"

우러러 그 잔가지를 살피니, 모두 꼬불꼬불하여 기둥이나 대들보로는 쓸 수 없었고, 머리 숙여 뿌리를 보았더니, 이리 꼬불 저리 꼬불한 데다 속조차 비어 관목으로도 쓸 수 없었다. 또 그 잎을 핥아 보았더니, 입이 부르트고, 냄새를 맡았더니만, 술에 취한 듯 혼취되어 사흘 동안 깨어나지 않을 정도로 고약했었다.

자기가 말하였다.

"역시 목재가 되지 않는 나무였기에 이렇게 클 수 있었구나. 그러면 신인도 쓸모없기에 그의 천명을 있는 대로 누릴 수 있었던 것이로구나!"

南伯子綦遊乎商之丘, 見大木焉, 有異, 結駟千乘, 將隱芘其所藾.
남 백 자 기 유 호 상 지 구 견 대 목 언 유 이 결 사 천 승 장 은 비 기 소 뢰

子綦曰:『此何木也哉? 此必有異材夫!』仰而視其細枝, 則拳曲而不可以爲棟樑,
자 기 왈 차 하 목 야 재 차 필 유 이 재 부 앙 이 시 기 세 지 즉 권 곡 이 불 가 이 위 동 량

俯而視其大根, 則軸解而不可以爲棺槨. 咶其葉, 則口爛而爲傷, 嗅之, 則使人狂酲
부 이 시 기 대 근 즉 축 해 이 불 가 이 위 관 곽 지 기 엽 즉 구 란 이 위 상 후 지 즉 사 인 광 정

三日而不已.
삼 일 이 불 이

子綦曰:『此果不材之木也, 以至於此其大也. 嗟乎神人, 以此不材!』
자 기 왈 차 과 부 재 지 목 야 이 지 어 차 기 대 야 차 호 신 인 이 차 부 재

신인은 쓸모없는 것을 상서로운 것으로 여긴다

송나라에 형씨(荊氏: 땅이름)라는 마을이 있었는데, 그곳에는 개오동나무와 잣나무, 그리고 뽕나무가 잘 자랐다.

한 아름이나 두 아름되는 나무는 원숭이 말뚝 감으로 잘라 갔다. 세 아름이나 네 아름쯤 되는 것은 호화스런 저택의 대들보로 베어 가고, 일곱 아름이나 여덟 아름쯤이나 큰 것은 귀인이나 부상富商들 집에서 관을 만들 재목을 찾는 사람들이 잘라 간다. 그러므로 이들은 천부의 수명을 다하지 못한 채 중도에 도끼날에 요절되고 말았으니, 이는 쓸모 있기에 당한 환난인 것이다.

그런데 옛적부터 해제(解祭: 액운을 쫓고 행운을 비는 봄에 지내는 제사) 때 이마에 흰 털이 난 소나, 코가 위로 올라가 덜렁한 돼지, 그리고 치질장이는 제물로 제사 때 쓰이지 않았다. 그것은 제사를 관장하는 무당이나 축祝이, 그것들이 제사 지내는 데 불길함을 잘 알고 있기 때문이다. 그러나 신인들은 그것들을 아주 상서로운 것으로 여기고 있다.

宋有荊氏者, 宜楸柏桑. 其拱把而上者, 求狙猴之杙者斬之, 三圍四圍, 求高名之麗者
송 유 형 씨 자 의 추 백 상 기 공 파 이 상 자 구 저 후 지 익 자 참 지 삼 위 사 위 구 고 명 지 려 자

斬之, 七圍八圍, 貴人富商之家求樿傍者斬之.
참 지 칠 위 팔 위 귀 인 부 상 지 가 구 전 방 자 참 지

故未終其天年, 而中道之夭於斧斤, 此材之患也.
고 미 종 기 천 년 이 중 도 지 요 어 부 근 차 재 지 환 야

故解之以牛之白顙者與豚之亢鼻者, 與人有痔病者不可以適河. 此皆巫祝以知之矣.
고 해 지 이 우 지 백 상 자 여 돈 지 항 비 자 여 인 유 치 병 자 불 가 이 적 하 차 개 무 축 이 지 지 의

所以爲不祥也. 此乃神人之所以爲大祥也.
소 이 위 불 상 야 차 내 신 인 지 소 이 위 대 상 야

지혜를 버리고 소박과 천진으로 되돌아간다면, 도에 가까워질 수 있다

지리소支離疏란 사람이 있었다.

턱이 배꼽까지 내려온 데다 어깨는 머리보다 위쪽으로 불쑥 내밀었고, 목 뒤쪽의 상투는 뾰족하여 하늘로 추켜올렸는데 오장伍臟은 머리 위에 붙어 있고, 허리는 두 넓적다리에 끼어 있는 몰골이 사나운 꼽추였다. 그렇지만 바느질이나 빨래질로 입에 풀칠하기에 어렵지 않았고, 키질을 할라치면 열 식구도 먹여 살릴 수 있었다.

나라에서 징병할 때엔 팔을 휘두르면서 한가하게 노닐었고, 나라에서 부역을 명할 때엔, 그는 병신이라서 면제를 받을 뿐 아니라, 나라에서 병자에게 구호미를 줄 때면, 삼종(三鍾: 鍾은 부피를 재는 단위. 1종은 64두)의 쌀과 열 단의 나무를 받게 되었다.

이같이 외모가 불구인 자가 오히려 걱정 없이 그 몸을 보양하여 천명대로 살 수 있거늘, 하물며 지혜를 버리고 소박과 천진으로 되돌아간다면, 더구나 도에 가까워질 수 있는 것이다.

支離疏者, 頤隱於臍, 肩高於頂, 會撮指天, 五管在上, 兩髀爲脇. 挫鍼治繲足以餬口,
지 리 소 자   이 은 어 제   견 고 어 정   괄 촬 지 천   오 관 재 상   양 비 위 협   좌 침 치 해 족 이 호 구

鼓筴播精, 足以食十人. 上徵武士, 則支離攘臂而遊於其間. 上有大役, 則支離以有常
고 협 파 정   족 이 식 십 인   상 징 무 사   즉 지 리 양 비 이 유 어 기 간   상 유 대 역   즉 지 리 이 유 상

疾不受功. 上與病者粟, 則受三鍾與十束薪.
질 불 수 공   상 여 병 자 속   즉 수 삼 종 여 십 속 신

夫支離其形者, 猶足以養其身, 終其天年, 又況支離 其德者乎.
부 지 리 기 형 자   유 족 이 양 기 신   종 기 천 년   우 황 지 리   기 덕 자 호

유용한 것의 쓰임, 무용한 것의 쓰임

공자가 초나라에 갔을 때, 그 땅의 광인狂人 접여가 객사 문 앞을 지나면서 말했다.

"봉황새(鳳凰: 세상이 평화로우면 나타난다는 전설적인 새)야 봉황새야,

너의 덕망 쇠했구나!

오는 세상 뉘라 알고,

흐른 세월 뉘라 쫓겠나.

천하태평 올바른 도가 행해지면

성인 나와 다스렸고,

천하 풍우 올바른 도가 행해지지 않으면

몸을 숨겨 보전했네!

지금이야 조심조심

형벌이나 면해 보세.

孔子適楚, 楚狂接輿遊其門曰:
공 자 적 초 초 광 접 여 유 기 문 왈

『鳳兮鳳兮, 何如德之衰也!
봉 혜 봉 혜 하 여 덕 지 쇠 야

來世不可待, 往世不可追也.
내 세 불 가 대 왕 세 불 가 추 야

天下有道, 聖人成焉,
천 하 유 도 성 인 성 언

天下無道, 聖人生焉.
천 하 무 도 성 인 생 언

方今之時, 僅免刑焉.
방 금 지 시 근 면 형 언

행복이란 깃털보다 가벼운데
어이타 가져갈 줄 모르고,
불행이란 땅보다 무거운데
어이타 피할 줄을 모르는가?
아서라, 번거롭네!
덕을 사람들에게 내세우는 일!
위태롭고, 위태롭다!
예의 지켜 나가는 일

福輕乎羽, 莫之知載, 禍重乎地, 莫之知避?
복 경 호 우   막 지 지 재   화 중 호 지   막 지 지 피

已乎已乎! 臨人以德! 殆乎殆乎! 畫地而趨!
이 호 이 호   임 인 이 덕   태 호 태 호   획 지 이 추

여기저기 가시밭길

내 갈 길을 그르치지 말게!

이리저리 돌고 돌아

나의 발을 다치지 않게 하라!

산의 나무는 스스로 자라 베어지게 되고,

기름덩이는 더러 불길 불러 스스로 몸을 태운다.

계수桂樹는 먹이가 되기에 베이고,

옻나무는 칠하는 데 쓰이기에 껍질이 벗겨진다.

사람들은 모두 유용한 것의 쓰임을 알면서도

무용한 것의 쓰임은 아무도 모르고 있다!"

迷陽迷陽, 無傷吾行!
미 양 미 양 무 상 오 행

吾行郤曲, 無傷吾足!
오 행 극 곡 무 상 오 족

山木自寇也, 膏火自煎也.
산 목 자 구 야 고 화 자 전 야

桂可食故伐之, 漆可用故割之.
계 가 식 고 벌 지 칠 가 용 고 할 지

人皆知有用之用, 而莫知無用之用也!」
인 개 지 유 용 지 용 이 막 지 무 용 지 용 야

제5편

덕충부 德充符

많은 불구자를 등장시켜,
엽기적으로 전개시킨 본편에서는 덕의 충실 여부에 따라 외형이 결정되고,
또한 육체의 건전 여부보다 덕의 내실을 강조했다.
곧 마음속에 덕이 충만하면
그 부험符驗이 밖으로 자연히 증명되어 나타난다는 일련의 서술이다.

德充符

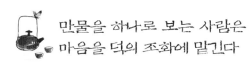
만물을 하나로 보는 사람은 마음을 덕의 조화에 맡긴다

노나라에 형벌로 발 하나를 잘린 왕태王駘란 사람이 있었다. 그런데도 그를 따라 배우는 사람의 수가 공자를 따르는 사람들만큼이나 많았다.

상계常季가 공자에게 물었다.

"왕태는 외발 병신입니다. 그런데 제자의 수효는 선생님의 제자와 더불어 각각 노나라의 절반을 차지하고 있습니다. 그는 평상시 서서 학문을 가르치지도 않거니와 앉아서 학문을 논하지도 않습니다. 그러나 그에게 공부하는 제자들이 갈 때는 텅 빈 머리로 비어 있었지만, 올 때는 무언가 꽉 차서 돌아옵니다. 그는 비록 언어로써 가르치거나 형식을 갖추는 일이 없지만, 마음속의 덕으로 감화시키고 있는 것입니까? 도대체 어떤 사람입니까?"

魯有兀者王駘, 從之遊者, 與仲尼相若, 常季問於仲尼曰:『王駘, 兀者也, 從之遊者,
노 유 올 자 왕 태   종 지 유 자   여 중 니 상 약   상 계 문 어 중 니 왈   왕 태 올 자 야   종 지 유 자

與夫子中分魯. 立不敎, 坐不議, 虛而往, 實而歸.
여 부 자 중 분 로   입 불 교   좌 불 의   허 이 왕   실 이 귀

固有不言之敎, 無形而心成者邪? 是何人也?』
고 유 불 언 지 교   무 형 이 심 성 자 야   시 하 인 야

공자가 말하였다.

"그분은 성인입니다. 나도 바로 가려고 했지만, 지금껏 못 가고 있습니다. 나도 그분을 선생으로 삼고 싶은데 하물며 나보다 못한 사람이야 말할 것 있겠습니까? 어찌 노나라 한 나라에만 그치겠습니까? 나는 천하 사람들을 이끌고 가서 그를 따라 배우려 하고 있습니다."

상계가 또 물었다.

"그는 외발 병신입니다. 그런데도 선생님보다 훌륭하다면 범인(보통사람)에 비해서 뛰어난 모양입니다. 그렇다면 그분은 마음가짐을 어떻게 하고 있을까요?"

"삶과 죽음은 큰일이라 볼 수 있습니다. 그러나 그 삶과 죽음도 그를 동요시킬 수 없습니다. 비록 하늘과 땅이 뒤엎어진다 해도 그를 멸망시킬 수는 없을 것입니다.

그는 자기에게 과실이 없는 것을 알기 때문에 다만 자연의 변화에 몸을 맡길 뿐이요, 또한 자연의 변화를 천명으로 알고 따르면서 그의 근본을 지키는 분인 것입니다."

仲尼曰:『夫子, 聖人也, 丘也直後而未往耳.
중니왈 부자 성인야 구야직후이미왕이

丘將以爲師, 而況不若丘者乎? 奚假魯國? 丘將引天下而與從之.』
구장이위사 이황불약구자호 해가노국 구장인천하이여종지

常季曰:『彼兀者也, 而王先生, 其與庸亦遠矣. 若然者, 其用心也獨若之何?』
상계왈 피올자야 이왕선생 기여용역원의 약연자 기용심야독약지하

仲尼曰:『死生亦大矣, 而不得與之變, 雖天地覆墜, 亦將不與之遺.
중니왈 사생역대의 이부득여지변 수천지복추 역장불여지유

審乎無假而不與物遷, 命物之化而守其宗也.』
심호무가이불여물천 명물지화이수기종야

"무슨 말씀입니까?"

"자연 만물을 관찰할 때, 서로 다른 차별적인 입장에서 본다면, 간과 쓸개도 초나라와 월나라처럼 먼 것이고, 다시 서로 같은 입장에서 본다면, 만물은 모두 한 덩이로 되어 있는 것입니다. 이처럼 만물을 하나로 보는 사람은 귀와 눈으로 시비선악을 가리지 않고, 마음을 덕의 조화에다 맡기고 거기서 노닐고 있는 것입니다. 만물을 한결같이 완전한 것만을 하나로 보기 때문에 그 일부의 소멸 현상에는 개의치 않습니다. 결국 자기의 잃어버린 왼쪽 발을 마치 한줌 흙을 버린 것처럼 여기고 있는 것입니다."

상계가 다시 물었다.

"그는 다만 자기 자신만을 위하고 있습니다. 그는 자기의 지혜로 자기의 마음을 얻었으며, 자기 마음으로 밖에 의존함에 없이 고금의 영원한 이치를 깨달았거늘, 사람들은 왜 그에게 모여드는 것입니까?"

常季曰:『何謂也?』
상 계 왈   하 위 야

仲尼曰:『自其異者視之, 肝膽楚越也, 自其同者視之, 萬物皆一也.
중 니 왈   자 기 이 자 시 지 간 담 초 월 야 자 기 동 자 시 지 만 물 개 일 야

夫若然者, 且不知耳目之所宜而遊心乎德之和, 物視其所一而不見其所喪,
부 약 연 자 차 부 지 이 목 지 소 의 이 유 심 호 덕 지 화 물 시 기 소 일 이 불 견 기 소 상

視喪其足猶遺土也.』
시 상 기 족 유 유 토 야

常季曰:『彼為己以其知, 得其心以其心. 得其常心, 物何為最之哉?』
상 계 왈   피 위 기 이 기 지 득 기 심 이 기 심   득 기 상 심 물 하 위 최 지 재

공자가 말하였다.

"사람들은 흐르는 수면(물)에 자기의 그림자를 비추려 하지 않고, 정지된 수면에 자기를 비추고 있습니다. 오직 정지된 수면이라야 능히 사람을 멈추게 할 수 있고, 사람은 스스로 멈추게 되는 것입니다. 나무들은 땅에서 생명을 받고 있습니다. 그 중에는 오직 소나무와 잣나무만이 올발라서 겨울이나 여름이나 사철 푸르고, 사람은 하늘에서 생명을 받았나니, 그 중엔 오직 순임금만이 하늘의 올바른 성정을 타고나서, 그 성정으로 중생을 올바르게 이끌어 왔습니다.

仲尼曰:『人莫鑑於流水, 而鑑於止水, 唯止能止衆止. 受命於地, 唯松柏獨也正,
중니왈   인막감어류수 이감어지수 유지능지중지 수명어지 유송백독야정

在冬夏靑靑. 受命於天, 唯堯舜獨也正, 在萬物之首, 幸能正生, 而正衆生.
재동하청청 수명어천 유요순독야정   재만물지수 행능정생 이정중생

이처럼 타고난 천성을 지키고 있는 증거는 바로 아무것에도 두려워하지 않는 용기에서 볼 수 있습니다. 용감한 사람은 혼자라도 천군만마의 속으로 돌진해 들어갈 수 있습니다. 장수가 공명을 얻으려면 이같이 삶과 죽음의 문턱을 뛰어넘을 수 있어야 합니다. 하물며 천지를 주재하고 만물을 내 품에 안으며 사지육신을 잠시 쉬었다 가는 나그네집이라 생각하고, 이목은 있어도 그만, 없어도 그만 하는 허수아비로 생각하고, 지혜를 통하여 보이는 모든 현상을 하나로 순화시킬 때, 그 마음엔 죽음과 삶의 분별이 없을 테니 다시 무엇이 두렵겠습니까? 그도 언젠가 죽음의 날을 골라, 태허(太虛, 하늘)의 세계로 떠나갈 것이고, 사람들은 그를 따를 것입니다. 그가 또한 어찌 사물로써 자기 일을 삼으려 하겠습니까?"

夫保始之徵, 不懼之實. 勇士一人, 雄入於九軍.
부 보 시 지 징 불 구 지 실   용 사 일 인   웅 입 어 구 군

將求名而能自要者, 而猶若是, 而況官天地, 府萬物, 直寓六骸, 象耳目,
장 구 명 이 능 자 요 자   이 유 약 시   이 황 관 천 지   부 만 물   직 우 육 해   상 이 목

一知之所知, 而心未嘗死者乎? 彼且擇日而登假, 人則從是也. 彼且何肯以物爲事乎?』
일 지 지 소 지   이 심 미 상 사 자 호   피 차 택 일 이 등 하   인 즉 종 시 야   피 차 하 긍 이 물 위 사 호

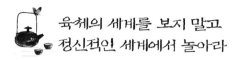

육체의 세계를 보지 말고 정신적인 세계에서 놀아라

신도가(申徒嘉: 춘추시대 정나라의 현인)는 형벌로 한 발을 잘린 병신이었다. 그는 정자산(鄭子産: 정나라의 명재상)과 함께 백혼무인(伯昏無人: 스승에 대한 존칭)의 제자였었다. 그러나 자산은 신도가와 동행하는 것이 싫은 나머지 신도가에게 말했다.

"내가 앞장서 가면 자네는 뒤로 머물러 있고, 자네가 앞장서 가면 내가 뒤로 머물러 있기로 하세."

이튿날 두 사람은 다시 한자리에 앉게 되었을 때, 자산이 신도가에게 말했다.

"내가 앞장서 가면 자네는 뒤로 머물러 있고, 자네가 앞장서 가면 내가 뒤로 머물러 있겠네. 내가 지금 외출할 텐데 자네가 뒤로 머물러 있겠나? 자네는 나라의 재상인 나를 보고도 길을 비켜주지 않는데, 자네는 이 재상과 어깨를 나란히 해 볼 심산인가?"

申徒嘉, 兀者也, 而與鄭子産同師於伯昏無人.
신 도 가   올 자 야   이 여 정 자 산 동 사 어 백 혼 무 인

子産謂申徒嘉曰:『我先出則子止, 子先出則我止.』其明日, 又與合堂同席而坐.
자 산 위 신 도 가 왈   아 선 출 즉 자 지   자 선 출 즉 아 지   기 명 일   우 여 합 당 동 석 이 좌

子産謂申徒嘉曰:『我先出則子止, 子先出則我止. 今我將出, 子可以止乎, 其未邪?
자 산 위 신 도 가 왈   아 선 출 즉 자 지   자 선 출 즉 아 지   금 아 장 출   자 가 이 지 호   기 미 야

且子見執政而不違, 子齊執政乎?』
차 자 견 집 정 이 불 위   자 제 집 정 호

신도가가 대답했다.

"우리 스승의 문하에 재상이랍시고 이렇게 오만한 사람이 있단 말입니까? 당신은 당신이 재상임을 그렇게 득의만만하게 여기면서 남을 모두 뒷전에 몰아 얕보고 있습니다. 이런 말이 있습니다. '거울이 너무 반질하면 먼지가 앉지 않으며, 먼지가 앉으면 흐려지고 만다.' 사람도 어진 사람과 오래 사귀면 저절로 허물이 없게 됩니다. 지금 당신이 크게 배우려는 것은 우리 스승의 덕이거늘, 아직도 그따위 말을 하는 것은 잘못이 아니겠습니까?"

자산이 말했다.

"자네가 병신 된 주제에 나 같은 사람하고 어깨를 겨눌 뿐 아니라, 요 임금 같은 성인하고도 그 선행을 견주려 하니, 자네의 덕을 자네 스스로 헤아려보면, 무슨 과실 때문에 그런 형벌을 받았는지 아직도 반성할 줄 모르는가?"

申徒嘉曰:『先生之門, 固有執政焉如此哉? 子而悅子之執政而後人者也?
신 도 가 왈   선 생 지 문   고 유 집 정 언 여 차 재   자 이 열 자 지 집 정 이 후 인 자 야

聞之曰:「鑑明則塵垢不止, 止則不明也. 久與賢人處則無過.」
문 지 왈   감 명 즉 진 구 부 지   지 즉 불 명 야   구 여 현 인 처 즉 무 과

今子之所取大者, 先生也, 而猶出言若是, 不亦過乎?
금 자 지 소 취 대 자   선 생 야   이 유 출 언 약 시   불 역 과 호

子産曰:『子旣若是矣, 猶與堯爭善, 計子之德, 不足以自反邪?』
자 산 왈   자 기 약 시 의   유 여 요 쟁 선   계 자 지 덕   부 족 이 자 반 야

신도가가 대답하였다.

"사람이란 자기의 과실을 변명하면서 발을 잘릴 만큼 잘못하지 않았다고 여기는 사람은 많으나, 자기의 과실을 묵인하면서 발을 잘릴 만큼 잘못했다고 여기는 사람은 아주 드뭅니다. 무릇 사람의 힘으로는 어쩔 수 없음을 알고 운명을 순종하는 것은 오직 덕이 있는 사람만이 할 수 있는 일입니다. 그것은 예羿라는 명궁의 활 사정거리 안에 노니는 거와 같습니다. 그 가운데 있으면 화살에 맞는 거요. 그 화살에 맞지 않는다는 것은 운명이라 할 수밖에 없습니다.

모든 사람들은 두 개의 발이 온전타고 해서 나 같은 외짝 발을 비웃는 자가 많습니다. 나는 그럴 때마다 분이 왈칵 치밀어 견딜 수 없었지만, 선생님 계신 곳으로 오면 그것을 온전히 잊고 돌아올 수 있었습니다. 이는 바로 선생님의 고매한 선도의 세례를 받은 게 아니겠습니까?

申徒嘉曰：『自狀其過, 以不當亡者衆, 不狀其過, 以不當存者寡, 知不可奈何,
신 도 가 왈　자 상 기 과　이 부 당 망 자 중　불 상 기 과　이 부 당 존 자 과　지 불 가 내 하

而安之若命, 唯有德者能之.
이 안 지 약 명　유 유 덕 자 능 지

遊於羿之轂中. 中央者, 中地也, 然而不中者, 命也. 人以其全足笑吾不全足者多矣.
유 어 예 지 구 중　중 앙 자　중 지 야　연 이 부 중 자　명 야　인 이 기 전 족 소 오 부 전 족 자 다 의

我怫然而怒, 而適先生之所, 則廢然而反. 不知先生之洗我以善邪?
아 비 연 이 노　이 적 선 생 지 소　즉 폐 연 이 반　부 지 선 생 지 세 아 이 선 야

내가 선생님을 모셔 학문을 닦은 지 어언 19년이 되었습니다만, 선생님께서는 아직도 내가 외짝 병신임을 모르고 계십니다.

나와 당신 사이에도 마땅히 정신적인 세계에서 의좋게 지내야 하거늘, 당신은 나를 육체의 세계에서 무엇을 찾으려 하니 과실이 아니겠습니까?"

자산은 부끄러운 듯 얼굴을 붉히며 몸을 바로잡고 말했다.

"자, 그만 말하게!"

吾與夫子遊十九年矣, 而未嘗知吾兀者也. 今子與我遊於形骸之內,
오 여 부 자 유 십 구 년 의   이 미 상 지 오 올 자 야   금 자 여 아 유 어 형 해 지 내

而子索我於形骸之外, 不亦過乎?』
이 자 색 아 어 형 해 지 외   불 역 과 호

子産蹴然改容更貌曰:『子無乃稱!』
자 산 축 연 개 용 경 모 왈   자 무 내 칭

지인은 명성을 자기의 속박으로 생각한다

노나라에도 형벌로 다리를 잘린 또 하나의 외발 병신인 숙산무지叔山無趾란 사람이 있어 항상 공자를 뵈러 왔었다. 공자가 말했다.

"자네는 옛날 품행을 삼가지 않았기에 이런 형벌을 받고 병신이 된 걸세. 이제 나를 찾아온들 이미 때는 늦은 걸세."

무지가 말하였다.

"저는 세상에서 해야 할 일을 모르고 거기다가 내 몸을 함부로 했기 때문에 발을 잘린 것입니다. 지금 내가 찾아온 것은 발보다 더 존귀한 것을 가지고 있기 때문에 그것을 보전하고자 애쓰려는 것입니다. 무릇 천지는 만물에 대하여 모든 것을 덮어 주고 실어 주면서 포용하고 있습니다. 저는 선생님께서 천지와 같이 모든 것을 포용하고 계신 줄 알았더니, 선생께서 이렇게 말씀하실 줄이야 어찌 생각했겠습니까?"

魯有兀者叔山無趾, 踵見仲尼. 仲尼曰:『子不謹, 前旣犯患若是矣. 雖今來, 何及矣.』
노유올자숙산무지 종현중니 중니왈 자불근 전기범환약시의 수금래 하급의

無趾曰:『吾唯不知務而輕用吾身, 吾是以亡足. 今吾來也, 猶有尊足者存焉,
무지왈 오유부지무이경용오신 오시이망족 금오래야 유유존족자존언

吾是以務全之也.
오시이무전지야

夫天無不覆, 地無不載, 吾以夫子爲天地, 安知夫子之猶若是也?』
부천무불부 지무부재 오이부자위천지 안지부자지유약시야

공자가 말했다.

"아! 내가 고루했구려! 선생, 왜 들어오지 않습니까? 들어오셔서 선생의 들은 바를 가르쳐 주시게."

숙산무지는 들어오지 않고, 그 길로 가 버렸다. 공자는 제자들에게 이 말을 들려주었다.

"너희들도 공부에 힘써라! 무지는 외발 병신인데도 공부를 열심히 하여 옛날의 잘못된 행동을 다시 보충하려 하거늘, 하물며 너희처럼 외형과 내덕內德을 겸비한 사람들이야 말할 것 있겠느냐?"

무지는 이를 노자에게 알렸다.

"공자가 지인至人이 되기엔 아직도 멀었더군요. 그는 왜 명성을 구하듯 학생들을 가르치고, 또 괴상한 명성을 천하에 알리려고 합니까? 지인이란 그런 명성을 자기의 속박으로 생각하는 사실을 모르고 있는 듯합니다."

孔子曰:『丘則陋矣! 夫子胡不入乎? 請講以所聞.』
공 자 왈   구 즉 루 의   부 자 호 불 입 호   청 강 이 소 문

無趾出. 孔子曰:『弟子勉之! 夫無趾, 兀然者, 猶務學以複補前行之惡,
무 지 출 공 자 왈   제 자 면 지 부 무 지   올 연 자   유 무 학 이 복 보 전 행 지 악

而況全德之人乎?』
이 황 전 덕 지 인 호

無趾語老聃曰:『孔丘之於至人, 其未邪. 彼何賓賓以學子爲,
무 지 어 노 담 왈   공 구 지 어 지 인   기 미 야 피 하 빈 빈 이 학 자 위

彼且蘄以諔詭幻怪之名聞? 不知至人之以是爲己桎梏邪.』
피 차 기 이 숙 궤 환 괴 지 명 문 부 지 지 인 지 이 시 위 기 질 곡 야

노자가 말하였다.

"그러면 자네는 왜 삶과 죽음을 한 가지로 여기게 하고, 가可한 것과 불가不可한 것이 같은 종류임을 깨닫게 하지 않았소? 그의 질곡桎梏을 풀어주는 일은 가능한 일이오!"

무지가 말하였다.

"이런 속박은 하늘이 베푼 형벌입니다. 어찌 인력으로 풀 수 있겠습니까?"

老聃曰:『胡不直使彼以死生爲一條, 以可不可爲一貫者? 解其桎梏, 其可乎!』
노 담 왈   호 부 직 사 피 이 사 생 위 일 조   이 가 불 가 위 일 관 자   해 기 질 곡   기 가 호

無趾曰:『天刑之, 安可解?』
무 지 왈   천 형 지 , 안 가 해

완전한 재능을 갖추었다 할지라도
그 덕을 밖으로 나타내지 마라

노나라 애공哀公이 공자에게 물었다.

"위나라에 애태타(哀駘它: 애태는 추한 모습을 뜻하고, 타는 이름)라는 추남이
있었는데 남자들도 그와 더불어 생활하게 되면 떠나기를 싫어할 정
도로 사모하거니와, 그이를 본 여인네들은 자기 부모에게 '남의 아내
가 되기보다는 차라리 그 추남의 첩이 되겠노라'고 애걸한다니, 그것
도 수십 명이 더 된다 합니다.

그런 사람이거늘, 그이가 일찍이 무엇을 제창한 적은 없고, 다만 남의
의견에 부화附和할 따름이었다더군요. 그런가하면 죽었다는 사람을
건져 줄만한 군왕의 지위가 있는 것도 아니요, 남을 배부르게 할 만
큼 재산을 모아 둔 것도 아니랍니다. 다만 추한 얼굴은 온 천하 사람
들을 놀라게 하고 있습니다.

魯哀公問於仲尼曰:『衛有惡人焉, 曰哀駘它. 丈夫與之處者, 思而不能去也. 婦人見之,
노 애 공 문 어 중 니 왈　위 유 악 인 언　왈 애 태 타　장 부 여 지 처 자　사 이 불 능 거 야　부 인 견 지

請於父母曰:「與爲人妻, 寧爲夫子妾」者, 十數而未止也. 未嘗有聞其唱者也,
청 어 부 모 왈　여 위 인 처　영 위 부 자 첩　자 십 수 이 미 지 야　미 상 유 문 기 창 자 야

常和人而已矣. 無君人之位以濟乎人之死, 無聚祿以望人之腹, 又以惡駭天下.
상 화 인 이 이 의　무 군 인 지 위 이 제 호 인 지 사　무 취 록 이 망 인 지 복　우 이 악 해 천 하

그 인격만 해도 겨우 남들께 부화할 뿐 무엇 한 가지 앞장설 수 없거니와, 그 지식이라야 겨우 국내만 들썩거릴 뿐인데 남자는 남자대로, 여자는 여자대로 그 문전을 메우고 있으니 그에겐 무엇인가 비범한 데가 있는 게 아닐까요?

그래서 나는 그를 불러 만난 일이 있습니다. 과연 천하가 놀랄 만큼 추하더군요. 나와 같이 생활한 지 한 달이 안 되어 나는 그의 사람됨에 재미를 붙였고 일 년이 못되어 그를 믿게 되었습니다.

그때 나라에는 재상자리가 비었기로, 나는 그에게 국정을 맡기려 했었습니다. 그러나 그이는 조금도 개의치 않았고, 또한 받아들일 뜻이 엿보이지 않았는가 하면, 그것을 마음에 두지도 않은 채 거절하는 듯하여, 나는 부끄러웠습니다.

그러나 결국은 나라를 그에게 맡기긴 했으나, 얼마 안 되어 그는 나를 버리고 멀리 떠나갔습니다. 나는 시름에 찬 채로 마치 무엇을 잃은 듯이 허전했고, 이 나라 안에서 나와 같이 즐길 수 있는 사람을 다시 찾을 수 없는 것만 같았습니다. 대체 그는 어찌된 사람일까요?"

和而不唱, 知不出乎四域, 且而雌雄合乎前, 是必有異乎人者也?
화 이 불 창 지 불 출 호 사 역 차 이 자 웅 합 호 전 시 필 유 이 호 인 자 야

寡人召而觀之, 果以惡駭天下.
과 인 소 이 관 지 과 이 악 해 천 하

與寡人處, 不至以月數, 而寡人有意乎其爲人也, 不至乎期年, 而寡人信之.
여 과 인 처 부 지 이 월 수 이 과 인 유 의 호 기 위 인 야 부 지 호 기 년 이 과 인 신 지

國無宰, 寡人傳國焉, 悶然而後應, 氾然若辭. 寡人醜乎, 卒授之國.
국 무 재 과 인 전 국 언 민 연 이 후 응 범 연 이 약 사 과 인 추 호 졸 수 지 국

無幾何也, 去寡人而行, 寡人卹焉若有亡也, 若無與樂是國也. 是何人者也?』
무 기 하 야 거 과 인 이 행 과 인 휼 언 약 유 망 야 약 무 여 락 시 국 야 시 하 인 자 야

공자가 말하였다.

"제가 일찍이 초나라에 사신으로 간 적이 있었습니다. 그때 돼지 새끼가 죽은 어미젖을 빨고 있는 것을 보았습니다. 얼마 있자, 그 새끼들은 깜짝 놀라 어미를 버리고 도망쳤습니다. 그것은 어미가 자기들을 보살펴 주지 못하고, 또한 어미 모습이 자기들과 달라지고 있다는 사실 때문일 것입니다.

새끼들이 어미를 사랑하는 것은 어미의 형체를 사랑하는 것이 아니라, 그 형체를 주재하는 정신을 사랑하는 것입니다. 그것은 마치 전쟁 중에 죽은 사람을 장사지낼 때엔 칼을 함께 묻어 주지 않습니다. 발이 잘린 사람은 신을 좋아하지 않는 것과 같으니, 곧 그 근본을 잃었기 때문입니다.

仲尼曰:『丘也嘗使於楚矣, 適見㹠子食於其死母者, 少焉眴若皆棄之而走.
중 니 왈   구 야 상 시 어 초 의   적 견 돈 자 식 어 기 사 모 자   소 언 순 약 개 기 지 이 주

不見己焉爾, 不得類焉爾. 所愛其母者, 非愛其形也, 愛使其形者也.
불 견 기 언 이   부 득 유 언 이   소 애 기 모 자   비 애 기 형 야   애 사 기 형 자 야

戰而死者, 其人之葬也不以翣資, 刖者之屨, 無爲愛之, 皆無其本矣.
전 이 사 자   기 인 지 장 야 불 이 삽 자   월 자 지 구   무 위 애 지   개 무 기 본 의

천자의 비첩妃妾이 된 여인에겐 앞머리를 자르지 않고 귀걸이를 못하게 합니다. 또 장가든 사람은 아내더러 바깥일을 못하게 하며 더구나 부리는 일도 없습니다.

그들은 외형을 곱게 가꾸려고 이렇듯 마음을 쓰는데 하물며 덕을 온전히 갖추게 되면 사람들이 어찌 사모하지 않겠습니까?

지금 애태타는 아무 말 한 마디도 않건만 사람들은 그를 신임하고, 공적이 없건만 사람들은 그를 따르고, 남으로 하여금 국정을 그에게 맡기려 함에 다만 맡지 않을까 걱정케 했으니, 그는 필시 재능을 완전히 갖추면서도 그 덕을 밖으로 나타내지 않는 인물일 것입니다."

爲天子之諸御, 不爪翦, 不穿耳, 取妻者止於外, 不得復使.
위 천 자 지 제 어   부 조 전   불 천 이   취 처 자 지 어 외   부 득 부 사

形全猶足以爲爾, 而況全德之人乎?
형 전 유 족 이 위 이   이 황 전 덕 지 인 호

今哀駘它未言而信, 無功而親, 使人授己國, 唯恐其不受也, 是必才而德不形者也.』
금 애 태 타 미 언 이 신   무 공 이 친   사 인 수 기 국   유 공 기 불 수 야   시 필 재 이 덕 불 형 자 야

임금으로서의 직분에 대한 깨달음

애공이 다시 물었다.

"재능이 완전하다 함은 무엇을 뜻합니까?"

공자가 차근차근 대답했다.

"죽음과 삶, 존재와 상실, 곤궁과 영달, 가난과 부, 현명함과 우둔함, 비방과 칭찬, 굶주림과 목마름, 추위와 더위, 이러한 것들은 모두 사물의 변화요, 운명의 실현입니다. 이들은 밤낮으로 우리 앞에 순환되고 있지만, 아무리 총명한 사람도 그 근본을 헤아릴 수는 없습니다. 때문에 다만 그 자연의 변화에 순응할 뿐, 그것으로 우리의 본성을 어지럽히거나 그것이 우리들의 정신적인 집에 침노할 수는 없습니다. 우리 마음 세계로는 그 다사로운 기류를 통하게 하여 기쁨을 잃지 않게 하고, 밤낮으로 간단없이 모든 사물을 대할 때 봄날과 같은 온화한 마음을 지녀야 합니다. 그 봄날 같은 온화한 기운이 마음속에 스며들 때, 마음엔 봄을 만난 듯 생명이 돋아날 것입니다. 이를 두고 재능이 완전하다고 말합니다."

哀公曰:『何謂才全?』
애공왈   하위재전

仲尼曰:『死生存亡, 窮達貧富, 賢與不肖毀譽, 飢渴寒暑, 是事之變, 命之行也.
중니왈   사생존망 궁달빈부 현여불초훼예 기갈한서 시사지변 명지행야

日夜相代乎前, 而知不能規乎其始者也. 故不足以滑和, 不可入於靈府.
일야상대호전 이지불능규호기시자야 고부족이골화 불가입어영부

使之和豫通而不失於兌, 使日夜無郤而與物爲春, 是接而生時於心者也. 是之謂才全.』
사지화예통이불실어태 사일야무극이여물위춘 시접이생시어심자야 시지위재전

애공이 다시 물었다.

"그러면 덕이 밖으로 나타나지 않는다 함은 무엇을 뜻합니까?"

공자가 대답했다.

"천하에 평탄함은 고요한 수면보다도 더한 것은 없습니다. 때문에 공평하려면, 그 평탄한 수면으로 준칙을 삼습니다. 그 수면이야말로 모든 힘을 안으로 감추면서 밖으로는 물결 하나 일으키지 않습니다. 덕이란 만물과 조화를 이룩하고 있는 것입니다. 덕이 밖으로 나타나지 않는다 함은, 곧 만물이 그 속에 감추어진 덕에 감동되어 차마 그 곁을 떠나려고 하지 않는 것입니다."

『何爲德不形?』
하 위 덕 불 형

曰:『平者, 水停之盛也. 其可以爲法也, 內保之而外不蕩也. 德者, 成和之修也.
왈   평자 수정지성야   기가이위법야 내보지이외불탕야   덕자 성화지수아
德不形者, 物不能離也.』
덕 불 형 자 물 불 능 리 야

애공이 뒷날 그 얘기를 민자(閔子: 공자의 제자, 자건)에게 말하였다.

"이전에 내가 임금 자리에 있어 천하를 통치할 때, 다만 백성의 질서를 관장하고, 백성의 생사를 걱정하는 것으로 임금의 직분을 최고로 다한 것인 줄 알았습니다. 그런데 공자의 말씀을 듣고 내가 임금으로서 자격도 없고, 오히려 내 몸을 함부로 하여 나라를 망치게 하지 않았을까 걱정하고 있습니다. 나와 공자의 사이는 이미 임금과 신하의 관계가 아니라, 덕으로 사귀는 친구일 뿐입니다."

哀公異日以告閔子曰:『始也吾以南面而君天下, 執民之紀而憂其死, 吾自以爲至通矣.
애 공 이 일 이 고 민 자 왈   시 야 오 이 남 면 이 군 천 하   집 민 지 기 이 우 기 사   오 자 이 위 지 통 의

今吾聞至人之言, 恐吾無其實, 輕用吾身而亡其國. 吾與孔丘, 非君臣也, 德友而已矣.』
금 오 문 지 인 지 언   공 오 무 기 실   경 용 오 신 이 망 기 국   오 여 공 구   비 군 신 야   덕 우 이 이 의

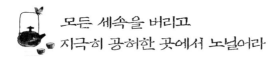

모든 세속을 버리고
지극히 공허한 곳에서 노닐어라

절름발이에 꼽추요, 언청이였던 인기지리무순(闉跂支離無脤; 가공인물, 온갖 불구인 사람의 대표)이 위나라 영공靈公을 만났다. 영공이 그를 아주 좋아하게 되자 오히려 보통 온전한 사람을 보면 그 목이 마르고 가늘게 보였다고 한다.

혹이 대롱대롱한 옹앙대영(甕盎大癭; 가공인물, 큰 혹이 달린 추한 사람)이 제나라 환공桓公을 만났는데, 환공이 그를 아주 좋아하게 되자, 오히려 보통 사람을 보면 그 목이 마르고 가늘게 보였다고 한다. 그러므로 뛰어나면 형체 따위에는 관심을 두지 않는다.

사람이 잊어야 할 형체를 잊지 않고, 잊어서는 안 될 덕성을 잊는다는 것은 정말로 망각이라 할 수 있다. 그러기에 성인은 모든 세속을 버리고 지극히 공허한 곳에서 노니는 것이다. 따라서 지혜를 그루터기에서 돋은 싹처럼 쓸모없는 걸로 보고, 예의를 아교풀처럼 사람을 속박하는 걸로 보고, 덕혜德惠를 사람과 사람 사이를 얽어매는 걸로 보고, 공교로운 기술은 기껏해야 이利끝을 다투는 장사(商)에 쓰이고 만다.

闉跂支離無脤說衛靈公, 靈公說之, 而視全人, 其脰肩肩.
인 기 지 리 무 순 세 위 령 공 영 공 열 지   이 시 전 인   기 두 혼 혼

甕盎大癭說齊桓公, 桓公說之, 而視全人, 其脰肩肩.
옹 앙 대 영 세 제 환 공   환 공 열 지   이 시 전 인   기 두 혼 혼

故德有所長, 而形有所忘. 人不忘其所忘, 而忘其所不忘, 此謂誠忘.
고 덕 유 소 장 이 형 유 소 망 인 불 망 기 소 망   이 망 기 소 불 망 차 위 성 망

故聖人有所遊, 而知爲孼, 約爲膠, 德爲接, 工爲商.
고 성 인 유 소 유 이 지 위 얼 약 위 교 덕 위 접 공 위 상

성인은 이렇게 모든 꾀를 버렸으니, 지혜는 어디에 쓰이고, 이렇게 조
탁(彫琢; 새기고 쪼아내다)함도 없으니, 아교풀 같은 예의는 어디에 쓰이
고, 이렇게 사람들 사이에 덕을 잃지 않았거늘 덕혜는 어디에 쓰이고,
귀한 물건도 귀히 여기지 않았거늘, 장사(商)는 어디에 쓰이랴!

이 네 가지(知·約·德·工)는 하늘이 사람에게 준 먹(식품)이다. 기왕
식품을 하늘로부터 공급받는다면, 어찌하여 구차히 인위적인 노력을
필요로 하겠는가?

성인은 사람의 형체를 갖추고 있지만, 사람의 욕정은 없고, 사람의 형
체를 갖추고 있기에 인류와 더불어 사회를 이루고, 사람의 욕정이 없
기에 시비의 갈등이 그를 엄습할 수 없다. 과연 고루하고도 작디작구
나! 인간더미 속의 성인이. 휘황하게도 거룩하구나! 홀로 하늘의 도
를 이룩한 성인이!

聖人不謀, 惡用知? 不斲, 惡用膠? 無喪, 惡用德? 不貨, 惡用商!
성 인 불 모   오 용 지   부 착 오 용 교   무 상 오 용 덕   불 화 오 용 상

四者, 天鬻也. 天鬻者, 天食也.
사 자 천 육 야 천 죽 자 천 사 야

旣受食於天, 又惡用人! 有人之形, 無人之情.
기 수 식 어 천   우 오 용 인   유 인 지 형 무 인 지 정

故羣於人, 無人之情, 故是非不得於身. 眇乎小哉, 所以屬於人也!
고 군 어 인 무 인 지 정   고 시 비 부 득 어 신   묘 호 소 재   소 이 속 어 인 야

謷乎大哉, 獨成其天!
오 호 대 재   독 성 기 천

좋아하거나 싫어함의 갈등으로
천성을 상해서는 안 된다

혜자가 장자에게 말했다.

"사람에겐 본디 정이 없습니까?"

장자가 대답했다.

"그렇습니다."

혜자는 다시 물었다.

"사람에게 정이 없다면 사람이라고 부를 게 없지 않습니까?"

장자가 대답했다.

"음양의 도가 용모를 만들어 주고, 하늘이 그 형체를 부여했거늘, 어찌 사람이라 일컫지 못한단 말입니까?"

혜자는 계속 물었다.

"기왕 사람이라 할 수 있다면, 왜 감정이 없단 말입니까?"

惠子謂莊子曰:『人故無情乎?』
혜 자 위 장 자 왈   인 고 무 정 호

莊子曰:『然.』
장 자 왈   연

惠子曰:『人而無情, 何以謂之人?』
혜 자 왈   인 이 무 정, 하 이 위 지 인

莊子曰:『道與之貌, 天與之形, 惡得不謂之人?』
장 자 왈   도 여 지 모   천 여 지 형   오 득 불 위 지 인

惠子曰:『旣謂之人, 惡得無情?』
혜 자 왈   기 위 지 인   오 득 무 정

장자가 대답했다.

"당신이 말하는 감정은 내가 말하는 감정과는 다릅니다. 내가 정이 없다고 말하는 것은 곧 사람이 좋아하고 미워하는 마음 때문에 몸을 상하지 않고, 다만 그 몸을 자연에 맡기어 억지로 생명을 늘리려고 하지 않는 것을 말함입니다."

혜자는 계속 물었다.

"사람이 인위적으로 생명을 다스리지 않으면 어떻게 몸을 보전할 수 있단 말입니까?"

莊子曰:『是非吾所謂情也. 吾所謂無情者, 言人之不以好惡內傷其身,
장 자 왈   시 비 오 소 위 정 야   오 소 위 무 정 자   언 인 지 불 이 호 오 내 상 기 신

常因自然而不益生也.』
상 인 자 연 이 불 익 생 야

惠子曰:『不益生, 何以有其身?』
혜 자 왈   불 익 생   하 이 유 기 신

장자가 대답했다.

"음양의 도가 그에게 용모를 만들어 주고, 하늘이 그에게 형체를 부여해 준 바엔 이를 그대로 간직할 뿐, 호오(好惡: 좋아하고 싫어함)의 갈등으로 천성을 상해서는 안 됩니다. 지금 당신은 심신을 밖으로 방황케 하여 스스로 피곤을 저지르고 있습니다. 나무에 비겨 노래를 한다든가, 책상에 기대어 눈을 감고 사색한다든가 하는 일은 바로 당신을 고역에 몰아넣고 있는 겁니다. 하늘은 당신께 사람의 형체를 갖추어 주었건만 당신은 견백堅白의 궤변(공손룡公孫龍과 혜자惠子 등의 논리로, 사물의 실체와 속성을 분석하여 논한다는 학설)으로 천하를 떠들썩하게 만들고 있습니다."

莊子曰:『道與之貌, 天與之形, 無以好惡內傷其身. 今子外乎子之神, 勞乎子之精,
장 자 왈   도 여 지 모   천 여 지 형   무 이 호 악 내 상 기 신   금 자 외 호 자 지 신   노 호 자 지 정

倚樹而吟, 據槁梧而瞑. 天選子之形, 子以堅白鳴.』
의 수 이 음   거 고 오 이 명   천 선 자 지 형   자 이 견 백 명

제6편

대종사 大宗師

'대종사'란 크게 높여야 할 스승이라는 뜻으로 '도'를 가리킨다.
종宗은 주장함이요, 사師는 본받음이니,
크게 주장하고 본받는 것을 도道라 말한다. 도는 곧 자연이다.
비록 하늘과 땅이 넓고 삼라만상이 그 안에 있다 할지라도 받들어 본받을 것은 무심이요,
무위란 뜻이다. 존재하는 형체를 버리고 삶을 망각하는 것은
곧 자연의 대도를 종법宗法하는 것이다.
이것이 곧 대종사의 본지가 되는 것이니, 사회와 정치의 관계를 초탈하여
종교적인 현리玄理를 추구한 것이 본편의 특색이다.

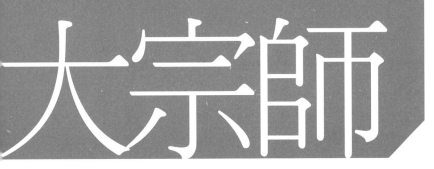

大宗師

천도와 인도를 아는 지혜의 극치

자연(하늘)이 하는 일을 알고 사람이 하는 일을 아는 자는 사람으로 통달했다고 할 수 있다. 천도(天道: 자연이 하는 일)를 알아 자연을 순응하여 살 줄 알고, 인도(人道: 사람이 하는 일)를 알아 그 지혜가 미치는 양생의 도리로 지혜가 미치지 못하는 수명을 보양하면서 하늘이 부여한 수명을 다하고 중도에 요절하지 않는다면, 이는 지혜의 극치라 할 수 있다.

그러나 지혜에는 누환(累患: 근심, 걱정)이 따르기 마련이다. 지혜를 운용함에는 그 대상이 있을 때 비로소 그 타당 여부를 판단하게 된다. 그 대상은 일정한 것이 아니라 수시로 변화하고 있다. 어찌 내가 자연이라 여긴 것이 인위적인 것이 아니라고 말할 수 있으며, 내가 인위적이라 여긴 것이 자연이 아니라고 말할 수 있겠는가?

知天之所爲, 知人之所爲者, 至矣. 知天之所爲者, 天而生也, 知人之所爲者,
지 천 지 소 위 지 인 지 소 위 자   지 의 지 천 지 소 위 자   천 이 생 야   지 인 지 소 위 자

以其知之所知, 以養其知之所不知, 終其天年而不中道夭者, 是知之盛也.
이 기 지 지 소 지 이 양 기 지 지 소 부 지 종 기 천 년 이 부 중 도 요 자 시 지 지 성 야

雖然, 有患. 夫知有所待而後當, 其所待者特未定也. 庸詎知吾所謂天之非人乎?
수 연 유 환 부 지 유 소 대 이 후 당 기 소 대 자 특 미 정 야 용 거 지 오 소 위 천 지 비 인 호

진인의 지혜는 도의 극치에 이른다

자연(하늘이 하는 일)과 인위(사람이 하는 일)는 하나의 이치인 것이다. 그렇다면 반드시 진인(眞人; 참된 사람)이 되어야 비로소 진정한 지혜(眞知; 참된 앎)를 갖게 된다는 말이 된다.

어떤 사람을 진인이라 하는가? 옛날의 진인은 적은 일에도 거스르지 않았고, 성공을 과시하지 않았으며, 억지로 일을 획책하지도 않았다. 이런 경지에 이른 사람은 비록 하늘이 준 기회를 놓쳤다 할지라도 후회하지 않았고, 비록 일이 뜻대로 되었을지라도 득의연(得意然; 몹시 우쭐해 하다)하지 않았다.

또, 높은 곳에 올라가도 두려워하지 않았고, 물에 빠진다 해도 젖지 않았고, 불더미에 떨어진다 해도 뜨거워하지 않았다. 이는 지혜(앎)가 도의 극치에 이르렀을 때 이미 세속에서 인정하는 그러한 지혜가 아님을 말해 주고 있는 것이다.

所謂人之非天乎. 且有眞人而後有眞知.
소 위 인 지 비 천 호   차 유 진 인 이 후 유 진 지

何謂眞人? 古之眞人, 不逆寡, 不雄成, 不謨士. 若然者, 過而弗悔, 當而不自得也.
하 위 진 인   고 지 진 인   불 역 과   불 웅 성   불 모 사   약 연 자   과 이 불 회   당 이 부 자 득 야

若然者, 登高不慄, 入水不濡, 入火不熱. 是知之能登假於道者也若此.
약 연 자   등 고 불 률   입 수 불 유   입 화 불 열   시 지 지 능 등 격 어 도 자 야 약 차

옛날의 진인(참된 사람)은 잘 때에는 꿈을 꾸지 않았고, 깨었을 때에도 근심이 없었고, 먹을 때엔 달디 단 맛을 탐내지 않았고, 호흡은 깊고 가라앉아 있었다. 무릇 진인의 호흡은 발뒤꿈치에 이르도록 깊이 쉬었고, 범인의 호흡은 기껏 목구멍에 무엇이 걸려 있는 듯 떠듬거리고, 욕심이 많은 사람은 그 정신적 기능도 천박하고 우둔할 뿐이었다.

古之眞人, 其寢不夢, 其覺無憂, 其食不甘, 其息深深. 眞人之息以踵, 衆人之息以喉.
고 지 진 인 기 침 불 몽 기 교 무 우 기 식 불 감 기 식 심 심 진 인 지 식 이 종 중 인 지 식 이 후

屈服者, 其嗌言若哇. 其耆欲深者, 其天機淺.
굴 복 자 기 애 언 약 화 기 기 욕 심 자 기 천 기 천

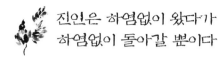

진인은 하염없이 왔다가 하염없이 돌아갈 뿐이다

옛날의 진인은 삶을 기뻐할 줄도, 죽음을 싫어할 줄도 몰랐다. 따라서 세상에 태어나는 것을 기쁘게 여기지도 않았거니와, 명지(冥地: 저승길)로 들어가는 것도 거절하지 않았다. 그저 하염없이 왔다가 하염없이 돌아갈 뿐이다.

더구나 자기 생명의 내원(來源: 삶의 시작)을 잊지도 않았고, 생명의 귀숙(歸宿: 삶의 종말)을 캐묻지도 않은 채, 얻어진 생명을 있는 대로 즐겼고, 죽음의 공포를 잊은 채 다시 자연으로 돌아갈 뿐이다. 그것은 죽음이 또 하나의 생명을 시작하기 때문이다.

이는 심기(心機: 자기 마음)로 자연의 대도大道를 배반하지 않고, 인위人爲로 하늘을 이기려 하지 않는다 함이니, 이런 사람을 진인이라 부르는 것이다.

古之眞人, 不知說生, 不知惡死, 其出不訢, 其入不距. 翛然而往, 翛然而來而已矣.
고 지 진 인 부 지 열 생 부 지 오 사 기 출 불 흔 기 입 불 거 유 연 이 왕 유 연 이 래 이 이 의

不忘其所始, 不求其所終. 受而喜之, 忘而復之. 是之謂不以心損道, 不以人助天.
불 망 기 소 시 불 구 기 소 종 수 이 희 지 망 이 복 지 시 지 위 불 이 심 손 도 불 이 인 조 천

是之謂眞人.
시 지 위 진 인

그렇게 된다면, 그런 사람의 마음속엔 걱정이 없고 편안하다. 따라서 그 모습도 고요하여 이마는 넓고 단정하다. 가을처럼 엄숙한가 하면 봄날처럼 따스하여 그 희로애락의 정은 춘하추동이 운행하는 것처럼 자연스레 변화와 통하고, 외부의 사물에 부딪칠 때면 그 조화를 갖게 되어 범인들은 그 극치를 알아낼 수 없는 것이다.

그러므로 성인은 전쟁을 해서 나라를 망치는 일이 있다 해도 인심을 잃는 일은 없다. 그것은 그 이로움과 혜택이 비록 후대에 베풀어진다 할지라도, 백성에게는 편애하는 마음을 쓰지 않았기 때문이며 다만 자연을 따라 전쟁을 했던 까닭이다.

또한 음악을 만드는데 거기다 일부러 사물의 정을 통하려 하는 것은 성인이 아니며, 따라서 특별히 어느 사람을 편애하는 것은 인자仁者가 아니다. 억지로 기회를 노리는 것은 현인이 아니며, 이해利害를 한 가지로 달관할 수 없는 사람은 군자가 아니고, 명성을 좇다가 자기의 본성을 떨어뜨리는 사람은 선비(士)가 아니다.

若然者, 其心志, 其容寂, 其顙頯. 凄然似秋, 煖然似春, 喜怒通四時, 與物有宜而莫知
약 연 자 기 심 지 기 용 적 기 상 규 처 연 사 추 난 연 사 춘 희 노 통 사 시 여 물 유 의 이 막 지

其極. 故聖人之用兵也, 亡國而不失人心. 利澤施乎萬世, 不爲愛人.
기 극 고 성 인 지 용 병 야 망 국 이 불 실 인 심 이 택 이 호 만 세 불 위 애 인

故樂通物, 非聖人也, 有親, 非仁也, 天時, 非賢也, 利害不通, 非君子也, 行名失己,
고 락 통 물 비 성 인 야 유 친 비 인 야 천 시 비 현 야 이 해 불 통 비 군 자 야 행 명 실 기

非士也.
비 사 야

자기 몸을 망치고 자기의 진실을 잃어버린 사람은 세인에게 부림을 당할망정 세인을 부릴 수 없다. 그 예는 바로 호부해(狐不偕; 요임금이 제위를 물려주려 하자 이것을 수치로 여기고 황하에 몸을 던져 죽은 은자)·무광(務光; 하나라 사람으로, 은나라 탕임금이 제위를 내주려 하자 돌을 안고 여수廬水에 몸을 던져 죽었다 한다. 황제의 신하라는 설도 있다.)·백이伯夷와 숙제叔齊(고죽군孤竹君의 아들. 두 형제가 서로 임금 자리를 사양하다 결국은 문왕의 덕을 흠모하여 주나라로 갔다. 그러나 무왕이 은나라 주왕을 처부수자 수양산首陽山으로 들어가 고사리를 뜯어먹고 살다 굶어죽었다고 한다.)·기자(箕子; 은나라 주왕의 어진 신하. 주왕이 그의 간하는 말을 듣지 않자 미친 사람 행세를 하다가 은나라가 망하자 조선으로 들어가 나라를 세웠다는 얘기가 있다.)·서여(胥餘; 오왕 부차의 신하로 충간하다 죽임을 당함.)·기타(紀他; 은나라 탕임금 때의 사람으로, 무광이 탕임금의 임금 자리를 거절하자 다음에는 자기에게로 차례가 돌아올 것이라 판단하고 관수窾水에 몸을 던져 죽었다 한다.)·신도적(申徒狄; 도척盜跖편에, 그 임금에게 간하다가 듣지 않자 돌을 지고 강물에 몸을 던져 죽었다고 되어 있다.) 같은 이들은 남의 부림을 당하고, 남의 즐거움에 희생당했을 뿐, 결코 자기의 즐거움에 산 사람은 아니었다.

亡身不眞, 非役人也.
망 신 부 진   비 역 인 야

若狐不偕·務光·伯夷·叔齊·箕子·胥餘·紀他·申徒狄, 是役人之役, 適人之適,
약 호 불 해   무 광   백 이   숙 제   기 자   서 여   기 타   신 도 적   시 역 인 지 역   적 인 지 적

而不自適其適者也.
이 불 자 적 기 적 자 야

하늘과 사람 사이에서 이치를 체득하라

옛날의 진인은 그 행적이 사물과 조화를 이루면서도 결코 붕당을 만들지 않고, 못난 듯 모자라는 듯하지만 결코 남을 추어올리지 않으며, 그 인격이 고고한 듯하지만 결코 고집하지도 않고, 그 마음이 넓고 공허하지만 결코 부화(浮華; 겉보기만 화려하고 실속이 없다)하지 않았고, 어떤 일에도 잘 적응하여 즐거운 듯하지만 부득이한 형세를 따르고 있을 뿐이다.

부드러운 얼굴빛은 수면 위에 비치는 광채처럼 풍부하나 끝내는 아무런 변화 없이 자기의 덕(至善)에 머무를 뿐이며, 그 덕은 넓고도 무한히 큰데다가 높아서 제어할 수 없는 듯하다. 그 성덕은 길고 멀어서 마치 문을 닫은 듯 아무것도 들리지 않고 무심한 상태에서 언어조차 잊고 있는 것이다.

이런 진인이 군주에 오른다면, 형법을 자기의 본체로 삼아 자기가 주동한 것이 아니라 여길 것이며, 예의를 자기 몸의 날개로 삼아 자기가 창조한 것이 아니라 여길 것이며, 지혜는 때의 움직임으로 삼아 자기가 제창한 것이 아니라 여길 것이며, 덕은 자연의 순응으로 자기가 인도한 것이 아니라 여길 것이다.

古之眞人, 其狀義而不朋, 若不足而不承. 與乎其觚而不堅也, 張乎其虛而不華也.
고 지 진 인 기 상 의 이 불 붕 약 부 족 이 불 승 여 호 기 고 이 불 견 야 장 호 기 허 이 불 화 야

邴邴乎其似喜也! 崔乎其不得已也! 滀乎進我色也, 與乎止我德也, 厲乎其似世也!
병 병 호 기 사 희 야 최 호 기 부 득 이 야 축 호 진 아 색 야 여 호 지 아 덕 야 여 호 기 사 세 야

謷乎其未可制也, 連乎其似好閉也, 悗乎忘其言也.
오 호 기 미 가 제 야 연 호 기 사 호 폐 야 문 호 망 기 언 야

형법으로 자기의 본체를 삼는 것은 살육으로 온 백성을 징계하기 때문에 그래도 관대하다는 말이 되며, 예의로 자기 몸의 날개를 삼는 것은 이것으로 세상을 자유로이 행동할 수 있기 때문이며, 지혜를 때의 움직임으로 삼는 것은 부득이한 움직임에 상응하여 사물에 대처하기 때문이며, 덕을 자연의 순응으로 삼는 것은 자기의 노력에 따라 모두가 그 경지에 이르기 때문이니, 이는 마치 발을 가진 사람이면 누구나 언덕에 오를 수 있는 것과 같은 것이다. 이런 일에 대하여 범인들은 진인이 수고롭게 노력해서 행하는 줄로 여기지만, 진인에 있어서는 아주 자연스러운 것이다.

以刑爲體, 以禮爲翼, 以知爲時, 以德爲循.
이 형 위 체 이 예 위 익 이 지 위 시 이 덕 위 순

以刑爲體者, 綽乎其殺也, 以禮爲翼者, 所以行於世也, 以知爲時者, 不得已於事也,
이 형 위 체 자 작 호 기 살 야 이 례 위 익 자 소 이 행 어 세 야 이 지 위 시 자 부 득 이 어 사 야

以德爲循者, 言其與有足者至於丘也. 而人眞以爲勤行者也.
이 덕 위 순 자 언 기 여 유 족 자 지 어 구 야 이 인 진 이 위 근 행 자 야

진인은 피차간 시비의 분별이 없어 좋아하는 것과 좋아하지 않는 것을 한 가지로 보고 있다. 하늘의 성지(聖智: 성인의 슬기, 뛰어난 지혜)도 마찬가지요. 범속한 정도 마찬가지다. 성지를 가져 동일하게 보는 이는 하늘과 더불어 무리가 되고 범정(凡精)을 가져 피아를 가리는 이는 사람과 더불어 무리가 된다.

그러나 하늘과 사람 사이에는 누가 낫거나(勝), 누가 못하거나(劣)하는 게 없이 모두 공적(空寂: 만물이 모두 실체가 없어 생각하고 분별할 것도 없음)한 점에서 마찬가지다. 이렇게 하늘과 사람을 이기고 짐을 혼용하여 그 이치를 체득한 사람을 진인(眞人: 참된 도를 깨우친 사람)이라 부르는 것이다.

故其好之也一, 其弗好之也一. 其一也一, 其不一也一.
고 기 호 지 야 일　　기 불 호 지 야 일　　기 일 야 일　　기 불 일 야 일

其一與天爲徒, 其不一與人爲徒. 天與人不相勝也, 是之謂眞人.
기 일 여 천 위 도　　기 불 일 여 인 위 도　　천 여 인 불 상 승 야　　시 지 위 진 인

자기의 삶을 잘 사는 것은
자기의 죽음을 잘 맞이하는 것이다

죽음과 삶은 운명이요, 밤과 낮은 하늘의 운행이다.

이는 사람의 힘으로 어찌할 수 없는 물리의 상정(常精: 실정)이다. 사람들은 다만 하늘을 아버지처럼 여기면서 존경할 줄 알지만, 그 하늘보다 훨씬 높은 것을 존경할 줄 아는가! 사람들은 다만 임금의 지위를 자기보다 높다고 여겨 임금을 위하여 죽을 줄도 알지만, 임금보다 훨씬 진실한 사람을 위해 몸을 바칠 줄 아는가!

샘물이 마르자 고기들이 모두 육지에 나와 몸을 비비 꼬면서 입김을 불어대는가 하면 물거품으로 서로의 몸을 적시고 있다. 그것이 기특하지만 결코 호수에서 서로가 서로를 잊는 것처럼 좋은 것은 아니다. 마찬가지로 요임금을 칭찬하고 걸桀을 비난하기보다는 차라리 잘잘못을 잊은 채 선악과 사생을 버리고 도道와 하나가 된 것만 못하다.

死生, 命也, 其有夜旦之常, 天也. 人之有所不得與, 皆物之情也.
사 생 명 야　기 유 야 단 지 상　천 야　인 지 유 소 부 득 여　개 물 지 정 야

彼特以天爲父, 而身猶愛之, 而況其卓乎! 人特以有君爲愈乎己, 而身猶死之,
피 특 이 천 위 부　이 신 유 애 지　이 황 기 탁 호　　인 특 이 유 군 위 유 호 기　이 신 유 사 지

而況其眞乎!
이 황 기 진 호

泉涸, 魚相與處於陸, 相呴以濕, 相濡以沫, 不如相忘於江湖. 與其譽堯而非桀也,
천 학　어 상 여 처 어 륙　상 구 이 습　상 유 이 말　불 여 상 망 어 강 호　여 기 예 요 이 비 걸 야

不如兩忘而化其道.
불 여 량 망 이 화 기 도

154

무릇 자연은 우리에게 형체를 부여하고 삶을 주어 우리를 수고롭게 하고 있다. 늙게 만듦으로써 우리를 편안하게 해주고, 죽음으로써 편안히 쉬게 모든 것을 안배해 주었다. 그러므로 자기의 삶을 잘 사는 것은 곧 자기의 죽음을 잘 맞이하는 길인 것이다.

夫大塊載我以形, 勞我以生, 佚我以老, 息我以死. 故善吾生者, 乃所以善吾死也.
부 대 괴 재 아 이 형 노 아 이 생 일 아 이 로 식 아 이 사 고 선 오 생 자 내 소 이 선 오 사 야

인생의 처음 시작하는 일에도, 끝맺는 일에도 잘 대처하라

무릇 배를 골짜기에 숨겨 놓거나, 산(汕: 어살. 냇물을 보로 막고 가운데를 트이게 하여 급류를 만든 다음, 그곳에 통발을 대어 놓고 고기를 잡는 것.)을 연못 속에 숨겨 둔다면, 도둑맞을 염려가 없이 든든하다고 여길 것이다. 그러나 밤중쯤 기운 센 사람이 이를 갖고 도망갈지도 모르건만, 우매한 사람은 그것을 까맣게 모르고 있다. 큰 물건을 감추었든, 작은 물건을 감추었든 적당한 곳에 감추어 두었다 할지라도, 그들에게 변화가 없을 수 없는 것이다. 그러나 천하를 천하 속에 감추어 둔다면, 그것은 영원히 도둑맞을 수 없는 것이니, 이는 영원한 진리인 것이다.

커다란 자연 속에서 사람은 겨우 사람으로서의 형체를 갖추게 된 것이지만 그 사실을 기쁘게 생각한다. 그러면 세상에서 사람처럼 형체를 갖춘 것들은 천변만화(변화가 무궁함)하여 끝이 없는 법이다. 그렇게 변화무궁한 형체를 즐기기로 한다면, 그 즐거움은 헤아릴 수 없는 것이다.

夫藏舟於壑, 藏山於澤, 謂之固矣. 然而夜半有力者負之而走, 昧者不知也.
부 장 주 어 학　 장 산 어 택　 위 지 고 의　 연 이 야 반 유 력 자 부 지 이 주　 매 자 부 지 야

藏小大有宜, 猶有所遯. 若夫藏天下於天下而不得所遯, 是恒物之大情也.
장 소 대 유 의　 유 유 소 둔　 약 부 장 천 하 어 천 하 이 부 득 소 둔　 시 항 물 지 대 정 야

特犯人之形而猶喜之, 若人之形者, 萬化而未始有極也, 其爲樂可勝計邪.
특 범 인 지 형 이 유 희 지　 약 인 지 형 자　 만 화 이 미 시 유 극 야　 기 위 락 가 승 계 야

형체는 변해도 도는 불변한 채 영원한 것이다. 때문에 성인은 아무것도 변화하지 않으면서 영원히 존재하는 경지에 기유(寄遊, 노닐다)하는 것이다. 그래서 성인은 요절은 요절대로, 늙음은 늙음대로 잘 대처하며, 인생의 처음 시작하는 일에도 잘 대처하고 끝맺는 일에도 잘 대처하여 사람들이 그를 본받게 되는 것이다. 그러니, 하물며 만물과 함께 섞여 한 가지로 변화되는 본원의 도道를 만물의 주재로 삼는다면 더욱 존경해야 할 것이다.

故聖人將遊於物之所不得遯而皆存. 善夭善老, 善始善終, 人猶效之.
고 성인 장 유 어 물 지 소 부 득 둔 이 개 존   선 요 선 로   선 시 선 종   인 유 효 지

又況萬物之所係, 而一化之所待乎.
우 황 만 물 지 소 계   이 일 화 지 소 대 호

도의 위력은 사람의 힘을 좌우한다

무릇 도란 정리(情理: 인정과 도리)로 보아 그의 존재를 분명히 입증할 수 있다. 그러나 도는 청정한 채로 작위(作爲; 마음대로 하는 행위)가 없는 것이요, 보아도 형체가 없는 것이다. 그것은 마음에서 마음으로 전할 수 있어도, 손에서 손으로 주고받을 수 없으며, 마음으로 깨달을 수는 있어도 눈으로 볼 수 없는 것이다.

그것은 본래 존재하는 것으로 이 천지가 생기기 전 태고로부터 이미 존재한 것이다. 귀신이나 제왕에게 신령스런 힘을 주었고 하늘과 땅도 만들게 한 것이다. 태극(太極; 만물의 근원, 하늘 위 가장 높은 곳) 위에 놓아도 높지 않고, 육극(六極; 천지와 사방, 땅속 가장 깊은 곳) 아래에 놓아도 깊지 않고, 천지보다 먼저 생겼지만 오래되지 않았고, 태고보다 오래되었지만 결코 늙지 않았다.

夫道, 有情有信, 無爲無形, 可傳而不可受, 可得而不可見. 自本自根, 未有天地,
부도 유정유신 무위무형 가전이불가수 가득이불가견   자본자근   미유천지

自古以固存.
자 고 이 고 존

神鬼神帝, 生天生地. 在太極之上而不爲高, 在六極之下而不爲深, 先天地生而不爲久,
신귀신제 생천생지   재태극지상이불위고   재육극지하이불위심   선천지생이불위구

長於上古而不爲老.
장 어 상 고 이 불 위 로

도道의 위력은 사람의 힘을 좌우했다. 시위씨(狶韋氏: 상고시대 전설상의 제왕)는 그것을 얻어 가지고 천지를 정돈케 했고, 복희씨伏義氏는 원기(음양)를 조합하여 북두北斗를 얻음으로 영원히 그의 지위를 지키게 되었다. 일월日月은 만고에 하늘을 운행케 했으며, 감배堪坏는 곤륜산崑崙山으로 들어갔고, 풍이馮夷는 황하의 귀신이 되어 노닐게 되었으며, 견오肩吾는 태산의 신이 되어 산에 살게 되었다. 황제는 하늘에 올라갔으며, 전욱顓頊은 현궁玄宮에 살게 되었고, 우강禹强은 북쪽 땅 끝에 서게 되었고, 서왕모西王母는 소광산小廣山을 점거하여 언제 나서 언제 죽었는지 모를 만큼 장수하였다. 팽조彭祖는 위로는 유우有虞에서 은주殷周에 이르기까지 살았다. 부열傳說은 무정武丁의 재상이 되어 천하를 다스리다가 죽은 뒤는 동유(東維: 별자리)를 올라타고 기수箕宿의 꼬리를 차지하여 하늘의 뭇별과 빛을 겨루게 되었다.

狶韋氏得之, 以挈天地, 伏義氏得之, 以襲氣母, 維斗得之, 終古不忒, 日月得之,
시 위 씨 득 지   이 설 천 지   복 희 씨 득 지   이 습 기 모   유 두 득 지   종 고 불 특   일 월 득 지

終古不息.
종 고 불 식

堪坏得之, 以襲崑崙, 馮夷得之, 以遊大川, 肩吾得之. 以處大山, 皇帝得之, 以登雲天.
감 배 득 지   이 습 곤 륜   풍 이 득 지   이 유 대 천   견 오 득 지   이 처 태 산   황 제 득 지   이 등 운 천

顓頊得之, 以處玄宮, 禹强得之, 立乎北極, 西王母得之, 坐乎少廣, 莫知其始, 莫知其終.
전 욱 득 지   이 처 현 궁   우 강 득 지   입 호 북 극   서 왕 모 득 지   좌 호 소 광   막 지 기 시   막 지 기 종

彭祖得之, 上及有虞, 下及五伯. 傅說得之, 以相武丁, 奄有天下, 乘東維, 騎箕尾,
팽 조 득 지   상 급 유 우   하 급 오 패   부 열 득 지   이 상 무 정   엄 유 천 하   승 동 유   기 기 미

而比於列星.
이 비 어 열 성

도에 이르는 실천적인 방법

남백자규南伯子葵가 여우(女偊; 도 닦은 어진 사람)에게 물었다.

"선생님께선 나이가 많은데도 얼굴빛은 어린이 같으니, 무슨 까닭이라도 있습니까?"

"도를 얻은 탓인 모양입니다."

남백자규는 다시 물었다.

"그 도를 배울 수 있습니까?"

"그렇게 안 되겠습니다! 당신은 도를 배울 사람이 결코 아닙니다! 저 복량기卜梁倚라는 사람은 성인될 재질은 있으나 성인의 도를 얻은 바 없고, 나는 오히려 성인의 도를 얻은 바 있지만 성인의 재능은 지니지 못하고 있소이다. 나는 성인의 도를 그에게 가르쳐주고 싶었지만, 그가 과연 성인이 될지 의심스러웠습니다. 그러나 기왕 성인의 재질이 있는지라 성인의 도를 가르치면, 성인이 되는 일도 어렵지 않으리라 생각되었습니다.

南伯子葵問乎女偊曰:『子之年長矣, 而色若孺子, 何也?』
남 백 자 규 문 호 여 우 왈   자 지 년 장 의   이 색 약 유 자   하 야

曰:『吾聞道矣.』
왈   오 문 도 의

南伯子葵曰:『道可得學邪?』
남 백 자 규 왈   도 가 득 학 야

曰:『惡! 惡可! 子非其人也. 夫卜梁倚有聖人之才而無聖人之道, 我有聖人之道而無
왈   오   오 가   자 비 기 인 야   부 복 량 기 유 성 인 지 재 이 무 성 인 지 도   아 유 성 인 지 도 이 무

聖人之才. 吾欲以敎之, 庶幾其果爲聖人乎.
성 인 지 재   오 욕 이 교 지   서 기 기 과 위 성 인 호

내가 그를 가르칠 때엔 얼마를 지켜보다가 도를 자세히 일러 주려 하였습니다. 그런데 사흘이 지나자 천하를 망각했으며, 천하를 망각할 수 있은 뒤로도 계속 지켜보았더니 이레가 지나자 사물의 존재를 망각했습니다. 사물의 존재를 망각할 수 있은 뒤로도 계속 지켜보았더니 아흐레가 지나자 자기의 형체(삶)를 망각하기에 이르렀습니다.

자기의 형체를 망각하게 된 뒤는, 비로소 아침의 신선한 공기처럼 청명한 경지에 들어가게 되어 깨달음이 열렸소이다. 깨달음이 열린 경지에 들어가자 다시 자기만의 절대적인 경지를 깨닫게 되었습니다.

도를 볼 수 있게 된 뒤에야 비로소 고금을 초월한 경지에 들어가게 되었고, 고금을 초월한 뒤라야 드디어 삶도 죽음도 한 가지인 세계에 이를 수가 있게 되었소이다. 살려는 생각을 버린다고 해서 반드시 죽어지는 것은 아니며, 살려는 마음이 있다고 해서 반드시 살아지는 것은 아닙니다.

不然, 以聖人之道告聖人之才, 亦易矣.
불연 이 성인지도고성인지재 역이의

吾猶守而告之, 三日而候能外天下. 已外天下矣, 吾又守之, 七日而後能外物.
오 유 수 이 고 지 삼 일 이 후 능 외 천 하 이 외 천 하 의 오 우 수 지 칠 일 이 후 능 외 물

已外物矣, 吾又守之, 九日而後能外生. 已外生矣, 而後能朝徹.
이 외 물 의 오 우 수 지 구 일 이 후 능 외 생 이 외 생 의 이 후 능 조 철

朝徹, 而後能見獨, 見獨, 而後能無古今, 無古今, 而後能入於不死不生. 殺生者不死,
조 철 이 후 능 견 독 견 독 이 후 능 무 고 금 무 고 금 이 후 능 입 어 불 사 불 생 살 생 자 불 사
生生者不生.
생 생 자 불 생

도는 모든 사물에 대하여 그 운행을 지배하고 있으니 보내지 않아도 보내지고, 마중하지 않아도 오게 되고, 궤멸하지 않아도 궤멸되고, 이루지 않아도 이뤄지는 것입니다. 모든 것은 그렇게 도에 맡겨진 것입니다. 도의 이런 이치를 '혼란 속에 안정된다'는 뜻의 영녕攖寧이라 하니, 영녕이란 외부의 모든 죽음 · 삶 · 성패 · 변화 등의 소란이 내 마음의 고요함을 요동시킬 수 없음을 뜻하는 것입니다."

남백자규가 다시 물었다.

"선생님은 그 도를 어디서 배웠습니까?"

其爲物, 無不將也, 無不迎也, 無不毁也, 無不成也, 其名爲攖寧. 攖寧也者,
기 위 물 무 부 장 야 무 불 영 야 무 불 훼 야 무 불 성 야 기 명 위 영 녕 영 녕 야 자

攖而後成者也.」
영 이 후 성 자 야

南伯子葵曰:『子獨惡乎聞之?』
남 백 자 규 왈   자 독 오 호 문 지

여우가 대답했다.

"나는 도를 부묵(副墨: 의인화한 서책)의 아들에게서 배웠습니다. 부묵의 아들은 낙송(洛誦: 암기하고 외우는 것)의 손자에게서, 낙송의 손자는 첨명(瞻明: 밝게 본다)에게서, 첨명은 섭허(聶許: 이하의 인물은 모두 가공의 인물)에게서, 섭허는 수역需役에게서, 수역은 오구於謳에게서, 오구는 현명玄冥에게서, 현명은 참료參寥에게서, 참료는 의시疑始에게서 각각 배웠습니다."

___

해설

가공의 인명으로 보는 이도 있으나 따르지 않고, 이 여우女偊의 대답을 다시 옮기면 다음처럼 간명하다.

"문자에서 송독, 송독에서 이해, 이해에서 심득, 심득에서 실행, 실행에서 노래, 노래에서 정적, 정적에서 허무, 허무에서 도의 근본을 얻었다."

曰: 『聞諸副墨之子, 副墨之子聞諸洛誦之孫, 洛誦之孫聞之瞻明, 瞻明聞之聶許,
왈   문 저 부 묵 지 자   부 묵 지 자 문 저 락 송 지 손   낙 송 지 손 문 지 첨 명   첨 명 문 지 섭 허

聶許聞之需役, 需役聞之於謳, 於謳聞之玄冥, 玄冥聞之參寥, 參寥聞之疑始.』
섭 허 문 지 수 역   수 역 문 지 어 구   오 구 문 지 현 명   현 명 문 지 참 요   참 요 문 지 의 시

삶과 죽음은 꿈같은 게 아닌가?

자사子祀, 자여子輿, 자리子犁, 자래子來 등 네 사람(가설적인 인물)이 모여 말을 꺼냈다.

"이 세상에 누가 허무를 머리로 삼고, 생존(삶)을 척추로 삼고, 죽음 을 꽁무니로 삼을 수 있을까? 또 누가 죽음과 삶, 생존과 멸망을 일체 로(한 가지로) 볼 수 있을까? 그런 사람이 있다면 우리 친구가 되겠는 데……."

네 사람은 서로 마주보면서 빙그레 웃고 있었다. 마음과 마음이 서로 통하는 바 있어 드디어 친구가 되었다.

그런데 얼마 후 자여가 병들어 눕자, 자사가 문병을 갔다.

자여의 말이었다.

"조물주란 거룩한 분이야! 내 몸을 비틀어서 아예 꼽추를 만들 작정 이군!"

子祀·子興·子犁·子來四人相與語曰:『孰能以無爲首, 以生爲脊, 以死爲尻?
자사 자여 자리 자래사인상여어왈 숙능이무위수 이생위척 이사위고

孰知死生存亡之一體者? 吾與之友矣.』四人相視而笑, 莫逆於心, 遂相與爲友.
숙지사생존망지일체자 오여지우의 사인상시이소 막역어심 수상여위우

俄而子興有病, 子祀往問之. 曰:『偉哉夫造物者! 將以予爲此拘拘也!』
아이자여유병 자사왕문지 왈 위재부조물자 장이여위차구구야

자여의 허리는 꼬불탕하여 등골이 불쑥 드러났고, 그 위로 오장伍臟이 올라붙어 턱은 배꼽을 가리고, 어깨는 머리 위로 높아졌고, 상투는 하늘을 향해 달랑거리고 있었다. 이는 음양의 두 기운이 서로 교란을 벌이고 있는 것이다.

그러나 자여는 아무렇지도 않은 양, 태평한 채로 비척거리면서 우물가에 가더니 자기의 모습을 거기에 비추곤 했다. 그리고 탄식했다.

"아! 조물주는 기어코 내 몸을 비틀어서 꼽추로 만들었구나!"

자사가 물었다.

"자네가 꼽추된 것이 한스러운가?"

"아니? 내가 왜 원망하겠나? 가령 음양이기陰陽二氣가 점점 내 왼팔을 조금씩 변화시켜서 닭으로 조화시켜 준다면, 나는 그대로 닭이 되어 새벽을 알리겠고, 또 내 오른팔을 조금씩 변화시켜서 탄궁彈弓으로 조화시켜 준다면, 나는 그것으로 솔개를 잡아 구워 먹지. 또 내 꽁무니를 수레바퀴로 조화시켜 준다면 내 정신으로 말을 만들어 그것을 타고 돌아다닐 수 있거늘, 어찌 달리 수레에 말을 맬 필요가 있겠소?

曲傴發背, 上有五管, 頤隱於齊, 肩高於頂, 句贅指天. 陰陽之氣有沴, 其心閒而無事.
곡루발배 상유오관 이은어제 견고어정 구췌지천 음양지기유전 기심한이무사

蹁躚而鑑於井曰:『嗟乎! 夫造物者又將以予爲此拘拘也!』子祀曰:『女惡之乎?』
변선이감어정왈 차호 부조물자우장이여위차구구야 자사왈 여오지호

曰:『亡. 予何惡? 浸假而化予之左臂而爲鷄, 予因以求時夜. 浸假而化予之右臂以爲彈,
왈 망 여하오 침가이화여지좌비이위계 여인이구시야 침가이화여지우비이위탄

予因以求鴞灸, 浸假而化予之尻以爲輪, 以神爲馬, 予因以乘之, 豈更駕哉?
여인이구효구 침가이화여지고이위륜 이신위마 여인이승지 기갱가재

무릇 세상에 태어난다는 것은 그 시기에 순응한 것이요, 죽는다는 것도 천명에 순응하는 것이지. 시간의 흐름에 몸을 맡기고 운명에 순응한다면, 슬픔이나 기쁨도 내 가슴을 비집고 들어올 수 없는 것이지. 옛사람은 이를 속박에서 해방되는 것이라고 했었네. 그런데도 그 속박에서 해방되지 않는다면, 외부의 사물에 속박당한 때문일세. 그러나 인력은 천명天命을 못 이긴다는 것이 오래된 진리이거늘, 내 형체가 이렇다고 무엇을 감히 원망하겠는가?"

얼마 후 자래가 병이 걸려 숨이 가빠지자 그 처자들은 그를 둘러싸고 울었다. 이때 자리가 문병 와서 말을 꺼냈다.

"에잇! 저리들 가시오, 조물주의 변화를 슬퍼할 것 없소!"

그리고 자리는 문턱에 기대어 자래에게 말했다.

"여보게! 조물주는 위대하시네. 자네를 무엇으로 만들 셈일까? 그리고 어디로 데리고 갈 셈일까? 자네를 쥐의 간으로 만들 셈일까? 아니면 벌레의 날개로 만들 셈일까? 기다려 보게!"

且夫得者, 時也, 失者, 順也. 安時而處順, 哀樂不能入也, 此古之所謂縣解也,
차 부 득 자 시 야 실 자 순 야 안 시 이 처 순 애 락 불 능 입 야 차 고 지 소 위 현 해 야

而不能自解者, 物有結之. 且夫物不勝天久矣, 吾又何惡焉?」
이 불 능 자 해 자 물 유 결 지 차 부 물 불 승 천 구 의 오 우 하 오 언

俄而子來有病, 喘喘然將死, 其妻子環而泣之. 子犂往問之曰:『叱! 避! 無怛化!』
아 이 자 래 유 병 천 천 연 장 사 기 처 자 환 이 읍 지 자 리 왕 문 지 왈 질 피 무 달 화

倚其戶與之語曰:『偉哉造化! 又將奚以汝爲, 將奚以汝適? 以汝爲鼠肝乎?
의 기 호 여 지 어 왈 위 재 조 화 우 장 해 이 여 위 장 해 이 여 적 이 여 위 서 간 호

以汝爲蟲臂乎!」
이 여 위 충 비 호

자래가 말하였다.

"부모가 자식에게 어디로 가라고 명령한다면, 동서남북을 가릴 것 없이 그 명령을 받들어야 하네. 음양의 두 기운이 사람에게 내리는 명령은 부모가 자식에게 하는 것보다 더 엄중한 걸세. 조물주가 나를 죽어라 하는데 내가 거역한다면, 나는 사나운 놈이 될 뿐 조물주에겐 무슨 죄가 있겠는가?

무릇 자연은 나에게 형체를 부여하여 살게 함으로써 나를 수고롭게 하고 늙어서는 편안하게, 죽었을 적엔 쉬게 안배해 주었네. 그러므로 자기의 삶을 잘 사는 것이 곧 자기의 죽음을 잘 맞이하는 것이오.

子來曰:『父母於子, 東西南北, 唯命之從. 陰陽於人, 不翅於父母.
자 래 왈   부모어자   동서남북   유명지종   음양어인   불시어부모

彼近吾死而我不聽, 我則悍矣, 彼何罪焉? 大大塊載我以形, 勞我以生, 佚我以老,
피 근 오 사 이 아 불 청 아 즉 한 의 피 하 죄 언   부 대 괴 재 아 이 형   노 아 이 생   일 아 이 로

息我以死. 故善吾生者, 乃所以善吾死也.
식 아 이 사 고 선 오 생 자 내 소 이 선 오 사 야

만약 이런 일이 있으면 어떻겠나? 지금 대장장이가 쇠를 달구는데 쇠란 놈이 발딱발딱 뛰면서 '나를 보검으로 만들어 주시오'라고 말했다면, 대장장이는 틀림없이 상서롭지 않은 쇠라고 생각할 것이오. 마찬가지로 이제 사람의 형체를 타고나서 조물주에게, '나를 사람으로 있게 해주시오, 나를 사람으로 있게 해주시오'라고 요청한다면, 조물주는 반드시 상서롭지 않은 사람으로 알 것 아닌가?

이제 천지를 큰 용광로라 생각하고, 조물주를 대장장이로 본다면, 죽은 뒤 어디로 가게 된들 안 될 곳이 있겠소? 죽음이 닥치면 한가롭게 깜빡 잠들 듯이 눈을 감을 것이며, 삶이 닥치면 놀란 듯 문득 눈을 떠야 하네! 삶과 죽음은 꿈같은 게 아닌가?"

今之大冶鑄金, 金踊躍曰:「我且必爲鏌鋣大冶必以爲 不祥之金.」
금 지 대 야 주 금 금 용 약 왈   아 차 필 위 막 야 대 야 필 이 위 불 상 지 금

今一犯人之形, 而曰:『人耳人耳』, 夫造化者必以爲不祥之人?
금 일 범 인 지 형   이 왈   인 이 인 이   부 조 화 자 필 이 위 불 상 지 인

今一以天地爲大鑪, 以造化爲大冶, 惡乎往而不可哉! 成然寐, 蘧然覺?』
금 일 이 천 지 위 대 로 이 조 화 위 대 야 오 호 왕 이 불 가 재 성 연 매 거 연 교

물고기는 물속에 이르러야 하고, 사람은 도에 나아가야 한다

자상호子桑戶, 맹자반孟子反, 자금장子琴張 등 세 사람(공자의 제자 이름을 변형시킨 가상적인 인물)이 서로 어울려 벗하고 있었는데, 그중 한 사람이 말하였다.

"서로 관계를 갖고 있으면서도 그 연락하는 흔적을 드러내지 않고, 서로 협조하면서도 협조하지 않은 듯 자연에 맡겨 버릴 사람이 있겠는가? 또 높이 하늘 언저리에 올라 안개 속에 노닐면서 자연의 천리를 따라 무궁한 경지에 맴돌며, 유한한 생명을 잊고 죽음까지도 잊어 버릴 사람이 있겠는가?"

세 사람은 서로 마주보면서 빙그레 웃었다. 어느 새 마음과 마음에 통하는 바 있어 친구가 되었다.

얼마 안 있어 자상호가 죽었다. 미처 장사를 마치기 전에 공자는 그의 제자 자공을 보내 상사喪事를 돌보게 했다. 가서 보니 맹자반과 자금장 두 친구는 누에발을 짜기도 하고 거문고를 뜯기도 하면서 서로 노래를 부르고 있었다.

子桑戶・孟子反・子琴張三人相與語曰:『孰能相與於無相與, 相爲於無相爲?
자 상 호   맹 자 반   자 금 장 삼 인 상 여 어 왈   숙 능 상 여 어 무 상 여   상 위 어 무 상 위

孰能登天遊霧, 撓挑無極, 相忘以生, 無所終窮?』
숙 능 등 천 유 무   요 도 무 극   상 망 이 생   무 소 종 궁

三人相視而笑, 莫逆於心, 遂相與爲友.
삼 인 상 시 이 소   막 역 어 심   수 상 여 위 우

莫然有間而子桑戶死. 未葬, 孔子聞之, 使子貢往侍事焉, 或編曲, 或鼓琴,
막 연 유 간 이 자 상 호 사   미 장   공 자 문 지   사 자 공 왕 시 사 언   혹 편 곡   혹 고 금

"오호 상호여! 오호 상호여! 자네는 자네의 천진한 세계로 되돌아갔건만, 우리는 아직도 사람인 채로 남았구려!"

이 꼴을 보자 자공은 급히 앞으로 뛰어가서 말했다.

"외람되게 묻겠소. 시체 옆에서 노래나 부르는 것이 예의라 할 수 있겠소?"

두 사람은 서로 바라보다가 픽 웃어 버렸다.

"자네가 어떻게 예의의 뜻을 알겠는가?"

자공은 돌아와 공자에게 아뢰었다.

"저들은 어떻게 생겨먹은 사람입니까? 스스로 몸을 닦기는커녕, 자기의 형체까지 까맣게 잊고, 거기다가 시체를 옆에 놓고 노래나 부르고, 그러면서도 얼굴빛 하나 변치도 않으니, 저런 사람들을 무어라고 불러야 좋을지 모르겠습니다. 도대체 어떤 사람들입니까?"

相和而歌曰:『嗟來桑戶乎! 嗟來桑戶乎! 而已反其眞, 而我猶爲人猗!』
상 화 이 가 왈   차 래 상 호 호   차 래 상 호 호   이 이 반 기 진   이 아 유 위 인 의

子貢趨而進曰:『敢問臨尸而歌, 禮乎?』
자 공 추 이 진 왈   감 문 림 시 이 가   예 호

二人相視而笑曰:『是惡知禮意!』
이 인 상 시 이 소 왈   시 오 지 례 의

子貢反, 以告孔子, 曰:『彼何人者邪? 修行無有, 而外其形骸, 臨尸而歌, 顔色不變,
자 공 반   이 고 공 자   왈   피 하 인 자 야   수 행 무 유   이 외 기 형 해   임 시 이 가   안 색 불 변

無以命之. 彼何人者邪?』
무 이 명 지   피 하 인 자 야

공자가 대답했다.

"그들은 세속의 밖에서 노니는 사람들이다. 그런데 나는 세속에 묶여 노니는 사람이다. 세속의 안과 밖은 서로 미칠 수 없는 것인데도 내가 그대로 하여금 가서 조문케 하였으니, 결국은 내가 고루한 탓이었다. 저들은 조물주와 벗하고 천지(하늘과 땅)의 정기에 섞여 하나로 노닐려는 것이다.

저들은 인생을 기의 응결로 볼 만큼 몸 위에 사마귀나 혹이 붙은 것처럼 귀찮게 여기고, 죽음을 기의 소멸로 볼 만큼 몸 위의 사마귀나 등창이 터진 것처럼 오히려 시원스레 생각하는 거야! 그들이 이러할 진대 인생의 사생(死生: 죽음과 삶)과 승렬(勝劣; 앞서고 뒤처지는 것)의 소재는 한갓 우연으로만 보고 있는 것이다. 또 사람의 신체란 水수·화火·금金·목木, 혹은 지地·풍風·수水·화火 따위의 여러 물질의 원소를 모아 하나의 형체를 빚게 된 거야! 때문에 그 형체 속에 붙어 있는 간이나 담, 귀와 눈 따위는 잊어버리고 있는 것이다.

孔子曰:『彼遊方之外者也, 而丘遊方之內者也. 外內不相及, 而丘使女往弔之,
공자왈   피유방지외자야   이구유방지내자야   외내불상급   이구사녀왕조지

丘則陋矣. 彼方且與造物者爲人, 而遊乎天地之一氣.
구즉루의   피방차여조물자위인   이유호천지지일기

彼以生爲附贅縣疣, 以死爲決疣潰癰. 夫若然者, 又惡知死生先後之所在!
피이생위부췌현우   이사위결환궤옹   부약연자   우오지사생선후지소재

假於異物, 托於同體, 忘其肝膽, 遺其耳目.
가어이물   탁어동체   망기간담   유기이목

삶과 죽음은 가고 오고, 무한히 반복하여 어디가 처음이고 어디가 끝인 것을 찾을 수 없는 것이다. 다만 하염없이 이 세속을 초탈하여 무위의 세계에서 소요할 뿐이다. 그런 사람들이 어떻게 번잡스럽게 세속의 예를 지키느라 속인俗人들의 이목을 즐겁게 여기겠는가?"

자공이 물었다.

"그러면 선생님께서는 세속의 안과 밖 중에 어느 쪽을 따르십니까?"

공자가 말하였다.

"나는 하늘의 벌을 받은 사람으로 손발이 얽매여 있는 셈이지. 그렇지만 나도 너희들과 함께 방외(세속 밖)에 가서 노닐었으면 한다."

"무슨 방법이 있습니까?"

反覆終始, 不知端倪, 芒然彷徨乎塵垢之外, 逍遙乎無爲之業,
반 복 종 시 부 지 단 예   망 연 방 황 호 진 구 지 외   소 요 호 무 위 지 업

彼又惡能憒憒然爲世俗之禮, 以觀衆人之耳目哉?』
피 우 오 능 궤 궤 연 위 세 속 지 례   이 관 중 인 지 이 목 재

子貢曰:『然則夫子何方之依?』
자 공 왈   연 즉 부 자 하 방 지 의

孔子曰:『丘, 天之戮民也. 雖然, 吾與汝共之.』
공 자 왈   구 천 지 륙 민 야   수 연   오 여 여 공 지

子貢曰:『敢問其方.?』
자 공 왈   감 문 기 방

"물고기는 물속에 이르러야 하고, 사람은 도에 나아가야 한다. 물에 살려면 못을 파서 물이 괴면 사는 게 해결되고, 도에 살려면 무위無爲를 지켜야, 아무 일 없게 해주며 삶의 안정을 얻는다. 때문에 '물고기는 못 속에서 즐기다가 물속에 있는 것을 잊고, 사람은 도속에 즐기다가 도술을 잊는다'라고 했다."

자공은 또 물었다.

"저들을 기인奇人이라 하는데 기인은 어떤 사람입니까?"

공자가 대답하였다.

"기인이란 속인들과는 맞지 않아도 하늘과는 맞는 사람이다. 때문에 하늘의 소인小人은 속세의 군자요, 속세의 군자는 하늘의 소인이 된다고 말하는 것이다."

孔子曰:『魚相造乎水, 人相造乎道. 相造乎水者, 穿池而養給, 相造乎道者, 無事而生定.
공 자 왈   어 상 조 호 수   인 상 조 호 도   상 조 호 수 자   천 지 이 양 급   상 조 호 도 자   무 사 이 생 정

故曰, 魚相忘乎江湖, 人相忘乎道術.』
고 왈   어 상 망 호 강 호   인 상 망 호 도 술

子貢曰:『敢問畸人?』
자 공 왈   감 문 기 인

曰:『畸人者, 畸於人而侔於天. 故曰, 天之小人, 人之君子, 天之君子, 人之小人也.』
왈   기 인 자   기 어 인 이 모 어 천   고 왈   천 지 소 인   인 지 군 자   천 지 군 자   인 지 소 인 야

사생 변화의 슬픔을 버리고,
텅 빈 하늘에 들어가 자연과 일체가 되다

안회가 공자에게 물었다.

"맹손재(孟孫才: 노나라의 현인)는 그의 어머니가 세상을 떠나자 곡은 했으나 눈물은 나지 않았고, 그 마음도 슬퍼하지 않은 채 상중엔 애통함도 표시치 않았다고 합니다. 이 세 가지가 없었는 데도, 그가 장사를 잘 치렀다는 소문이 노나라를 뒤덮고 있습니다. 그렇게 실제에 소홀히 했음에도 명성을 얻을 수 있습니까? 저는 이상하게 생각합니다."

공자가 말하였다.

"맹손씨는 상례의 도리를 다했다고 본다. 그는 상례를 아는 사람보다 훌륭하였다. 사람들은 상을 간단히 치르려 해도 되지를 않는데, 그는 이미 간단히 치르고 있다.

顔回問仲尼曰：『孟孫才, 其母死, 哭泣無涕, 中心不戚, 居喪不哀. 無是三者,
안 회 문 중 니 왈   맹 손 재   기 모 사   곡 읍 무 체   중 심 불 척   거 상 불 애   무 시 삼 자

以善處喪蓋魯國. 固有無其實而得其名者乎? 回壹怪之.』
이 선 처 상 개 로 국   고 유 무 기 실 이 득 기 명 자 호   회 일 괴 지

仲尼曰：『夫孟孫氏盡之矣, 進於知矣, 唯簡之而不得, 夫已有所簡矣.
중 니 왈   부 맹 손 씨 진 지 의   진 어 지 의   유 간 지 이 부 득   부 이 유 소 간 의

맹손씨는 본래 사생(죽음과 삶)을 자연에 맡기었기에 왜 태어났는지, 또는 왜 죽는지를 따지지 않았다. 그리고 어떻게 하면 생명을 구할 수 있고 어떻게 하면 죽음을 구할 수 있는지도 모른다. 다만 조물주의 변화에 순응하여 하나의 생명으로 태어났는지라, 또한 살아서 변화하고 있고 이제는 예측할 수없는 미지의 변화를 기다리고 있을 뿐이다.

지금 변화 과정에 있는 일로 여기지만 실은 그것이 변하지 않는 것일지도 모르며, 지금 변하지 않고 있는 줄로 여기지만, 실은 그것이 변하고 있는 것일지 모른다. 나나 너나, 모두 어느 꿈속에서 아직도 깨어나지 않고 있는 자들이 아닐까?

그리고 맹손씨는 비록 형체상의 변화에 놀랐는지 모르지만, 정신적으로 아무런 손상이 없을 것이다. 그는 형체상의 변화란 마치 집을 새로 옮기는 것과 같을 뿐, 결코 실제의 죽음이란 있을 수 없는 것으로 알고 있다.

孟孫氏不知所以生, 不知所以死, 不知就先, 不知就後. 若化爲物,
맹 손 씨 부 지 소 이 생   부 지 소 이 사   부 지 취 선   부 지 취 후   약 화 위 물

以待其所不知之化已乎! 且方將化, 惡知不化哉, 方將不化, 惡知已化哉.
이 대 기 소 부 지 지 화 이 호   차 방 장 화   오 지 불 화 재   방 장 불 화   오 지 이 화 재

吾特與汝, 其夢未始覺者邪? 且彼有駭形而無損心, 有旦宅而無情死.
오 특 여 여   기 몽 미 시 교 자 야   차 피 유 해 형 이 무 손 심   유 단 택 이 무 정 사

맹손씨만은 독특한 깨달음이 있어서 남이 울 때 같이 따라서 울지만, 마음으로 우는 것이 아니라 세상의 풍속을 따르는 것일 뿐이다. 세상 사람들은 다만 자기가 형체를 갖는 것만을 보고 이 형체가 자기 것인 줄 알고 있지만, 어찌 자기라고 하는 것이 과연 자기 것인지 아닌지를 알 수 있겠는가?

또 비유하자면, 네가 꿈에 새가 되어 하늘에 이르고 물고기가 되어 연못에 잠겼다고 하자, 그런 경우엔 지금 이야기하고 있는 네가 과연 깨어 있는지, 꿈을 꾸고 있는지 모를 것이다.

가는 곳마다 즐거운 경지에 든 사람은 즐거운 줄도 몰라 미처 웃을 겨를도 없거니와, 웃음이 나왔을 때엔 이미 자연대로 순응하였기에 따로 안배할 겨를이 없는 것이다. 이같이 즐거움과 웃음은 자기 뜻대로 이루어지는 것이 아니고, 모든 일은 억지로 되는 것이 아니다. 자연의 안배를 순응하여 사생 변화의 슬픔을 버리고, 비로소 '태허(太虛; 텅 빈)의 하늘'에 들어가 자연과 일체가 되는 것이다."

孟孫氏特覺, 人哭亦哭, 是自其所以乃. 且也相與吾之耳矣, 庸詎知吾所謂吾之乎?
맹 손 씨 특 교   인 곡 역 곡   시 자 기 소 이 내   차 야 상 여 오 지 이 의   용 거 지 오 소 위 오 지 호

且汝夢爲鳥而厲乎天, 夢爲魚而沒於淵. 不識今之言者, 其覺者乎, 其夢者乎?
차 여 몽 위 조 이 려 호 천   몽 위 어 이 몰 어 연   불 식 금 지 언 자   기 교 자 호   기 몽 자 호

造適不及笑, 獻笑不及排, 安排而去化, 乃入於廖天一.」
조 적 불 급 소   헌 소 불 급 배   안 배 이 거 화   내 입 어 요 천 일

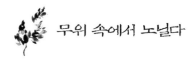 무위 속에서 노닐다

의이자(意而子: 가상적 인물)가 허유許由를 찾았더니 허유가 물었다.

"요임금이 당신께 무엇을 가르쳐주었소?"

의이자가 말하였다.

"요임금께서 말씀하시길, '너는 반드시 인의(仁義: 어짊과 의로움)를 실천하고 시비(是非: 옳고 그름)를 분명히 하라'고 하셨습니다."

허유는 다시 물었다.

"그렇다면 당신은 무엇 하러 왔습니까? 인의의 가르침과 시비의 언론이란 사람의 본성을 궤멸하기를 마치 형벌처럼 사나웠으니, 이미 인의로써 당신의 얼굴을 찢어 놓았고, 시비로써 당신의 코를 베어 버린 것과 같습니다. 그런데 당신은 어떻게 소요 방탕하고 구속 없이 무한히 변화하는 경지에서 노닐 수 있겠습니까?"

의이자가 말하였다.

"비록 그렇습니다만, 저는 그러한 경지의 가장자리에서라도 노닐고 픕니다."

意而子見許由. 許由曰:『堯何以資汝?』
의 이 자 견 허 유   허 유 왈   요 하 이 자 여

意而子曰:『堯謂我:「汝必躬服仁義而明言是非.」』
의 이 자 왈   요 위 아   여 필 궁 복 인 의 이 명 언 시 비

許由曰:『而奚來爲軹? 夫堯旣已黥汝以仁義, 而劓汝以是非矣,
허 유 왈   이 해 래 위 지   부 요 기 이 경 여 이 인 의   이 의 여 이 시 비 의

汝將何以遊夫遙蕩恣睢轉徙之塗乎?』
여 장 하 이 유 부 요 탕 자 휴 전 사 지 도 호

意而子曰:『雖然, 吾願遊於其藩.』
의 이 자 왈   수 연   오 원 유 어 기 번

허유가 점잖게 대답했다.

"그것은 안 됩니다. 무릇 소경은 눈에 번뜩이는 고운 빛깔을 볼 수 없고, 장님은 청황색 비단의 문채를 또한 볼 수 없습니다."

의이자가 다시 말했다.

"무장(無莊: 미인)이 도에 관한 얘기를 들은 후 자기의 아름다움을 의식치 않게 되었고, 거염(據梁: 장사 이름)이 그 힘을 잃었고, 황제가 그의 지혜를 잊을 수 있었던 것은 모두 배움으로 자기의 기질을 고친 것이니, 마치 대장간에서 연장을 때려 만든 것과 같습니다.

어찌 조물주가 내 얼굴 위의 흉터를 지우고 베어진 코를 다시 붙여 저로 하여금 완전한 제 모습을 되찾아 선생님의 가르침을 받게 하실지 그 누가 압니까?"

許由曰:『不然. 夫盲者無以與乎眉目顔色之好, 瞽者無以與乎青黃黼黻之觀.』
허 유 왈   불 연   부 맹 자 무 이 여 호 미 목 안 색 지 호   고 자 무 이 여 호 청 황 보 불 지 관

意而子曰:『夫無莊之失其美, 據梁之失其力, 皇帝之亡其知, 皆在鑪捶之間耳.
의 이 자 왈   부 무 장 지 실 기 미   거 량 지 실 기 력   황 제 지 망 기 지   개 재 로 추 지 간 이

庸詎知夫造物者之不息我黥而補我劓, 使我乘成以隨先生邪?』
용 거 지 지 부 조 물 자 지 불 식 아 경 이 보 아 의   사 아 승 성 이 수 선 생 야

허유가 또 말하였다.

"허참! 그거야 알 수 없는 일이오. 그러면 당신께 대강 말씀드리지요. 높으신 도여! 높으신 도여! 그 도는 만물을 이룩해 주면서도 결코 의로움이라 여기지 않았고, 만세에 은혜를 미치게 하면서도 어짊이라 여기지 않았으며, 태고로부터 존재해왔건만, 결코 늙었다고 여기지 않았고, 넓은 천지(하늘과 땅)를 포용하여 모든 형체를 만들어 냈건만, 결코 교묘하다 여기지 않으셨소. 그 위대한 도는 이처럼 무위 속에서 노닐 따름입니다."

許由曰:『噫! 未可知也. 我爲汝言其大略. 吾師乎! 吾師乎!
허 유 왈   희 미 가 지 야 아 위 여 언 기 대 략 오 사 호   오 사 호

䪜萬物而不爲義, 澤及萬世而不爲仁,
제 만 물 이 불 위 의   택 급 만 세 이 불 위 인

長於上古而不爲老, 覆載天地刻彫衆形而不爲巧. 此所遊已.』
장 어 상 고 이 불 위 로   부 재 천 지 각 조 중 형 이 불 위 교   차 소 유 이

대도와 하나 되는 좌망에 이르다

안회는 돌아와 공자에게 말하였다.

"저에게도 진보, 발전한 것이 있습니다."

공자가 물었다.

"무슨 뜻이냐?"

"저는 인의(어짊과 의로움)를 잊을 수 있게 되었습니다."

"괜찮지. 그러나 아직 모자랄 텐데."

다른 날, 다시 공자를 뵙고 안회가 말했다.

"저에게 진보(발전)가 있습니다."

"무슨 뜻이냐?"

"저는 예의와 음악(예악禮樂)을 잊을 수 있습니다."

顔回曰:『回益矣.』
안 회 왈　　회 익 의

仲尼曰:『何謂也?』
중 니 왈　　하 위 야

曰:『回忘仁義矣.』
왈　　회 망 인 의 의

曰:『可矣, 猶未也.』
왈　　가 의　유 미 야

他日, 復見, 曰:『回益矣.』
타 일　부 현　왈　회 익 의

曰:『何謂也?』
왈　　하 위 야

曰:『回忘禮樂矣.』
왈　　회 망 예 악 의

"괜찮지. 그런데 아직 모자랄 텐데."

뒷날, 다시 공자를 뵙고 말했다.

"제게 진보가 있습니다."

"무엇을?"

"저는 좌망(坐忘: 앉은 채 모든 것을 잊어버리는 것)을 할 수 있습니다."

공자가 낯빛을 고치며 물었다.

"좌망이라니?"

曰:『可矣, 猶未也.』
왈　가의 유미야

他日, 復見, 曰:『回益矣.』
타일 부현 왈　회익의

曰:「何謂也?」
왈　하위야

曰:『回坐忘矣.』
왈　회좌망의

仲尼蹴然曰:『何謂坐忘?』
중니축연왈　하위좌망

안회가 대답하였다.

"자기의 신체나 손발의 존재를 잊어버리고, 눈이나 귀의 움직임을 멈추고, 형체가 있는 육체를 떠나 마음의 지각知覺을 버리며, 모든 차별을 넘어서 대도와 하나가 되는 것을 좌망이라 합니다."

공자가 말했다.

"도와 하나가 되면 사심이 없어지고, 도의 변화에 순응하면 일정한 것만을 추구하는 마음이 없어진다. 그대는 과연 현명하구나. 나도 자네의 가르침을 받아야 하겠네!"

顔回曰:『墮肢體, 黜聰明, 離形去知, 同於大通, 此謂坐忘.』
안 회 왈   휴 지 체   출 총 명   이 형 거 지   동 어 대 통   차 위 좌 망

仲尼曰:『同則無好也, 化則無常也. 而果其賢乎! 丘也請從而後也!』
중 니 왈   동 즉 무 호 아   화 즉 무 상 야   이 과 기 현 호   구 야 청 종 이 후 야

나를 곤경에 빠뜨리는 건 운명이다

자여子輿와 자상子桑은 친구였었다. 그런데 열흘이나 계속된 장마 속에 자여가 말했다.

"자상이 굶어 죽은 게 아닐까?"

자여는 자상을 먹이려고 밥을 싸 가지고 갔다.

자상의 문 앞에 이르자, 안에서는 노래하는 것 같기도, 곡하는 것 같기도 한 목소리로 거문고琴를 타면서 말하는 소리가 들려왔다.

"아버진가! 어머닌가! 하늘의 짓인가! 사람의 짓인가!"

그 소리는 굶주림에 지쳐서 그런지 제대로 나오지도 않았고, 그 가락조차 숨찬 듯 떨리기만 했다.

子輿與子桑友, 而霖雨十日. 子輿曰:『子桑殆病矣?』裏飯而往食之. 至子桑之門,
자 여 여 자 상 우 이 림 우 십 일 자 여 왈 자 상 태 병 의 과 반 이 왕 사 지 지 자 상 지 문

則若歌若哭,
즉 약 가 약 곡

鼓琴曰:『父邪! 母邪! 天乎! 人乎!』有不任其聲而趨擧其詩焉.
고 금 왈 부 야 모 야 천 호 인 호 유 불 임 기 성 이 촉 거 기 시 언

자여가 들어가서 말했다.

"자네는 왜 그런 노래를 흥얼대고 있나?"

자상이 조용히 대답했다.

"나는 여기서 이제껏 누가 나를 이런 곤경에 밀어 넣는가를 생각했지만, 도시 생각나지 않더군. 설마 부모가 나를 이런 가난에 빠뜨린 건가? 그렇다고 해서 공평무사한 하늘과 땅이 나만을 가난에 빠뜨릴 리도 없겠고, 아무리 생각해도 누가 그랬을까를 모르겠더군. 그렇다면 내가 당하는 이 가난은 결국 운명이 빚어낸 모양일세!"

子輿入, 曰:『子之歌詩, 何故若是?』
자 여 입 왈   자 지 가 시 하 고 약 시

曰:『吾思夫使我至此極者而不得也. 父母豈欲吾貧哉? 天無私覆, 地無私載,
왈   오 사 부 사 아 지 차 극 자 이 부 득 야 부 모 기 욕 오 빈 재   천 무 사 부 지 무 사 재

天地豈私貧我哉? 求其爲之者而不得也. 然而至此極者, 命也夫!』
천 지 기 사 빈 아 재 구 기 위 지 자 이 부 득 야 연 이 지 차 극 자 명 야 부

제7편

응제왕 應帝王

무심한 가운데 자연의 변화에 맡기는 자라야 제왕이 될 수 있다는
제왕의 도를 설파한 편이다. 무위자연의 도를 체득하여,
말하지 않는 가르침(不言之敎)과 보이지 않는 덕화德化로 정치를 베풀면,
곧 천하는 저절로 다스려지고 백성은 제왕의 덕을 의식하지 못하게 된다는
이상적 제왕을 설정하여 이론을 전개한 것이다.

應帝王

사물에 속박되는 그런 일이 없어야 한다

설결齧缺은 왕예王倪에게 질문을 네 번이나 했지만, 네 번 다 모른다고 했다. 그러자 설결은 왕예가 말하는 모른다는 것이 이미 지혜를 잊은 경지에 든 줄 알고 뛸 정도로 기뻐하다가 포의자(蒲衣子; 왕예의 스승)에 게 가서 이야기했다.

포의자는 그 말을 듣고 대답했다.

"자네는 이제야 그것을 알았는가? 순임금이 태씨(泰氏; 태고적 제왕)보 다 못한 것은 다름이 아니라, 그가 인의를 품고 사람을 모으려고 했 는데, 그것으로 인심은 얻었지만, 사물 밖으로 초탈할 수 없었던 까닭 이었네. 그런데 태씨는 누우면 아주 편안히 잠들고, 깨면 스스로를 즐 기면서 태연했었네. 누가 자기를 말馬이라 하면 말이라도 좋고, 누가 자기를 소牛라고 부르면 소라도 좋은 줄 알았으니, 그의 지혜는 천진 한 대로 조작함이 없었고(충실하였고), 그의 덕은 자연 그대로 허위가 없었네(참되었다). 그리고 처음부터 사람들을 비난하는 입장에는 들어 가지 않았다. 즉 다시 말해 순임금 모양대로 사물에 속박되는 그런 일이 없었다네."

齧缺問於王倪, 四問而四不知. 齧缺因躍而大喜, 行以告蒲衣子.
설 결 문 어 왕 예　사 문 이 사 부 지　설 결 인 약 이 대 희　행 이 고 포 의 자

蒲衣子曰: 『而乃今知之乎? 有虞氏不及泰氏. 有虞氏, 其猶藏仁以要人, 亦得人矣.
포 의 자 왈　이 내 금 지 지 호　유 우 씨 불 급 태 씨　유 우 씨　기 유 장 인 이 요 인　역 득 인 의

而未始出於非人. 泰氏其臥徐徐, 其覺于于, 一以己爲馬, 一以己爲牛.
이 미 시 출 어 비 인　태 씨 기 와 서 서　기 교 우 우　일 이 기 위 마　일 이 기 위 우

其知情信, 其德甚眞, 而未始入於非人.』
기 지 정 신　기 덕 심 진　이 미 시 입 어 비 인

스스로 생명을 보전할 줄 알아야 한다

견오肩伍가 초나라의 광인 접여(接輿: 가공의 인물)를 만나자, 접여가 물었다.

"일중시(日中始: 가공의 인물)께서 자네에게 무슨 말을 하던가?"

견오가 대답했다.

"그분은 '제왕이 된 사람이 자기 생각대로 법도를 집행하면 누가 감히 복종하지 않으며 내게 감화되지 않을까?'라고 했습니다."

접여가 말하였다.

"그것은 덕을 속이는 것이오. 그런 방법으로 천하를 다스리는 것은 마치 넓은 바다를 걸어서 건너거나 큰 강물을 파서 만드는 것처럼 힘들고, 모기에게 산을 지우려는 것처럼 이루어지지 않을 걸세.

肩吾見狂接輿, 狂接輿曰:『日中始何以語女?』
견 오 견 광 접 여   광 접 여 왈   일 중 시 하 이 어 여

肩吾曰:『告我君人者以己出經式義度, 人孰敢不聽而化諸.』
견 오 왈   고 아 군 인 자 이 기 출 경 식 의 도   인 숙 감 불 청 이 화 저

狂接輿曰:『是欺德也, 其於治天下也, 猶涉海鑿河, 而使蚊負山也.
광 접 여 왈   시 기 덕 야   기 어 치 천 하 야   유 섭 해 착 하   이 사 문 부 산 야

무릇 성인의 정치란 모든 법도를 버려야만 태평을 찾는 것이며, 분명히 백성의 성정을 따라 그들의 능력대로 그들의 생존을 도모하게 해줄 따름인 것이오. 새들은 높이 날므로 그물과 화살을 피할 줄 알고, 생쥐는 제단 밑에 굴을 파므로 연기의 질식과 연장의 침입을 피할 줄 안다네. 자네는 이 두 가지 짐승들이 무지한 줄 아는가? 실은 스스로 생명을 보전할 줄 아는 것이라네."

夫聖人之治也, 治外乎. 正而後行, 確乎能其事者而已矣.
부 성 인 지 치 야   치 외 호   정 이 후 행   확 호 능 기 사 자 이 이 의

且鳥高飛以避矰弋之害, 鼷鼠深穴乎神丘之下, 以避熏鑿之患, 而曾二蟲之無知!』
차 조 고 비 이 피 증 익 지 해   혜 서 심 혈 호 신 구 지 하   이 피 훈 착 지 환   이 증 이 충 지 무 지

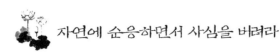

자연에 순응하면서 사심을 버려라

천근(天根: 별자리)이 은양殷陽 땅을 가다가 요수蓼水가에서 무명인無名
人을 만나자 그에게 물었다.

"도대체 천하는 어떻게 다스리는 겁니까?"

무명인이 대답했다.

"물러가라! 이 비루한 녀석! 네 질문이 왜 그렇게 불쾌하단 말이냐?
나는 지금 조물주와 더불어 친구가 되어 있다. 세상에 싫증이 나면
멀리 나도는 새를 타고 천지 사방을 벗어나서 아무것도 없는 고장에
노닐며, 한없이 넓은 들에 살고 있다. 네가 하필이면 천하를 다스린다
는 따위의 황당한 정치 문제로 내 마음을 어지럽히는 것이냐?"

그래도 다시 물으니 무명인이 말하였다.

"먼저 네 마음을 담박한 데 두고, 네 형체와 기운을 적막한 세계에 합
치시키게. 그리고 자연에 순응하면서 네 사심을 버렸을 적엔 천하는
구태여 다스리지 않아도 저절로 다스려지는 법이다."

天根遊於殷陽, 至蓼水之上, 適遭無名人而問焉, 曰:『請問爲天下?』
천 근 유 어 은 양 지 료 수 지 상 적 조 무 명 인 이 문 언 왈 청 문 위 천 하

無名人曰:『去! 汝鄙人也! 何問之不豫也? 予方將與造物者爲人, 厭, 則又乘夫莽眇之鳥,
무 명 인 왈 거 여 비 인 아 하 문 지 불 예 야 여 방 장 여 조 물 자 위 인 염 즉 우 승 부 망 묘 지 조

以出六極之外, 而遊無何有之鄉, 以處壙埌之野. 汝又何帠以治天下感予之心爲?』
이 출 육 극 지 외 이 유 무 하 유 지 향 이 처 광 은 지 야 여 우 하 예 이 치 천 하 감 여 지 심 위

又復問.
우 부 문

無名人曰:『汝遊心於淡, 合氣於漠, 順物自然而無容私焉, 而天下治矣.』
무 명 인 왈 여 유 심 어 담 합 기 어 막 순 물 자 연 이 무 용 사 언 이 천 하 치 의

자기가 이룩한 것을 의식하지 못해야 한다

양자거陽子居가 노담(老聃: 노자)을 만나 물었다.

"말하자면 어떤 사람 하나가 본디 천성이 총명하여 재주가 민첩한데다가 결단성이 있고, 사리를 통달하여 밝은데다가 도를 배우는 데도 열심이거늘, 이런 사람은 옛날 성덕을 가졌던 밝은 임금과 견줄 만합니까?"

노자가 말하였다.

"무슨 소리! 그런 사람을 성인에게 견준다면, 마치 서리胥吏나 기술장이가 자기들의 역사役事, 즉 천한 일을 하는 재주꾼과 같아서 재주에 물려 기껏해야 한갓 자기 몸을 수고롭게 하고, 마음을 어지럽히는 결과나 다름이 없는 것이다.

바꾸어 말하면, 호랑이나 표범은 그 겉무늬가 곱기 때문에 사냥꾼을 불러들이고, 원숭이는 몸이 날래고 사냥개는 삵을 잡기 때문에 사람에게 잡혀 몸을 묶이게 된다. 이른바 지능이란 이렇게 화를 부르는데, 그런 사람을 어찌 옛날의 밝은 임금에 비견하겠는가? 그렇다면 호랑이나 원숭이, 개도 현명한 임금에 견줄 수 있단 말인가?"

陽子居見老聃, 曰:『有人於此, 嚮疾强梁, 物徹疏明, 學道不勧. 如是者, 可比明王乎?』
양 자 거 견 노 담 왈   유 인 어 차 향 질 강 량 물 철 소 명 학 도 불 권 여 시 자 가 비 명 왕 호

老聃曰:『是於聖人也, 胥易技係, 勞形怵心者也. 且也虎豹之文來田,
노 담 왈   시 어 성 인 야 서 역 기 계 노 형 출 심 자 야   차 야 호 표 지 문 래 전

猨狙之便執斄之狗來藉. 如是者, 可比明王乎?』
원 저 지 변 집 리 지 구 래 적 여 시 자 가 비 명 왕 호

양자거가 안색을 고쳐 다시 말했다.

"그러면 밝은 임금의 다스림이란 어떤 것입니까?"

노담이 다시 대답했다.

"밝은 임금의 다스림은 그 공이 온 천하를 뒤덮을 정도로 넓지만, 자기가 이룩한 것임을 의식 못하고, 그 교화 또한 만물에 미치건만 백성은 스스로 얻은 것으로 알 뿐 임금의 공을 잊고 있다. 밝은 임금은 자기의 공명을 드러내지 않고, 백성을 스스로가 즐기게 하고, 예측할 수 없이 신묘한 위치에 서서, 텅 빈 자유의 극치에서 노닐고 있는 것이다."

陽子居蹴然曰:『敢問明王之治?』
양 자 거 축 연 왈   감 문 명 왕 지 치

老聃曰:『明王之治, 功蓋天下而似不自己, 化貸萬物而民弗恃. 有莫擧名, 使物自喜,
노 담 왈   명 왕 지 치 공 개 천 하 이 사 부 자 기   화 대 만 물 이 민 불 시   유 막 거 명   사 물 자 희

立乎不測, 而遊於無有者也.』
입 호 불 측   이 유 어 무 유 자 야

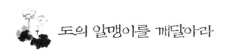

도의 알맹이를 깨달아라

정나라에 계함(季咸: 제나라에서 온 정나라 무당)이라는 신령스런 무당이 있었다. 사람의 생사존망(生死存亡: 삶과 죽음, 잘 살고 못 사는 것)과 화복수요(禍福壽夭: 불행과 행복, 오래 살고 일찍 죽는 것)에 대하여는 그 어느 해 어느 날까지 맞히는 귀신같은 무당이었다. 정나라 사람들은 그를 만나면 행여 자기의 불길한 예언을 들을까봐 도망치곤 했다.

열자列子가 그를 보고나서 마음에 탄복한 나머지 호자(壺子: 열자의 스승)에게 말했다.

"당초엔 선생님의 도가 가장 지극한 것인 줄 알았는데 이제 보니 선생님보다 더한 분이 계십니다그려."

호자가 말했다.

"내가 네게 가르쳐준 것은 껍데기에 불과했지, 아직 알맹이를 가르쳐주진 않았다. 그런데도 네가 내 도를 다 배운 셈으로 생각했느냐? 암탉이 아무리 많다 해도 수탉이 없으면 어찌 새끼가 있겠느냐? 알맹이가 없이 어떻게 도를 알 수 있단 말인가?

鄭有神巫曰季咸, 知人之死生存亡, 禍福壽夭, 期以歲月旬日, 若神. 鄭人見之,
정 유 신 무 왈 계 함 지 인 지 사 생 존 망 화 복 수 요 기 이 세 월 순 일 약 신 정 인 견 지

皆棄而走.
개 기 이 주

列子見之而心醉, 歸, 以告壺子, 曰:『始吾以夫子之道爲至矣, 則又有至焉者矣.』
열 자 견 지 이 심 취 귀 이 고 호 자 왈 시 오 이 부 자 지 도 위 지 의 즉 우 유 지 언 자 의

壺子曰:『吾與汝旣其文, 未旣其實, 而固得道與? 衆雌而無雄, 而又奚卵焉?
호 자 왈 오 여 여 기 기 문 미 기 기 실 이 고 득 도 여 중 자 이 무 웅 이 우 해 란 언

너의 도는 아직도 천박하여 세상 사람들에게 아는 체하고 자랑하는가
하면, 그 따위 선무당을 믿기 때문에, 그 무당이 네 상을 맞히게 된 것
이다. 그러나 저러나 그 무당을 한 번 데려와서 나를 만나게 해 주렴!"
이튿날, 열자는 무당을 데리고 와서 호자에게 보였다.

호자의 상을 보고 난 무당, 계함은 한참 만에 밖으로 나와 열자에게
조용히 말했다.

"아아! 안된 말입니다만, 선생님께선 곧 돌아가시게 되었습니다. 살
가망은 없고, 아마 열흘도 못 넘길 것입니다. 나는 이상한 것을 보았습
니다. 물에 젖은 불재같이 아무런 생기 없는 괴상怪相을 보았습니다."

열자가 호자의 방에 들어가 눈물로 옷깃을 적시면서 흐느끼며 말했다.

而以道與世亢, 必信, 夫故使人得而相汝. 嘗試與來, 以予示之.』
이 이 도 여 세 항   필 신   부 고 사 인 득 이 상 여   상 시 여 래   이 여 시 지

明日, 列子與之見壺子. 出而謂列子曰:『噫! 子之先生死矣, 弗活矣, 不以旬數矣,
명 일   열 자 여 지 견 호 자   출 이 위 열 자 왈   희   자 지 선 생 사 의   불 활 의   불 이 순 수 의

吾見怪焉, 見濕灰焉.』
오 견 괴 언   견 습 회 언

列子入, 泣涕沾襟以告壺子.
열 자 입   읍 체 첨 금 이 고 호 자

그러나 호자는 태연히 말했다.

"허허! 내가 아까 그 무당에게 보인 상은 땅의 모습이었으니, 고요하여 진동되지 않았고, 그렇다고 움직이지도 않았었다. 그는 아마 내게서 생명의 움직임을 닫아 버린 그런 모습으로 보았겠지. 하지만 한 번 더 데리고 와 보라!"

이튿날 열자가 다시 무당을 데리고 왔다. 어제처럼 무당이 상을 보고 나서 열자에게 말했다.

"천행이구려. 당신의 선생님께서 나를 만나 병이 나았습니다. 완전히 생명이 살아나서, 전날 닫혔던 생기가 다시 움직이는 것을 보았습니다."

열자는 이를 호자에게 아뢰었다. 호자는 여전히 태연스레 말했다.

"아까 내가 보여 준 것은 하늘과 땅의 모습이었다. 그것은 만물을 길러 낼 수 있는 생기를 보여 준 것이다. 그러나 그것은 이름도 형체도 없는 상태이지만 생기가 발뒤꿈치에서 솟아나고 있는 것이다.

壺子曰:『鄕吾示之以地文, 萌乎不震不正. 是殆見吾杜德機也. 嘗又與來!』
호 자 왈   향 오 시 지 이 지 문   맹 호 부 진 불 정   시 태 견 오 두 덕 기 야   상 우 여 래

明日, 又與之見壺子. 出而謂列子曰:『幸矣, 子之先生遇我也. 有瘳矣,
명 일   우 여 지 견 호 자   출 이 위 열 자 왈   행 의   자 지 선 생 우 아 야   유 추 의

全然有生矣! 吾見其杜權矣.』
전 연 유 생 의   오 견 기 두 권 의

列子入, 以告壺子. 壺子曰:『鄕吾示之以天壤, 名實不入, 而機發於踵.
열 자 입   이 고 호 자   호 자 왈   향 오 시 지 이 천 양   명 실 불 입   이 기 발 어 종

그는 아마 나의 훌륭한 생기가 나타난 경지를 보았을 것이다. 어디 한 번 더 데려와 보거라!"

이튿날, 무당은 다시 와서 호자의 상을 보고선 열자에게 말했다.

"당신 선생님께서는 상이 일정치 않군요. 이러면 상을 볼 수 없으니, 상이 가라앉으면 다시 보기로 하지요."

열자는 이대로 호자에게 아뢰자 호자가 말했다.

"아까 내가 보여 준 것은 극도로 텅 비어 아무런 조짐도 없는 상을 보여 주었다. 그는 아마 나의 생기를 평평하게 유지하는 경지를 보았을 것이다. 소용돌이치는 물이 모여 못이 되고, 정지한 물이 모여 못이 되며, 흐르는 물이 모여 못이 된다.

是殆見吾杜德機也. 嘗又與來!』
시 태 견 오 두 덕 기 야   상 우 여 래

明日, 又與之見壺子. 出而謂列子曰:『子之先生不齊, 吾無得而相焉. 試齊, 且復相之.』
명 일 우 여 지 견 호 자 출 이 위 열 자 왈   자 지 선 생 부 제 오 무 득 이 상 언   시 제 차 부 상 지

列子入, 以告壺子. 壺子曰:『鄕吾示之以太沖莫勝. 是殆見吾衡氣機也.
열 자 입 이 고 호 자 호 자 왈   향 오 시 지 이 태 충 막 승 시 태 견 오 형 기 기 야

鯢桓之審爲淵, 止水之審爲淵, 流水之審爲淵. 流水之審爲淵.
예 환 지 반 위 연   지 수 지 반 위 연   류 수 지 반 위 연   류 수 지 반 위 연

무릇 못에는 아홉 가지가 있는데 그 중에 곧 큰 고기가 선회하는 못과 고요한 물이 모이는 못, 흐르는 물이 모이는 못 등 세 가지만 보여 준 것이다. 어디 다시 그 무당을 데려오너라!"

이튿날 무당은 호자의 상을 보았다. 무당은 호자 앞에 서자마자 부리나케 뺑소니쳤다. 호자는 '잡아라!'고 소리쳤다.

열자가 쫓아갔으나 잡지 못한 채 돌아와서 호자에게 보고했다.

"벌써 사라져서 놓치고 말았습니다. 제가 따라갈 수가 없었습니다."

호자가 말했다.

"아까 내가 보인 것은 내가 숭상하는 도에서 벗어나지 않은 모습을 보여 주었을 뿐, 조금도 내가 종주宗主한 바는 드러내지 않았다. 곧 나는 무심한 채 만물의 조화를 따라 순순히 옮아가는 모습이었지. 아무것에도 얽매이지 않고자, 누구의 무엇인지도 모른 채 방임 순종했지. 마치 물결치는 물에 쓸리어가듯이 그를 대했더니, 그는 나를 넘겨다 볼 수 없었는지 도망쳐 버렸구나!"

淵有九名, 此處三焉. 嘗又與來!』
연 유 구 명 차 처 삼 언 상 우 여 래

明日, 又與之見壺子. 立未定, 自失而走. 壺子曰:「追之!」列子追之不及. 反,
명 일 우 여 지 견 호 자 입 미 정 자 실 이 주 호 자 왈 추 지 열 자 추 지 불 급 반

以報壺子曰:『已滅矣, 已失矣, 吾弗及已.』
이 보 호 자 왈 이 멸 의 이 실 의 오 불 급 이

壺子曰:『鄕吾示之以未始出吾宗. 吾與之虛而委蛇, 不知其誰何, 因以爲弟靡,
호 자 왈 향 오 시 지 이 미 시 출 오 종 오 여 지 허 이 위 이 부 지 기 수 하 인 이 위 제 미

因以爲波流, 故逃也!』
인 이 위 파 류 고 도 야

그 뒤 열자는 자기가 아직도 도를 닦지 못했음을 깨닫고, 그 길로 집에 돌아와 3년이나 두문불출하였다.

열자는 아내 대신 밥도 짓고, 돼지를 먹이는 데도 사람 먹이듯이 대하여 귀천의 의식을 버리게 되었다. 그리고 세상일을 접하는데 친소親疏의 감정을 버렸고, 부화한(인위적인) 가식에서 소박한 진리를 되찾아 멍청이 홀로 고목 같은 자세로 살았고, 혼돈한 세속 속에서도 도를 지키면서 흔들리지 않는 자세로 한 생애를 마쳤다.

然後列子自以爲未始學而歸, 三年不出. 爲其妻爨, 食豕如食人. 於事無與親,
연 후 열 자 자 이 위 미 시 학 이 귀   삼 년 불 출   위 기 처 찬   사 시 여 사 인   어 사 무 여 친

雕琢復朴, 塊然獨以其形立, 紛而封哉, 一以是終.
조 탁 복 박   괴 연 독 이 기 형 립   분 이 봉 재   일 이 시 종

하늘로부터 받은 본성을 보전하고
무엇을 더 얻으려 하지 말라

명예의 주인공이 되지 말고, 모의를 일삼는 자가 되지 말고, 작위로
일을 맡지 말고, 지혜로 사물을 주재하지 말라! 무궁한 대도의 진리
를 체득하여 아무 조짐도 없는 경지에 노닐어라. 하늘로부터 받은 본
성을 보전하고 무엇을 더 얻으려 하지 말라. 언제나 마음을 텅 비워
공허하게 하라! 지인至人의 마음가짐은 거울과 같아 사물을 비추면
서, 그 사물이 제대로 오고 가게 할 뿐, 거울은 결코 맞이하거나 전송
하지 않거니와, 그 사물이 거울에 비치었을 때, 제대로 나타났다가 사
라질 뿐, 거울은 결코 감추거나 숨겨 두지 않는다.

그러기에 만물에 대응하면서도 심신을 괴롭히지 않아 결코 만물에
자기를 다치는 일이 없다.

無爲名尸, 無爲謀府, 無爲事任, 無爲知主! 體盡無窮, 而遊無朕, 盡其所受乎天,
무 위 명 시   무 위 모 부   무 위 사 임   무 위 지 주   체 진 무 궁   이 유 무 짐   진 기 소 수 호 천

而無見得, 亦虛而已. 至人之用心若鏡, 不將不迎, 應而不藏, 故能勝物而不傷.
이 무 견 득   역 허 이 이   지 인 지 용 심 약 경   부 장 불 영   응 이 부 장   고 능 승 물 이 불 상

순수한 자연에 작위를 가하면 죽는다

남해의 임금을 숙(儵: '재빨리 나타남'을 뜻함), 북해의 임금을 홀(忽: '갑자기 없어짐'을 뜻함), 중앙의 임금을 혼돈(混沌: 만물이 나뉘지 않은 원기가 자욱한 모양)이라 한다.

숙과 홀이 어느 때, 혼돈의 땅에서 만나게 되었다. 혼돈은 이들을 매우 잘 대접했다. 숙과 홀이 혼돈의 은혜에 보답하고자 상의했다.

"사람들은 모두 일곱 개의 구멍으로 보고, 듣고, 먹고, 숨을 쉰다. 그런데 혼돈만은 이것을 가지고 있지 않소. 그에게도 구멍을 뚫어 줍시다."

그리고는 혼돈의 몸에 날마다 구멍 하나씩을 뚫었던바 이레째 되는 날 혼돈은 그만 죽어 버렸다.

南海之帝爲儵, 北海之帝爲忽, 中央之帝爲混沌. 儵與忽, 時相與遇於混沌之地,
남 해 지 제 위 숙 북 해 지 제 위 홀 중 앙 지 제 위 혼 돈   숙 여 홀   시 상 여 우 어 혼 돈 지 지

混沌待之甚善.
혼 돈 대 지 심 선

儵與忽, 謀報混沌之德曰: 『人皆有七竅, 以視聽食息, 此獨無有, 嘗試鑿之.』
숙 여 홀, 모 보 혼 돈 지 덕 왈 인 개 유 칠 규 이 시 청 식 식 차 독 무 유 상 시 착 지

日鑿一竅, 七日而混沌死.
일 착 일 규 칠 일 이 혼 돈 사

외편外篇·잡편雜篇

외편과 잡편은 그 내용도 모순된 바가 있으며,
왕부지王夫之나 요희전姚姬傳은 외편은 장자에 의하여 쓰인 것이 아니라
후세의 장자학파에 의하여 쓰인 것이라고 의심하였거니와,
특히 외편의 다섯 편(변무騈拇·마제馬蹄·가협胠篋·선성繕性·각의刻意)에 대하여는
오징吳澄이라 하여 그것이 장자의 작품이 아니라
주周나라 진대秦代의 작품이라고 가설한 바 있다.
이번 부록에서는 외편과 잡편에 속해 있는 각 편의 특징에 대해서
개괄적으로 설명한 후, 각 편에서 읽을 만한 내용을 선별하여 정리하였다.

外篇·雜篇

외편
外篇

제8편

변무騈拇

변무의 변騈은 합하다, 무拇는 엄지발가락을 뜻하여 엄지발가락과 둘째발가락이 붙어 네 발가락이 된 것을 말한다. 이 편에서는 세상에는 아름답고 흉한 것이 있으나, 도道에는 아름답고 흉한 것은 물론 옳고 그름도 없다는 것을 설명하고, 군자와 소인 및 악인이나 절조가 있는 사람들에 대한 도가적인 평가를 꾀하고 있다.

제9편

마제馬蹄

마제란 '말발굽'의 뜻이며, 이 편의 첫머리 두 글자에서 따온 것이다. 소여蘇輿가 지적한 대로 전편이 노자의 무위자화無爲自化 청정자정淸淨自正, 즉 무위를 베풀면 백성은 스스로 감화되고, 청정하여 간섭하지 않으면 백성은 스스로 올바르게 된다는 정치 철학을 풀이했다. 이 편에서는 특히 처음부터 끝까지 비유하는 말馬을 사용하여 천하의 정치에도 말을 적용하고 있다.

제10편

거협胠篋

'거협'이란 상자를 열고 남의 물건을 도둑질하는 것이다.
이 편에서는 「노자」가 말한 '성인이 죽지 않으면 큰 도적도 없어지지 않는다'는 내용을 부연하고 있다. 자연의 본성에 거슬린 인의는 오히려 악한 자들을 이롭게 할 뿐이며, 나라나 백성을 해친다는 것을 말하고 있다. 마통·백馬通伯은 '장자莊子가 당시의 정객인 인의의 허명虛名을 둘러싸고 자기의 사리私利를 도모하면서 세상을 혼란시킴을 통분하여 쓴 글이다'라고 이편의 동기를 지적하였거니와 인의가 사회의 개선은커녕 오히려 악인을 조장한다고 힐난한 『남화경南華經』 중에서도 가장 날카로운 편이다.

제11편
재유在宥
'재유'는 '있는 그대로 내버려 두는 것, 자연에 맡겨 두는 것'을 말한다. 노자의 무위無爲사상을 밑바탕으로 변론을 버리고 무위로 돌아가 천하를 너그러이 용서하면 무사태평하리라는 정치사상을 '거협'에 이어 강렬히 표현했다.

제12편
천지天地
전편에서 논급된 천도天道와 인도人道를 다시 진전시켜 인도의 효용성을 접근하면서도 결국은 무위를 설파한 것으로, 유가인 공자·자공과 명가와 묵가를 등장시켜 그 외물外物에 의한 구속을 풍자하기도 했다. 현실적이요, 정치적, 사회적인 문제를 야기하면서 장자의 도를 비교 논박한 절충적인 편이다.

제13편

천도天道

이 편에서는 성스러운 다스림의 취지를 계승하여 제왕의 도가 자연과 무위의 덕으로 그 주체를 삼는다는 것을 역설했다. 특히 이 편의 내용에는 장자의 사상과 거리가 먼 대목이 많다. 그래서 왕부지 같은 이들은 진한 시대에 황로지술黃老之術을 닦은 사람이 쓴 것이라 하였고, 구양수는 장자를 공부한 후세 사람이 쓴 것이라 하였다.

제14편

천운天運

노자의 절성기지(絶聖棄智; 성인을 없애고 지혜를 버려야 한다)와 일치하는 내용으로, 자연을 강조하고 있다. 곧 하늘과 땅의 모든 변화치고 자연스럽게 그렇게 되는 것이 아닌 것이 없다. 이를 바탕으로 하여 세상에서 애쓰며 일하는 사람은 그 자신을 괴롭힐 뿐만 아니라 온 천하를 괴롭히게 된다고 장자는 주장하고 있다.

제15편

각의刻意

다섯 등급으로 나눈 선비를 열거하여 그 생활 방법을 순수와 소박으로 극치를 삼는 한편 정신의 위대성을 설파한 것은 인간 수양에 유익한 대목이다. 고어나 속담을 많이 이용하면서 인간 처세를 보다 구체적이고 실천적으로 제시했으나, 결국은 무위허정의 상징인 진인으로 도가적 풍치를 유지했다.

제16편

선성 繕性
본성과 속성, 근본과 말미, 무위와 인위의 차별을 변론하면서 인간의
근본 본성과 자연 무위의 합치를 주장하는 점에서 「각의(刻意)」편과
거의 같은 취지의 뜻을 쓰고 있다.

제17편

추수 秋水
이 편은 내편의 「소요유」「제물론」 등에 나오는 만물제동萬物齊同의
사상과 추연推演시켜, 본편은 문장도 아름다워 외편外篇 중의 백미로
불린다. 인위는 자연을 훼멸하고, 조작은 성명性命을 손상하고 유한의
소득은 무궁한 진리를 희생함을 밝히고 천진한 본성으로 복귀하자고
호소했다.

제18편

지락 至樂
「대종사大宗師」편과 비슷한 내용인 본편에서는 인생의 즐거움이 육
체에 있는 것이 아니라 정신에 있음을 강조하고, 나아가서 삶과 죽음
을 사시주야로 보는 자연순응사상을, 심지어 죽음을 일종의 쾌락으
로 승화시키도록 전개하고 있다. 본문 안엔 까다로운 조충鳥蟲을 열
거하여 자연의 조화와 생명의 순환을 비유하는 특이한 수법을 썼다.

제19편

달생達生

내편에서 역설되었던 양생養生을 인위적인 수련의 필요로 덧붙여 설명을 전개한 편으로, 지극히 논리적이면서도 매미 잡이나 투계 기르기 따위의 설득력 있는 비유를 점철시켜 지인至人의 덕을 설정한 내용이다. 생명의 씨는 지혜로 어쩔 수 없는 도가道家 본연의 자연 무위설을 보다 구체화시켜 수업과 학습의 필요도 곁들인 것이 특색이다.

제20편

산목山木

인간이 자연에 대응하는 처세 방법을 허무虛無에 두어, 내편의 「인간세人間世」와 비슷한 내용으로 특히 난세에 처했을 때 재앙을 피하는 방법을 제시했다. 문장도 훌륭하여 장자가 직접 썼거나 그의 제자가 정리한 글이라 여겨진다.

제21편

전자방田子方

전자방의 학문은 공자의 제자인 자하子夏한테서 나왔으며, 장자는 전자방의 문하에서 수학했다.

'속이 충실한 자는 겉을 꾸미는 일이 없고 만물의 근원에서 노니는 지인至人의 경지에 이르면 지미(至美: 최상의 아름다움)과 지락(至樂: 지극한 즐거움)을 누리게 되어 속세의 평가나 상식을 초월한다.

제22편

지북유知北遊

지북유는 지혜가 북쪽으로 논다는 뜻으로, 지知와 고故를 버리고 도道
의 참뜻을 본받도록 하였다. 도는 인간의 인지人智를 초월한 것이라,
아는 자는 말하지 않고 말하는 자는 알지 못한다 했다.

잡편
雜篇

경상초庚桑楚

경상초는 노자의 제자로 노자와의 문답을 빌려 생명을 보존하게 하
는 근본의 도를 설명한다.

서무귀徐無鬼

서무귀는 위나라 은사이다. 대자연의 조화에 융화하는 것이 마음의
안정을 얻는 길이다. 곧, 하늘과 사람을 포함하여 세파에 젖지 아니한
자연 그대로의 참됨, 천진天眞을 논한다.

즉양則陽

즉양은 노나라 사람으로 성은 팽彭이고 이름은 양이다.
즉양은 그가 지닌 척(尺: 자)으로서, 크기로는 천하를 실을 수 없고, 작
기로는 천하도 부술 수 없다.

외물外物

외물이란 자기 이외에 물건이란 뜻으로 인간 욕망의 대상이 되는 일
체의 형상을 말한다.

제27편

우언寓言

장자 문장 표현의 기본 방법인 우언寓言·중언重言·치언巵言을 논하고 치언으로써 강령을 삼았다.

제28편

양왕讓王

천하를 물려받는 왕의 지위를 사양하는 사실이 많이 나와 양왕이라 제목을 정한 것이다.

진정한 군자는 세속의 명리보다 자신의 삶을 온전히 가꾸어 편안하고 자유로운 생을 누린다.

제29편

도척盜跖

장자가 도척의 입을 빌려 공자의 도를 꾸짖는 내용이다. 곧 도둑과 성현 공자를 등장시켜 인간 본성론을 전개시킨 본편에서는, 절대적인 무위의 도를 내세웠지만, 유한한 인간의 현실에 있어서 명리와 부귀를 행실과 대조시킨 점에서 장자의 사상과 무관한 경향이 보인다. 성현에 대한 신랄한 비판과 풍자가 있어 통쾌감을 준다.

제30편

설검說劍

설검은 칼에 관하여 설명한다는 뜻이다. 칼싸움을 좋아하는 조나라 문왕 때문에 국력이 기울자 태자는 부왕의 망국적 도락을 고쳐준다는 내용이다.

제31편

어보漁父

어보는 도가적인 은인을 말한다. '보父'는 인격적인 존칭일 때는 '보'로 읽는다.

공자가 제자들을 거느리고 여러 나라를 다닐 때, 도가적인 은자인 어보를 만나 가르침을 청하는 내용이다.

제32편

열어구列禦寇

'하늘과 땅으로 관을 삼고, 해와 달로 한 쌍의 구슬을 삼으며 별자리들로써 치레구슬을 삼고 만물로 부장품을 삼으려 하니, 나의 장례용품은 다 갖추어진 것이다.' 인위적인 영예를 버리고 자유로운 경지에 머물 것을 강조한다.

제33편

천하天下

도가·유가·법가 등 당대의 학술을 개관하여 장주와 혜시惠施에 이
르기까지, 여러 학파의 특징적인 입장을 해설 비판하고 있다.

이 천하편은《장자》전체의 후서後序라 여겨진다.

쓸데없는 언어로 늘어놓지 마라

엄지발가락이 둘째발가락과 붙어 있는 변무駢拇나 육손이는 선천적으로 그러한 것이라 해도 정상적인 인간의 입장에서 보면 군더더기인 것이다.

달라붙은 사마귀나 달린 혹은 후천적으로 생긴 것이나, 애당초 태어난 모습보다 역시 군더더기인 것이다.

여러 방법으로 인의를 베풀어 그를 다시 오상伍常으로 이름 지어 오장(伍藏: 오상을 간장, 심장, 비장, 폐장, 신장에 해당시켜 말함)에 열거하더라도 이는 도덕 본연의 면목이 아니다.

때문에 엄지와 둘째발가락이 붙은 것은 쓸모없는 군살을 달고 있는 것이요, 육손이 손에 붙어 있는 것 또한 쓸모없는 손가락을 두고 있는 것이다.

네 발가락과 육손처럼 오장의 정리가 쓸데없이 많으면 곧 인의 때문에 음벽(淫僻: 지나치게 치우치는 것)해지고, 지혜의 과잉(지나침)에 떨어지고 만다.

駢拇枝指, 出乎性哉. 而侈於德. 附贅縣疣, 出乎形哉! 而侈於性.
변무 지지 출호성재 이치어덕 부췌현우 출호형재 이치어성

多方乎仁義而用之者, 列於五藏哉! 而非道德之正也.
다 방호인의이용지자 열어오장재 이비도덕지정야

是故駢於足者, 連無用之肉也. 枝於手者, 樹無用之指也. 多方駢枝於五藏之情者,
시 고 변어족자 연무용지육야 지어수자 수무용지지야 다방변지어오장지정자

淫僻於仁義之行, 而多方於聰明之用也.
음 벽 어인의지행 이다방어총명지용야

그러므로 시력이 지나친 사람은 오색(青·黃·赤·白·黑)에 혼란을 일으키고 아름다운 무늬에 빠져 버린다. 빛깔을 수식하여, 푸르고 누런 도끼 모양의 제복은 결국 사람의 눈을 어지럽히지 않았는가? 그것은 이주(離朱: 멀리서 털끝을 분별할 수 있는 눈을 가진 전설적인 인물.『맹자』에는 이루離婁로 되어 있다.)의 예를 들 수 있는 것이다.

청각이 지나친 사람은 오성(伍聲: 宮·商·角·徵·羽)에 혼란되어 지나치게 육율六律을 함부로 하여 결국은 쇠와 돌과 실과 대로 만든 악기와 황종黃鐘과 대려大呂의 음악은 그릇된 것이다. 그것은 바로 진나라의 유명한 음악가 사광(師曠: 춘추시대의 진나라 악사) 같은 사람을 두고 말한다.

인仁을 쓸데없이 중시하는 사람은 덕을 겉으로 드러내면서 그 본성은 막히든 말든 명예를 얻으려 하니, 이는 온 천하를 마치 피리나 북을 둥둥 울리면서 사람들이 따라서는 안 될 법을 받들게 하는 것과 같지 않은가. 그것은 증자曾子나 사추(史鰌: 위나라 대부)의 예를 들면 알 수 있는 것이다.

是故, 騈於明者, 亂五色, 淫文章, 靑黃黼黻之煌煌, 非乎, 而離朱是已. 多於聰者,
시 고 변어명자 난오색 음문장 청황보불지황황 비호 이리주시이 다어총자

亂五聲, 淫六律, 金石絲竹黃鐘大呂之聲, 非乎 而師曠是已.
난오성 음육율 금석사죽황종대려지성 비호 이사광시이

枝於仁者, 擢德塞性, 以收名聲, 使天下, 簧鼓, 以奉不及之法, 非乎, 而曾史是已.
지어인자 탁덕색성 이수명성 사천하 황고 이봉불급지법 비호 이증사시이

변설에 빠져 쓸데없는 언어를 늘어놓는 것은 마치 기와를 새끼줄로 묶는 것과 같고, 거기다가 자구字句를 억지로 천착穿鑿하면서 마음을 견백동이(堅白同異; 전국시대 공손룡公孫龍의 궤변) 따위의 궤변에 쏟는가 하면 이로써 일시의 명예를 얻는데 급급할 뿐 쓸데없는 말로 사람을 현혹하지 않았는가? 그것은 바로 양주(楊朱; 양자)나 묵적(墨翟; 묵자)들이 좋은 예가 된다.

이런 것들은 모두 쓸데없이 붙은 것을 존중하고 소용없이 덧붙은 것을 존중하는 도이며, 결코 천하의 정도가 아니다.

—〈변무駢拇 1〉

騈於辯者 累瓦, 結繩, 竄句, 遊心於堅白同異之閒, 而敝跬譽無用之言,
변 어 변 자 누 와 결 승 찬 구 유 심 어 견 백 동 이 지 간 이 폐 규 예 무 용 지 언

非乎? 而楊墨是已.
비 호   이 양 묵 시 이

故, 此, 皆多騈旁枝之道, 非天下至正也.
고 차 개 다 변 방 지 지 도 비 천 하 지 정 아

길게 타고난 것은 잘라 줄 필요 없고, 짧게 태어난 것을 길게 해줄 필요 없다

자연의 정도로 창생의 성명性命을 바르게 하는 사람은 결코 성명 원래의 면목을 버리지 않는다.

때문에 비록 발가락이 붙어 네 발가락이 되었다 할지라도 붙었다 할수 없고, 육손이라 할지라도 그것이 쓸데없는 것이라 할 수 없고, 그것이 길다고 해서 지나친 것은 아니며, 그것이 짧다고 해서 부족된 것도 아니다.

따라서 물오리의 다리가 비록 짧다 하지만, 그것을 길게 늘여 준다면, 오히려 걱정을 끼치는 결과가 되겠고, 학의 다리가 비록 길다 하지만, 그것을 짧게 잘라 준다면 오히려 슬픔을 주는 결과가 되겠다.

그러므로 본래 길게 타고난 것은 잘라 줄 필요가 없으며, 본래 짧게 태어난 것을 길게 해줄 필요가 없으니, 그렇게 한다면 스스로 걱정을 불러들이는 일도 없는 것이다.

彼至正者, 不失其性命之情. 故合者不爲騈, 而枝者不爲岐, 長者不爲有餘,
피 지 정 자 불 실 기 성 명 지 정   고 합 자 불 위 변   이 지 자 불 위 기   장 자 불 위 유 여

短者不爲不足. 是故鳧脛雖短, 續之則憂, 鶴脛雖長, 斷之則悲.
단 자 불 위 부 족. 시 고 부 경 수 단, 속 지 즉 우, 학 경 수 장, 단 지 즉 비.

故性長非所斷, 性短非所續, 無所去憂也.
고 성 장 비 소 단, 성 단 비 소 속, 무 소 거 우 야

다시 말하건대 인의를 말하는 이는 설마 인정이 아닐까? 인의를 자처하는 사람은 하필이면 많은 걱정에 찌푸리고 있을까?

만일 네 발가락 병신에게 칼을 대어 벌려 준다면, 그는 아프다고 울 것이고, 이로 육손이의 그 손가락 하나를 입으로 물어 끊는다면 역시 아프다고 소리 지를 것이다.

두 사람이 각각 하나는 그 숫자가 지나치고, 하나는 그 숫자가 부족하지만, 슬퍼하기는 마찬가지일 것이다.

그런데도 요즘 세상에 이른바 인의군자는 눈을 휘둥그레 뜨고 세상을 개탄하는가 하면, 반대로 불인不仁한 사람은 타고난 인을 잘라 버리고 부귀만을 탐하고 있다.

그렇다면 인의仁義는 인정의 자연 속에 있는 것이 아닐까? 인은 결코 강요해서 되는 것은 아니다.

— 〈변무騈拇 2〉

意仁義其非人情乎! 彼仁人何其多憂也?
의 인 의 기 비 인 정 호   피 인 인 하 기 다 우 야

且夫騈於拇者, 決之則泣, 枝於手者, 齕之則啼.
차 부 변 어 무 자 결 지 즉 읍 지 어 수 자 흘 지 즉 제

二者或有餘於數, 或不足於數, 其於憂一也.
이 자 혹 유 여 어 수 혹 부 족 어 수 기 어 우 일 야

今世之仁人, 蒿目而憂世之患, 不仁之人, 決性命之情而饕貴富. 故曰仁義其非人情乎.
금 세 지 인 인   호 목 이 우 세 지 환 불 인 지 인 결 성 명 지 정 이 도 귀 부   고 왈 인 의 기 비 인 정 호

자기 내부의 소리에 귀 기울여라

무릇 사람의 본성을 억지로 인의에 결부시킨다면, 비록 증자나 사추처럼 통달한대도, 결코 내가(장자) 바라는 선善은 될 수 없다. 사람의 본성을 억지로 오미(五味)에 결부시켜 비록 유아(兪兒: 맛의 대가)처럼 통달한대도 결코 내가 바라는 선은 될 수 없고, 사람의 본성을 억지로 오성에 결부시켜 비록 사광師曠처럼 통달한대도 내가 말하고자 하는 귀 밝은 것은 될 수 없고, 사람의 본성을 억지로 오색에 결부시켜 비록 이주離朱처럼 통달한대도 내가 말하고자 하는 눈 밝은 것은 될 수 없다.

내가 말하고자 하는 선은(훌륭한 것) 인의를 말하는 것이 아니라 자기가 본래 얻어진 바를 잘 가꾸는 것이요, 내가 말하고자 하는 선은 인의를 말하는 것이 아니라 자기 본성의 진실에 맡김을 뜻함이다. 내가 말하고자 하는 귀 밝은 것은 자기 밖을 듣는 것이 아니라 자기 내부의 소리를 들음을 말함이요, 내가 말하고자 하는 눈 밝은 것은 자기 밖을 보는 것이 아니라 자기 내부의 본성을 봄을 말함이다.

且夫屬其性乎仁義者, 雖通如曾史, 非吾所謂臧也, 屬其性於五味, 雖通如兪也,
차 부 속 기 성 호 인 의 자 수 통 여 증 사 비 오 소 위 장 야 속 기 성 어 오 미 수 통 여 유 아

非吾所謂臧也, 屬其性乎五聲, 雖通如師曠, 非吾所謂聰, 屬其性乎五色,
비 오 소 위 장 야 속 기 성 호 오 성 수 통 여 사 광 비 오 소 위 총 자 속 기 성 호 오 색

雖通如離朱, 非吾所謂明也. 吾所謂臧者, 非仁義之謂也, 臧於其德而已矣,
수 통 여 이 주 비 오 소 위 명 야 오 소 위 장 자 비 인 의 지 위 야 장 어 기 덕 이 이 의

吾所謂臧者, 非所謂仁義之謂也, 任其性命之情而已矣, 吾所謂聰者,
오 소 위 장 자 비 소 위 인 의 지 위 야 임 기 성 명 지 정 이 이 의 오 소 위 총 자

謂其聞彼也, 自聞而已矣, 吾所謂明者, 非謂其見彼也, 自見而已矣.
위 기 문 피 야 자 문 이 이 의 오 소 위 명 자 비 위 기 견 피 야 자 견 이 이 의

만약 자기 속은 보지 못하면서 남의 것을 본다든지, 자기 스스로는 얻지 못하면서 남들을 얻게 하려는 사람은, 곧 자기를 버리고 남을 본받자는 사람이거늘, 그들은 남의 만족을 자기의 만족으로 알고 자기의 만족을 만족으로 여기지 않는 사람이며, 남의 즐거움에 즐거워할 뿐 자기의 즐거움에 즐거워할 줄 모른다.

또한 남의 즐거움에 즐거워할 뿐, 자기의 즐거움에 즐거워할 줄 모르는 점에서 본다면, 재물을 훔치던 도척이나 청고淸高했던 백이같은 사람들과 마찬가지로 지나치게 편벽되고 있는 것이다.

나는(장자) 항상 자연의 진리에 머리 숙인다. 그러기에 위로는 인의란 거추장스런 명분을 버리고, 아래로는 감히 지나치게 편벽된 행동을 하지 못하는 것이다.

—〈변무騈拇 3〉

夫不自見而見彼, 不自得而得彼者, 是得人之得而不自得其得者也,
부 불 자 견 이 견 피 불 자 득 이 득 피 자   시 득 인 지 득 이 불 자 득 기 득 자 야

適人之適而不自適其適者也.
적 인 지 적 이 불 자 적 기 적 자 야

夫適人之適而不自適其適, 雖盜跖與伯夷, 是同爲淫僻也. 余愧乎道德,
부 적 인 지 적 이 불 자 적 기 적 수 도 척 여 백 이 시 동 위 음 벽 야 여 괴 호 도 덕

是以上不敢爲仁義之操, 而下不敢爲淫僻之行也.
시 이 상 불 감 위 인 의 지 조 이 하 불 감 위 음 벽 지 행 야

성인의 죄 – 지혜를 즐기다

무릇 말은 육지에 살면서 풀을 먹고 물을 마신다. 기쁘면 서로 목을 맞대고 서로 몸을 비비고, 성나면 등을 돌리고 뒷발로 서로 발길질한다. 말의 지혜란 바로 이럴 따름이다.

그런데 그 말 등에 횡목橫木과 멍에를 매고, 이마에 쇠붙이를 붙여 말의 행동을 제약하면, 순했던 말도 눈을 흘기면서 머리를 굽혀 탄 사람을 저돌抵突하는가 하면 고삐를 물어 끊고 멍에를 벗어던지려고 한다.

그러므로 온순했던 말의 지혜를 도적처럼 교활하게 만든 것은 백락 (伯樂; 주나라의 말馬의 감정을 잘한 사람)의 죄인 것이다.

夫馬, 陸居則食草飮水, 喜則交頸相靡, 怒則分背相踶. 馬知已此矣. 夫加之以衡扼,
부 마   육 거 즉 식 초 음 수   희 즉 교 경 상 미   노 즉 분 배 상 제   마 지 이 차 의   부 가 지 이 형 액

齊之以月題, 而馬知介倪. 闉扼. 鷙曼. 詭銜. 竊轡. 故馬之知而態至盜者, 伯樂之罪也.
제 지 이 월 제   이 마 지 개 예   인 액   지 만   궤 함   절 비   고 마 지 지 이 태 지 도 자   백 락 지 죄 야

혁서(赫胥: 태고적의 제왕)씨가 다스리던 시대에는 백성들이 생활하는 데 풍족하여, 피둥피둥 놀면서도 무슨 일을 해야 할지 몰랐고, 문 밖을 나서서 마음대로 거닐건만 어디 갈 곳이 없었다. 어린애처럼 입이 터져라 먹으면 시시덕거렸고, 어린애처럼 배를 두들기며 그저 놀기만 했다. 백성의 하는 일이란 겨우 이럴 따름이었다.

그런데 성인이란 족속이 나타나면서, 예의와 음악을 번거로이 하여 천하의 모양을 뜯어고쳤다. 또 인의를 높이 추켜들면서, 그를 우러러 천하 백성의 마음을 위로하려 하였다. 그로부터 순박했던 백성들은 비로소 일에 힘쓰고 자기를 과장하면서 지혜를 즐겼다. 결국은 앞을 다투어 이익을 추구하느라 아무도 제시할 수 없는 혼란에 이르고 말았다. 이것도 역시 성인의 죄인 것이다.

— 〈마제馬蹄 1〉

夫赫胥氏之時, 民居不知所爲, 行不知所之, 含哺而熙, 鼓腹而遊, 民能以此矣.
부 혁 서 씨 지 시 민 거 부 지 소 위 행 부 지 소 지 함 포 이 희 고 복 이 유 민 능 이 차 의

及至聖人, 屈折禮樂以匡天下之形, 縣跂仁義以慰天下之心, 而民乃始踶跂好知,
급 지 성 인 굴 절 예 악 이 광 천 하 지 형 현 기 인 의 이 위 천 하 지 심 이 민 내 시 제 기 호 지

爭歸於利, 不可止也. 此亦聖人過也.
쟁 귀 어 리 불 가 지 야 차 역 성 인 과 야

큰 도둑을 위해 재물을 지켜 주는 사람이 성인이다

남의 상자를 열고 자루를 뒤지면서, 궤를 여는 도둑을 예방하기 위하여 사람들은 노끈으로 단단히 매고, 자물쇠를 채워 두기 마련이다. 이것이 세상 사람들이 말하는 지혜라는 것이다.

그러나 큰 도둑이 오게 되면 그 궤와 자루를 송두리째 등에 메고 도망가면서 노끈과 자물쇠가 단단하지 않을까 오히려 걱정할 따름이다. 그렇다면 지혜로운 사람은 결국 큰 도둑을 위해 재물을 모아둔 것에 지나지 않는가?

자세히 말하면 세상에서 흔히 말하는 총명한 사람이란 큰 도둑을 위해 재물을 모아 두는 사람이 아닌가? 그리고 성인 또한 결국 큰 도둑을 위해 재물을 모아 두는 사람이 아닌가? 그리고 소위 성인이란 결국 큰 도둑을 위해 재물을 지켜 주는 사람이 아닌가?

— 〈거협胠篋 1〉

將爲胠篋探囊發匱之盜而爲守備, 則必攝緘縢固扃鐍, 此世俗之所謂知也?
장 위 거 협 탐 낭 발 궤 지 도 이 위 수 비 즉 필 섭 함 등 고 경 휼 차 세 속 지 소 위 지 아

然而巨盜至, 則負匱揭篋擔囊而趨, 唯恐緘縢扃鐍之不固也?
연 이 거 도 지 즉 부 궤 게 협 담 낭 이 추 유 공 함 등 경 휼 지 불 고 아

然則鄕之所謂知者? 不乃爲大盜積者也?
연 즉 향 지 소 위 지 자 불 내 위 대 도 적 자 아

정치란 천하를 있는 그대로 내버려 두는 것이다

정치란 천하를 너그럽게 있는 그대로 내버려 두는 것이라고 들었을지 언정 천하를 가르침으로 억눌러 다스리는 것이라고는 듣지 못했다.

천하를 있는 그대로 두는 것은 사람의 본성을 잃게 될까 두려워하기 때문이요, 천하를 내버려 두는 것은 천하 사람들이 그들의 타고난 덕이 바뀔까 두려워하기 때문이다.

만일 사람들이 타고난 본성을 악용하지 않고, 그 덕을 변질시키지 않는다면, 천하를 인위적으로 다스릴 필요가 있겠는가!

옛날 요임금이 천하를 다스릴 때에는 백성들이 희희낙락하여 그 타고난 본성을 즐겼으나 이는 작위作爲의 즐거움이지, 고요한 즐거움은 아니었다. 걸왕桀王이 천하를 다스릴 때에는 백성들이 시름에 짓눌려 그 타고난 본성을 괴롭혔으니, 이는 결코 마음의 편안한 즐거움이 아니었다.

聞在宥天下, 不聞治天下也. 在之也者, 恐天下之淫其性也, 宥之也者,
문 재 유 천 하 불 문 치 천 하 야   재 지 야 자 공 천 하 지 음 기 성 야   유 지 야 자

恐天下之遷其德也.
공 천 하 지 천 기 덕 야

天下不淫其性, 不遷其德, 有治天下哉! 昔堯之治天下也, 使天下欣欣焉人樂其性,
천 하 불 음 기 성 불 천 기 덕 유 치 천 하 재 석 요 지 치 천 하 야 사 천 하 혼 혼 언 인 고 기 성

是不恬也, 桀之治天下也, 使天下瘁瘁焉人苦其性, 是不愉也.
시 불 넘 야   걸 지 치 천 하 야 사 천 하 췌 췌 언 인 고 기 성   시 불 유 야

무릇 고요한 즐거움이나, 편안한 즐거움이 아닌 것은 순박하고 평화로운 덕성이 아닐진대, 그것을 갖고 정권을 오래 지탱한 사람은 아직 천하에서 볼 수 없었다.

사람이 너무 기뻐하면 양陽의 기운이 상하고, 너무 노여워하면 음陰의 기운이 상하기 마련이다. 음양이 한꺼번에 상하면, 사철로 옮기지 않고 기후의 조화도 이루어지지 않을 터이니, 오히려 사람의 몸을 상하게 할 뿐이다. 더구나 인간의 희로애락의 감정도 빼앗길 뿐더러, 생활도 불규칙해지고, 사상의 자유도 구속당할 터이고, 나아가서는 중용의 도道도 문란해지고 만다.

夫不恬不愉, 非德也. 非德也而可長久者, 天下無之. 人大喜邪? 毗於陽.
부 불 념 불 유 비 덕 야 비 덕 야 이 가 장 구 자 천 하 무 지 인 대 희 야 비 어 양

大怒邪? 毗於陰. 陰陽並毗, 四時不全, 寒暑之和不成, 其反傷人之形乎.
대 노 야 비 어 음 음 양 병 비 사 시 부 지 한 서 지 화 불 성 기 반 상 인 지 형 호

使人喜怒失位, 居處無常, 思慮不自得, 中道不成章, 於是乎天下始喬詰卓鷙,
사 인 희 노 실 위 거 처 무 상 사 려 부 자 득 중 도 불 성 장 어 시 호 천 하 시 교 힐 탁 지

여기에 사람들의 사상과 행동은 불평과 불만에 허덕이고, 드디어는 도척 같은 큰 도적이나 증삼曾參과 사추史鰌 같은 군자도 출현하게 된다. 그러므로 선한 사람에겐 온 세상이 찬양하기에도 부족하고, 악한 사람에겐 온 세상이 벌을 주어도 부족하니, 천하의 크기를 가지고도 상벌을 분간하기에는 오히려 부족한 것이다.

하·은·주 삼대三代 이래, 사람들은 떠들썩하게 상벌을 일삼아 왔으니, 그 사람들이 어찌 자기 본성에 편안히 순응할 수 있는 여가가 있었겠는가!

— 〈재유在有 1〉

而後有盜跖曾史之行.
이 후 유 도 척 증 사 지 행

故擧天下以賞其善者不足, 擧天下以罰其惡者不給, 故天下之大, 不足以賞罰.
고 거 천 하 이 상 기 선 자 부 족   거 천 하 이 벌 기 악 자 불 급   고 천 하 지 대   부 족 이 상 벌

自三代以下者, 匈匈焉終以賞罰爲事, 彼何暇安其性命之情哉!
자 삼 대 이 하 자 흉 흉 언 종 이 상 벌 위 사   피 하 가 안 기 성 명 지 정 재

사람의 마음을 교란시키지 말라

최구崔瞿가 노자에게 물었다.

"선생님께서는 천하를 다스리려 하시지 않는데 어떻게 인심을 선도하시렵니까?"

노자가 대답했다.

"너는 사람의 마음을 교란시키지 말도록 조심해라! 무릇 사람의 마음이란 흔들리기 쉬워도 누르면 아래로 내려가고, 밀면 올라가는 비굴과 오만을 갖고 있는데 이 비굴과 오만이 인간을 항상 구속하고 서로 해치려 한다.

유화한 것은 억세고 강한 것을 부드럽게 한다. 그러나 사람들이 모나고 날카롭게 이름과 행실을 조각하려 든다면, 불덩이처럼 작열할 수도 있지만 얼음덩이처럼 냉각될 수도 있는 것이다.

崔瞿問於老聃曰:『不治天下, 安臧人心?』
최 구 문 어 노 담 왈   불 치 천 하 안 장 인 심

老聃曰:『女愼無攖人心. 人心排下而進上, 上下囚殺, 淖約柔乎剛彊. 廉劌彫琢,
노 담 왈   여 신 무 영 인 심 인 심 배 하 이 진 상   상 하 수 살   작 약 유 호 강 강   염 귀 조 탁

其熱焦火, 其寒凝氷.
기 열 초 화 기 한 응 빙

그 빠르기는 눈 깜짝할 사이에 이 세상 사해四海에까지 미칠 수도 있다. 가만히 있으면 연못처럼 고요해질 수도 있거니와, 움직이면 하늘에 매달릴 정도로 뛸 수도 있다.

이렇게 하염없이 허둥대면서 어디에 마음을 정착시킬 수 없는 것이 바로 사람의 마음이 아닌가?"

— 〈재유在宥 2〉

其疾俛仰之間而再撫四海之內, 其居也淵而靜, 其動也懸而天.
기 질 면 앙 지 간 이 재 무 사 해 지 내   기 거 야 연 이 정   기 동 야 현 이 천

僨驕而不可係者, 其唯人心乎?』
분 교 이 불 가 계 자   기 유 인 심 호

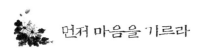 먼저 마음을 기르라

운장(雲將: 구름의 신, 가공인물)이 동쪽으로 여행하는 중에 부요(扶搖: 동쪽에 있는 신목)라는 신목神木 옆을 지나다가 마침 홍몽(鴻蒙: 도에 통달한 신인)을 만나게 되었다. 홍몽은 마침 자기 넓적다리를 두드리며 껑충껑충 뛰면서 놀고 있었다.

운장은 발길을 멈추고 우뚝 서서 물었다.

"어른께선 뉘십니까? 여기서 무얼 하십니까?"

홍몽은 여전히 넓적다리를 두드리면서 껑충껑충 뛰고 있었다. 그리고 운장에게 대답했다.

"놀고 있지요."

운장이 다시 물었다.

"제가 여쭤어 볼 말이 있습니다."

홍몽은 운장을 훑어보면서 답했다.

"예."

雲將東遊, 過扶搖之枝而適遭鴻蒙. 鴻蒙方將拊脾雀躍而遊. 雲將見之, 倘然止, 贄然立
운 장 동 유 과 부 요 지 지 이 적 조 홍 몽 홍 몽 방 장 부 비 작 약 이 유 운 장 견 지 당 연 지 지 연 립

曰:『叟何人邪? 叟何爲此?』鴻蒙拊脾雀躍不輟, 對雲將曰,『遊.』
왈 수 하 인 야 수 하 위 차 홍 몽 부 비 작 약 불 철 대 운 장 왈 유

雲將曰:『朕願有問也.』
운 장 왈 짐 원 유 문 야

鴻蒙仰而視雲將曰,『吁.』
홍 몽 앙 이 시 운 장 왈 우

"하늘의 기운은 조화를 잃고, 땅의 기운은 답답하게 엉클어져 있고, 거기다가 천기는 고르지 않고, 사철 또한 무질서합니다. 이래서 지금 저는 육기(六氣: 여섯 가지 기후)의 정수를 모아 모든 만물을 양육하려 하는데 어떻게 하면 되겠습니까?"

홍몽은 여전히 넓적다리를 두드리고 뛰면서, 머리를 내저으며 말문을 열지 않았다.

"나는 모릅니다! 나는 모릅니다!"

운장은 끝내 대답을 듣지 못했다.

3년이 지난 뒤, 동쪽을 방황하다가 송나라 들판에 이르러 또 우연히도 홍몽을 만나게 된 운장은 몹시 기뻐 쫓아가 물었다.

"하늘같이 위대한 분이여! 저를 잊으셨습니까?"

두 번이나 꾸벅 절을 하면서 홍몽의 가르침을 졸랐다.

雲將曰:『天氣不和, 地氣鬱結, 六氣不調, 四時不節. 今我願合六氣之精以育群生,
운 장 왈 천 기 불 화 지 기 울 결 육 기 부 조 사 시 부 절 금 아 원 합 육 기 지 정 이 육 군 생

爲之奈何?』
위 지 내 하

鴻蒙拊脾雀躍掉頭曰:『吾弗知! 吾弗知!』
홍 몽 부 비 작 약 도 두 왈 오 불 지 오 불 지

雲將不得問. 又三年, 東遊, 過有宋之野而適遭鴻蒙. 雲將大喜,
운 장 부 득 문 우 삼 년 동 유 과 유 송 지 야 이 적 조 홍 몽 운 장 대 희

行趨而進曰:『天忘朕邪? 天忘朕邪?』再拜稽首, 願聞於鴻蒙.
행 추 이 진 왈 천 망 짐 야 천 망 짐 야 재 배 계 수 원 문 어 홍 몽

홍몽이 말했다.

"나는 그저 떠돌아다닐 뿐, 무엇을 탐구한 바도 없거니와, 그냥 날뛰고 있을 뿐 어디로 갈지조차 모르고 있습니다. 마음을 넓은 데 두고 많은 것을 보아왔는지라 다만 망령스럽지 않음을 알 따름이지, 내가 무엇을 알겠습니까?"

운장이 다시 재촉하여 말했다.

"저도 아무것에도 얽매이지 않은 채 뛰어다니고 있는 줄 알지만, 백성들이 저를 따르고 있습니다. 제가 본의 아니게 백성들에게는 하나의 본보기가 되고 있으니, 저에게 한 말씀 들려주시기 바랍니다."

홍몽이 대답했다.

"자연의 법칙을 어지럽히고, 만물의 진정을 거스르면 자연의 변화도 이루어지지 않습니다. 지금 짐승들은 놀라 흩어졌고, 새들도 밤에는 흐느끼거늘, 재앙은 이처럼 초목과 벌레에까지 미치고 있습니다. 슬픈 것은 이것들이 모두 인위적으로 다스린 잘못에서 온 것들입니다."

鴻蒙曰:『浮遊, 不知所求, 猖狂, 不知所往, 遊者鞅掌, 以觀無妄. 朕又何知?』
홍 몽 왈   부 유   부 지 소 구   창 광   부 지 소 왕   유 자 앙 장   이 관 무 망   짐 우 하 지

雲將曰:『朕也自以爲猖狂, 而民隨予所往, 朕也不得已於民, 今則民之放也.
운 장 왈   짐 야 자 이 위 창 광   이 민 수 여 소 왕   짐 야 부 득 이 어 민   금 즉 민 지 방 야

願聞一言.』
원 문 일 언

鴻蒙曰:『亂天下之經, 逆物之情, 玄天弗成, 解獸之群, 而鳥皆夜鳴, 災及草木,
홍 몽 왈   난 천 하 지 경   역 물 지 정   현 천 불 성   해 수 지 군   이 조 개 야 명   재 급 초 목

禍及止蟲. 噫, 治人之過也.』
화 급 지 충   희   치 인 지 과 야

운장은 다시 물었다.

"그렇다면 저는 어떻게 해야 합니까?"

홍몽의 대답은,

"인위적인 정치의 해독이란 그렇게 엄중한 거요! 그것이 경망하거늘 차라리 자연의 근본으로 돌아가시오!" 했다.

운장은 애원하듯이 다시금 물었다.

"저는 선생님 같은 지고한 말씀 듣기 어렵습니다. 한 말씀 더 해 주십시오!"

"아! 그렇습니까. 먼저 마음을 기르세요. 그대가 다만 무위 속에 몸을 둔다면, 만물은 저절로 자랄 것이며, 그대의 몸을 잊어버리고 또 그대의 마음을 잊어버리고 나아가서 모든 이치와 외부의 사물을 아울러 망각한다면, 저절로 자연과 합치를 이룰 수 있을 것입니다. 마음을 해방하고 정신도 풀어놓은 채 식어빠진 재나 고목처럼 모든 혼을 버리시오!

雲將曰: 『然則吾奈何?』
운 장 왈   연 즉 오 내 하

鴻蒙曰: 『噫, 毒哉! 僊僊乎歸矣!』
홍 몽 왈   희   독 재   권 권 호 귀 의

雲將曰: 『吾遇天難, 願聞一言!』
운 장 왈   오 우 천 난   원 문 일 언

鴻蒙曰: 『噫! 心養. 汝徒處無爲, 而物自化. 隨爾形體, 黜爾聰明, 倫與物忘,
홍 몽 왈   희   심 양   여 도 처 무 위   이 물 자 화   수 이 형 체   출 이 총 명   윤 여 물 망

大同乎涬溟, 解心釋神, 莫然無魂!
대 동 호 행 명   해 심 석 신   막 연 무 혼

그러면 모든 만물은 각각 자기의 근원을 찾을 것이며, 또한 자기의 근원에 돌아간 것을 의식하지 못할 것입니다. 혼돈무지한 상태 속에서 스스로를 회복하나, 결코 끝까지 그 근원을 벗어날 수 없을 것입니다. 그러나 근원으로 돌아간 것을 알게 되면 곧 그곳으로부터 떠나게 될 것입니다. 그러기에 그 근원에 대한 이름도, 성질도 묻거나 알려고 할 것이 없으니, 만물은 저절로 번창할 것입니다."

운장이 말했다.

"하늘같은 선생님께서 저에게 진정한 침묵의 진리를 가르쳐 주셨습니다. 몸 바쳐 구하던 진리를 이제 얻게 되었습니다."

두 번 절하고 머리를 조아린 다음 일어나 작별을 하고 길을 떠났다.

— 〈재유在宥 3〉

萬物云云, 各復其根, 各復其根而不知, 渾渾沌沌, 終身不離, 若彼知之, 乃是離之.
만 물 운 운   각 부 기 근   각 부 기 근 이 불 지   혼 혼 돈 돈   종 신 불 리   약 피 지 지   내 시 리 지

無問其名, 無闚其情, 物固自生.」
무 문 기 명   무 규 기 정   물 고 자 생

雲將曰:「天降朕以德, 示朕以黙, 躬身求之, 乃今也得.」再拜稽首, 起辭而行.
운 장 왈   천 강 짐 이 덕   시 짐 이 묵   궁 신 구 지   내 금 야 득   재 배 계 수   기 사 이 행

하늘과 땅에 두루 통달하는 것은 덕이요,
만물에 두루 미치는 것은 도이다

하늘과 땅이 비록 넓다 하지만 그 조화는 균등하고, 만물이 비록 많다 하나 스스로 자기 성정을 따라 다스려짐은 균일하다. 사람들은 비록 많다 할지라도 주인 노릇을 하는 이는 임금이며, 그 임금은 덕을 근본삼아 모든 백성의 본성을 발휘케 한다.

그러므로 옛말에도 '태고적 임금은 무위(無爲)로 다스렸다'라고 했으니, 그는 바로 자연의 뜻을 따랐음을 뜻할 뿐인 것이다.

도로써 명분을 따진다면, 임금의 명분은 정당화해야 되고, 도로써 분수를 따진다면 군신의 의는 분명해야 되고, 도로써 능력을 따진다면, 관리들의 우열을 가려 알맞게 다스려야 하고, 도로써 널리 관찰한다면, 모든 만물은 타고난 성정대로 활동하고 있는 것이다.

그래서 하늘과 땅에 두루 통달하는 것은 덕이요, 만물에 두루 미치는 것은 도이다.

天地雖大, 其化均也. 萬物雖多, 其治一也. 人卒雖衆, 其主君也.
천 지 수 대　기 화 균 야　만 물 수 다　기 치 일 야　인 졸 수 중　기 주 군 야

君原於德而成於天, 故曰, 玄古之君天下, 無爲也, 天德而已矣.
군 원 어 덕 이 성 어 천　고 왈　현 고 지 군 천 하　무 위 야　천 덕 이 이 의

以道觀言, 而天下之名正. 以道觀分, 而君臣之義明. 以道觀能, 而天下之官治.
이 도 관 언　이 천 하 지 명 정　이 도 관 분　이 군 신 지 의 명　이 도 관 능　이 천 하 지 관 치

以道汎觀, 而萬物之應備.
이 도 범 관　이 만 물 지 응 비

위에서 사람을 다스리는 자가, 사람들로 하여금 알맞은 일을 갖게 하는 것이 그 일(사람마다 일을 얻게 하는 일을 말함이니, 곧 정치를 뜻한다)이요, 백성들에게 능력을 이루게 하는 것이 기술이다. 이 기술은 일(곧 정치)로 일에서 의리, 의리에서 덕, 덕에서 도, 도에서 자연으로 돌아가는 것이다.

그래서 옛말에도 '옛적에 천하를 다스리던 사람은 욕심이 없어도 천하는 풍족했고, 하는 게 없어도 만물은 잘 자랐고, 조용히 관망해도 백성은 안정하였느니라'고 했거니와, 옛 책에도 '도와 통달하면 만사가 잘 되고, 무심한 채로 있으면, 천하는 물론 귀신까지도 감복한다'고 했다.

— 〈천지天地 1〉

故通於天者, 道也. 行於萬物者, 義也. 上治人者, 事也. 能有所藝者, 技也.
고 통 어 천 자 도 야 행 어 만 물 자 의 야 상 치 인 자 사 야 능 유 소 예 자 기 야

技兼於事, 事兼於義, 義兼於德, 德兼於道, 道兼於天,
기 겸 어 사 사 겸 어 의 의 겸 어 덕 덕 겸 어 도 도 겸 어 천

故曰: 古之畜天下者, 無欲而天下足, 無謂而萬物化, 淵靜而百姓定.
고 왈 고 지 축 천 하 자 무 욕 이 천 하 족 무 위 이 만 물 화 연 정 이 백 성 정

記曰:「通於一而萬事畢. 無心得而鬼神服.」
기 왈 통 어 일 이 만 사 필 무 심 득 이 귀 신 복

만물은 한 집에 있는 것이다

우리 스승께선, '무릇 도란 만물을 덮어 주고 만물을 실어 주는 것으로 한없이 넓고 큰 것이다. 군자는 그의 마음을 텅 비게 하지 않으면 받아들여질 수가 없는 것이다'라고 하셨다.

무위無爲로써 일하는 것을 하늘이라고 한다. 묵묵히 말이 없으면서도 언어가 있는 것을 덕이라 하고, 사람을 사랑하고 만물을 이롭게 하는 것을 인이라 하고, 같지 않은 것을 같게 보는 것을 대大라 하고, 행동하는 데 차별을 두지 않는 것을 관寬이라 하고, 같지 않은 모든 것을 한데 소유하는 것을 부라 하고, 자기의 덕행을 고집하는 것을 기紀라 하고, 덕행이 완성됨을 입立이라 하고, 무위의 도에 순응함을 비備라 하고, 외부의 영향에 뜻이 꺾이지 않음을 완完이라 한다.

夫子曰:「夫道, 覆載萬物者也, 洋洋乎大哉. 君子不可以不刳心」焉.
부 자 왈   부 도   복 재 만 물 자 야   양 양 호 대 재   군 자 불 가 이 불 고 심   언

無爲爲之之謂天, 無爲言之之謂德, 愛人利物之謂仁, 不同同之之謂大,
무 위 위 지 지 위 천   무 위 언 지 지 위 덕   애 인 이 물 지 위 인   부 동 동 지 지 위 대

行不崖異之謂寬, 有萬不同之謂富.
행 불 애 이 지 위 관   유 만 부 동 지 위 부

故執德之謂紀, 德成之謂立, 循於道之謂備. 不以物挫志之謂完.
고 집 덕 지 위 기   덕 성 지 위 립   순 어 도 지 위 비   불 이 물 좌 지 지 위 완

군자가 이 열 가지에 밝다면, 모든 만물과 일을 포용할 정도로 마음이 관대해지고, 널리 만물이 그를 따르게 될 것이다.

그러한 사람은 황금을 깊이 산에 묻어 두고 구슬을 못 속에 던져 버릴 정도로 보배를 귀히 여기지 않을 뿐더러, 재물과 부귀를 가까이하지 않는다. 또한 장수長壽를 탐하지 않고, 요절을 슬피 여기지 않고, 거기다가 영화를 부러워하지 않고 가난을 수치로 여기지 않는다. 만국萬國을 한꺼번에 삼키는 부富를 보아도 자기의 사유로 삼지 않고, 천하의 제왕이 되어도 영광된 자리라고 생각지 않는다.

지위가 높으면 반짝거리나, 그것이 무너지면 다시 어두워지거늘, 만물은 한 집에 있는 것 같아, 결국 생사生死도 다를 것이 없는 것이다.

— 〈천지天地 2〉

君子明於此十者, 則韜乎其事心之大也, 沛乎其爲萬物逝也. 若然者, 藏金於山,
군 자 명 어 차 십 자 즉 도 호 기 사 심 지 대 야   패 호 기 위 만 물 서 야   약 연 자 장 금 어 산

沈珠於淵, 不利貨財, 不折貴富.
침 주 어 연 불 리 화 재 불 절 귀 부

不樂壽, 不哀夭. 不樂通, 不醜窮, 不拘一世之利以爲己私分, 不以王天下爲己處顯.
불 락 수 불 애 요 불 락 통 불 추 궁 불 구 일 세 지 리 이 위 기 사 분   불 이 왕 천 하 위 기 처 현

顯則明, 萬物一府, 死生同狀.
현 즉 명 만 물 일 부 사 생 동 상

지혜만으로 천하를 올바르게 다스릴 수는 없다

요堯의 스승은 허유許由요, 허유의 스승은 설결齧缺이요, 설결의 스승
은 왕예王倪요, 왕예의 스승은 피의被衣다.

요가 허유에게 물었다.

"설결 선생 같은 분은 천자에 합당합니까? 왕예 선생께 말씀드려 천
자로 모시려 합니다."

허유가 불쾌한 어조로 대답했다.

"위험하오. 천하를 위태롭게 할 것이오.

설결 선생이란 분은 총명하고 슬기로우며 민첩하여 그 천성이 벌써
남보다 뛰어난 분이오. 그러나 인위적인 지혜로 자연을 회복하려 하
고, 남의 잘못을 금하는 일에는 잘 알고 있지만 그 잘못의 원인을 모
르고 있는데 과연 그분이 천자 노릇을 할 수 있겠소?

堯之師曰許由, 許由之師曰齧缺, 齧缺之師曰王倪, 王倪之師曰被衣.
요 지 사 왈 허 유   허 유 지 사 왈 설 결   설 결 지 사 왈 왕 예   왕 예 지 사 왈 피 의

堯問於許由曰:『齧缺可以配天乎? 吾藉王倪而要之.』
요 문 어 허 유 왈   설 결 가 이 배 천 호   오 자 왕 예 이 요 지

許由曰:『殆哉圾乎天下. 齧缺之爲人也, 聰明叡知, 給數以敏, 其性過人,
허 유 왈   태 재 급 호 천 하   설 결 지 위 인 야   총 명 예 지   급 수 이 민   기 성 과 인

而又乃以人受天. 彼審乎禁過, 而不知過之所由生. 與之配天乎?
이 우 내 이 인 수 천   피 심 호 금 과   이 부 지 과 지 소 유 생   여 지 배 천 호

만약 그분께 천하를 맡긴다면 백성을 지혜로 부릴 뿐, 하늘의 도리를 무시할 것이며, 자기중심으로 천하를 뒤바꾸어 놓을 것이며, 지혜만을 존중한 나머지 불길처럼 경쟁을 불러일으킬 것이며, 자질구레한 세상 역사役事에 쫓기어 외부의 사물에 묶일 것이며, 또 사방을 두리번거리면서 백성의 일에 마음을 쓸 것이며, 모든 사람의 마음에 들고자 발버둥친 나머지 세상과 물질에 섞이어 끝내는 영원한 원칙을 갖지 못하고 흔들리고 있을 테니, 그런 분이 어떻게 천자가 될 수 있단 말이오?

비록 집안에는 조상이 있기 마련이지만, 그는 한 집안의 가장은 될 수 있지만 한 집안의 조상은 되지 못하오. 그의 다스림은 혼란의 근본이 될 것이니, 그의 신하된 사람에게는 재난이 될 것이며 임금이 된 자신에게는 파멸이 닥치게 할 것이오."

— 〈천지天地 3〉

彼且乘人而無天, 方且本身而異形, 方且尊知而火馳, 方且爲緖使, 方且爲物絯,
피 차 승 인 이 무 천   방 차 본 신 이 이 형   방 차 존 지 이 화 치   방 차 위 서 사   방 차 위 물 해

方且四顧而物應, 方且應衆宜,
방 차 사 고 이 물 응   방 차 응 중 의

方且與物化而未始有恒. 夫何足以配天乎? 雖然, 有族, 有祖, 可以爲衆父,
방 차 여 물 화 이 미 시 유 항   부 하 족 이 배 천 호   수 연   유 족   유 조   가 이 위 중 부

而不可以爲衆父父. 治, 亂之率也, 北面之禍也, 南面之賊也.」
이 불 가 이 위 중 부 부   치   난 지 솔 야   북 면 지 화 야   남 면 지 적 아

무위의 덕이 쇠퇴하다

요임금이 천하를 다스릴 때, 백성자고百成子高를 제후로 삼았다. 그 뒤 요임금이 순에게 천하를 물려주고, 순이 다시 우禹에게 물려주자, 자고子高는 제후를 사직하고 시골로 돌아가 밭갈이를 하였다.

이 무렵 우禹가 찾아갔더니 때마침 그는 들에서 밭갈이를 하고 있는 터라 우가 달려가 아래쪽에 서서 물었다.

"옛날 요임금이 천하를 다스릴 때 선생께서는 제후 노릇을 했건만, 요가 순에게, 그리고 순이 나에게 천하를 물려준 뒤, 선생께서는 제후를 그만두고 밭갈이나 하시니, 그 까닭을 묻고자 합니다."

堯治天下, 伯成子高立爲諸侯. 堯授舜, 舜授禹, 伯成子高辭爲諸侯而耕,
요 치 천 하 백 성 자 고 립 위 제 후 요 수 순 순 수 우 백 성 자 고 사 위 제 후 이 경

禹往見之. 則耕在野. 禹趨就下風, 立而問焉,
우 왕 견 지 즉 경 재 야 우 추 취 하 풍 입 이 문 언

曰:『昔堯治天下, 吾子立爲諸侯. 堯授舜, 舜授予, 而吾子辭爲諸侯而耕, 敢問, 其故何也.』
왈 석 요 치 천 하 오 자 립 위 제 후 요 수 순 순 수 여 이 오 자 사 위 제 후 이 경 감 문 기 고 하 야

자고가 대답했다.

"옛날 요가 천하를 다스릴 때엔 상을 주지 않아도 백성은 열심히 일했고, 벌을 주지 않아도 백성은 스스로 조심했었습니다. 지금 당신은 상도 주고 벌도 가하건만 백성은 더욱 모질어 가니, 이는 무위의 덕이 쇠퇴해 가는 대신 인위적인 형벌이 창궐하는 현상으로 혼란은 오히려 여기서부터 시작되는 것입니다. 당신은 왜 가지 않고 있는 것이오? 내 일을 방해하지 마시오!"

자고는 여전히 밭을 갈면서 모르는 체했다.

— 〈천지天地 4〉

子高曰:『昔堯治天下, 不賞而民勸, 不罰而民畏. 今子賞罰而民且不仁, 德自此衰,
자 고 왈   석 요 치 천 하   불 상 이 민 권   불 벌 이 민 외   금 자 상 벌 이 민 차 불 인   덕 자 차 쇠

刑自此立, 後世之亂自此始矣. 夫子闔行邪? 無落吾事!』俋俋乎耕而不顧.
형 자 차 립   후 세 지 란 자 차 시 의   부 자 합 행 야   무 락 오 사   읍 읍 호 경 이 불 고

성화의 정치를 하라

순망(諄芒; 안개를 의인화한 것)이 동쪽 바다를 찾아가다가 동해 해변에서
우연히 원풍(苑風; 산들바람을 의인화한 것)을 만났다.

원풍이 말했다.

"당신은 어디로 가시오?"

"동해로 가오."

"무엇하러 가오?"

"바다란 아무리 물을 부어도 차지 않고, 아무리 퍼내도 마르지 않으
니, 나는 그런 곳에나 가서 놀아 볼 작정이오……"

"당신은 인간을 다스릴 생각은 없소? 만일 정치에 뜻이 없다면, 당신
나름의 성화^{聖化}의 방법을 말씀해 주시오."

諄芒將東之大壑, 適遇苑風於東海之濱. 苑風曰：『子將奚之?』
순 망 장 동 지 대 학   적 우 원 풍 어 동 해 지 빈   원 풍 왈   자 장 해 지

曰：『將之大壑.』
왈   장 지 대 학

曰：『奚爲焉?』
왈   해 위 언

曰：『夫大壑之爲物也, 注焉而不滿, 酌焉而不竭, 吾將遊焉.』
왈   부 대 학 지 위 물 야   주 언 이 불 만   작 언 이 불 갈   오 장 유 언

苑風曰：『夫子無意於橫目之民乎? 願聞聖治.』
원 풍 왈   부 자 무 의 어 횡 목 지 민 호   원 문 성 치

"성화의 정치란 관청에서 정치를 시행함에 있어서는 공정을 기하고, 인재를 발탁함에 그 능력을 존중하며, 실정을 파악한 연후에 정치의 힘을 발휘하고, 그 언어에 있어서도 자위自爲를 따르면 천하는 저절로 감화되어 다만 손가락만으로 지휘하고 눈을 들어 휘둘러 볼 뿐이라도 천하의 백성은 모두 감복할지니 이를 성화의 정치라고 이르오."

"그럼 덕 있는 사람에 대해서도 말씀해 주시오."

"덕 있는 사람은 가만히 있을 때나, 행동할 때나 작위적인 사고를 않으오. 시비·선악의 차별을 지니지 않고, 온 천하 사람과 함께 이익을 같이 하는 것을 기쁨으로 여기고, 온 천하 사람과 함께 공동으로 수급(需給; 수요와 공급)함을 위안으로 여기오. 그래서 어미를 잃은 갓난아기처럼 애처롭고 길 잃은 나그네처럼 방황하기도 하지요. 재물을 쓰고 남아도 어디서 오는지를 모르며, 음식은 먹고 남아도 어디서 생기는지를 모른다오. 이것은 덕인德人의 모습이오."

諄芒曰:『聖治乎. 官施而不失其宜, 拔擧而不失其能, 畢見情事而行其所爲,
순 망 왈   성 치 호   관 시 이 부 실 기 의   발 거 이 불 실 기 능   필 견 정 사 이 행 기 소 위

行言自爲而天下化, 手撓顧指, 四方之民莫不俱至, 此之謂聖治.』
행 언 자 위 이 천 하 화   수 요 고 지   사 방 지 민 막 불 구 지   차 지 위 성 치

『願聞德人.』
원 문 덕 인

曰:『德人者, 居無思, 行無慮, 不藏是非美惡. 四海之內共利之之謂悅, 共給之之謂安.
왈   덕 인 자   거 무 사   행 무 려   부 장 시 비 미 오   사 해 지 내 공 리 지 지 위 열   공 급 지 지 위 안

怊乎若嬰兒之失其母也, 儻乎若行而失其道也. 財用有餘而不知其所自來,
초 호 약 영 아 지 실 기 모 야   당 호 약 행 이 실 기 도 야   재 용 유 여 이 부 지 기 소 자 래

飮食取足而不知其所從, 此謂德人之容.』
음 식 취 족 이 부 지 기 소 종   차 위 덕 인 지 용

"그럼 신인神人에 대해서도 말씀해 주시오."

"훌륭한 신인이란 지혜로 만물을 비추어 비록 일월처럼 밝지만 자기 형체마저도 완전히 망각하니, 이를 널리 비추는 광명이라 하오. 자기 생명을 천지 사이에 붙여 그 천명을 다하도록 천지와 함께 소요하며 즐기면서도 세상만사의 번거로움을 해소하고, 다시 만물이 본래의 참된 모습으로 돌아가게 하니, 이를 혼명(混冥; 혼돈의 어둠)이라 하오."

— 〈천지天地 5〉

『願聞神人.』
원문 신인

曰:『上神乘光, 與形滅亡, 此謂照曠. 致命盡情, 天地樂而萬事銷亡, 萬物復情,
왈   상신승광 여형멸망 차위조광   치명진정   천지락이만사소망 만물복정

此之謂混冥.』
차지위혼명

다섯 가지 빛깔·소리·냄새·맛· 분별은 생명을 저해한다

백년 된 나무를 베어 술통을 만들고, 거기다 청황青黃으로 채색을 한다. 그리고 끊겨진 나무토막은 개천에 버리기 마련이다. 술통과 버려진 나무토막을 견주어 본다면 물론 아름답고 밉상인 차이는 있지만 두 가지가 나무로서의 본성을 잃은 것은 마찬가지다.

도둑인 도척盜跖과 군자인 증자曾子·사추史鰌 사이에도 정의를 행하고 안 행한 차이는 있지만 사람으로서의 본성을 잃은 것은 마찬가지라 할 수 있다.

무릇 사람의 본성을 잃게 하는 다섯 가지가 있는데, 그 첫째는 다섯 가지 빛깔이 눈을 어지럽혀 눈으로 하여금 볼 것을 못 보게 하는 것이요, 그 둘째는 다섯 가지 소리가 귀를 어지럽혀 귀로 하여금 들을 것을 못 듣게 하는 것이요,

---

百年之木, 破爲犧樽, 靑黃而文之, 其斷在溝中. 比犧樽於溝中之斷,
백 년 지 목 파 위 희 준 청 황 이 문 지 기 단 재 구 중 비 희 준 어 구 중 지 단

則美惡有間矣, 其於失性一也.
즉 미 오 유 간 의 기 어 실 성 일 야

跖與曾史, 行義有間矣, 然其失性均也. 且夫失性有五. 一曰五色亂目, 使目不明.
척 여 증 사 행 의 유 간 의 연 기 실 성 균 야 차 부 실 성 유 오 일 왈 오 색 란 목 사 목 불 명

二曰五聲亂耳, 使耳不聰.
이 왈 오 성 란 이 사 이 불 총

그 셋째는 다섯 가지 냄새가 코를 자극하여 코를 막게 하고 머리를 아프게 하는 것이요, 그 넷째는 다섯 가지 맛이 입을 흐려 입으로 하여금 미각을 잃게 하는 것이요, 그 다섯째는 분별의 기능이 마음을 어지럽혀 본성을 흩어지게 하는 것이다.

그 다섯 가지는 모두 생명을 저해하는 것이다. 그런데 양주楊朱나 묵적墨翟은 애써 이렇게 추구한 나머지 이를 하나의 얻음으로 장담하고 있지만, 내가(장자) 말한 체득과는 다른 것이다.

무릇 인의예법(仁義禮法: 얻어진 것)은 고달픈 것이거늘, 그걸 체득했다고 할 수 있을까? 그렇다면 그것은 비둘기나 올빼미가 새장 안에 갇혀 있으면서도 무엇을 체득했다고 하는 것과 다름이 없는 것이다.

또한 좋아하고 싫어하는 것과 소리와 빛깔은 그의 마음을 막아버리

三曰五臭薰鼻, 困惾中顙. 四曰五味濁口, 使口厲爽. 五曰趣舍滑心, 使性飛揚.
삼 왈 오 취 훈 비 곤 수 중 상   사 왈 오 미 탁 구   사 구 려 상   오 왈 취 사 활 심   사 성 비 양

此五者, 皆生之害也.
차 오 자   개 생 지 해 야

而楊墨乃始離跂自以爲得, 非吾所謂得也. 夫得者困, 可以爲得乎?
이 양 묵 내 시 리 기 자 이 위 득   비 오 소 위 득 야   부 득 자 곤   가 이 위 득 호

則鳩鴞之在於籠也, 亦可以爲得矣.
즉 구 효 지 재 어 롱 야   역 가 이 위 득 의

는 것이다. 가죽 고깔과 비취새 깃으로 장식한 관을 찬란히 쓴데다가 홀笏을 허리에 꽂고, 긴 띠와 긴 치마 따위의 조복朝服을 입어 그 겉모 양을 꽁꽁 묶어 놓고 있다. 이같이 마음은 나무 울타리로 막고 육체 는 몇 겹의 끈으로 묶어 두고는 눈을 두리번거리며, 그 칭칭 감겨진 끈 안에서 스스로 체득한 것이 있는 양 장담한다면, 이는 두 팔을 묶 이고 손가락에 차꼬를 채인 죄인이나, 우리 안에 갇힌 호랑이, 표범이 그 꼼짝 못할 구속 속에서도 스스로 체득한 바가 있다고 말하는 것과 다름이 없는 것이다.

— 〈천지天地 6〉

且夫趣舍聲色以柴其內, 皮弁鷸冠縉笏紳修以約其外, 內支盈於柴柵外重繳繳,
차 부 취 사 성 색 이 시 기 내 피 변 휼 관 진 홀 신 수 이 약 기 외   내 지 영 어 시 책 외 중 묵 격

睆睆然在繳繳之中而自以爲得,
환 환 연 재 묵 격 지 중 이 자 이 위 득

則是罪人交臂歷指而虎豹在於囊檻, 亦可以爲得矣.
즉 시 죄 인 교 비 력 지 이 호 표 재 어 낭 함   역 가 이 위 득 의

하늘과 땅의 도를 따르다

옛날에 순임금이 요임금에게 물었다.

"천자의 마음가짐은 어떻게 해야 합니까?"

요임금이 대답했다.

"나는 성질이 억세게 고집스러운 백성을 얕보지 않고, 가난한 백성을 버리지 않았다. 그리고 백성이 죽으면 위로해 주고, 어린이를 어여삐 여기고, 부녀자를 가엽게 여기니, 이것이 내 마음가짐이다."

"그것이 훌륭하긴 훌륭하나, 위대하지는 않습니다."

"그러면 어떻게 해야 하는가?"

昔者舜問於堯曰:「天王之用心何如?」
석 자 순 문 어 요 왈   천 왕 지 용 심 하 여

堯曰:「吾不敖無告, 不廢窮民, 苦死者, 嘉孺子而哀婦人. 此吾所以用心已.」
요 왈   오 불 오 무 고   불 폐 궁 민   고 사 자   가 유 자 이 애 부 인   차 오 소 이 용 심 이

舜曰:「美則美矣, 而未大也.」
순 왈   미 즉 미 의   이 미 대 야

堯曰:「然則何如?」
요 왈   연 즉 하 여

"저 자연의 덕을 따르면, 비록 나들이를 할지언정 마음은 조용합니다. 마치 일월이 비치고, 사철이 바뀌고, 밤낮이 따로 있고, 구름이 지나면 비가 내리는 것처럼 자연은 아무런 인위 없이 운행되는 것입니다."

"나는 사물에 얽매여 번거롭게 지냈구나! 과연 그대의 덕은 하늘에 합치할 만하고, 나는 겨우 사람에게 영합할 정도로군!"

무릇 하늘과 땅의 도는 예로부터 위대했었다. 그래서 황제나 요·순도 이를 찬미했었다. 옛날에 천하를 지배하던 이는 어떻게 했을까? 곧 하늘과 땅의 도를 따랐을 뿐이다.

— 〈천도天道 1〉

舜曰:『天德而土寧日月照而四時行. 若晝夜之有經. 雲行而雨施矣.』
순 왈   천 덕 이 토 녕 일 월 조 이 사 시 행   약 주 야 지 유 경   운 행 이 우 시 의

堯曰:『膠膠擾擾乎! 子, 天之合也. 我, 人之合也!』
요 왈   교 교 요 요 호   자   천 지 합 야   아   인 지 합 야

夫天地者, 古之所大也, 而皇帝堯舜之所共美也. 故古之王天下者, 奚爲哉? 天地而已矣.
부 천 지 자   고 지 소 대 야   이 황 제 요 순 지 소 공 미 야   고 고 지 왕 천 하 자   해 위 재   천 지 이 이 의

옛 성인의 책은, 옛 성인이 남긴 찌꺼기이다

제나라 환공桓公이 대청 위에서 글을 읽고 있었는데, 마침 윤편輪扁이란 자가 뜰 아래서 수레바퀴를 깎다가 망치와 끌을 내던지고 올라와 말을 걸었다.

"삼가 아룁니다. 공께서 읽으시는 책에는 무엇이 적혀 있습니까?"

"성인의 말씀이지."

"그 성인은 지금 살아계시나요?"

"벌써 죽었지."

"그렇다면 공께서 읽으시는 것은 옛 사람의 찌꺼기겠군요!"

"내가 책을 읽는데, 수레나 고치는 공장으로 너무 당돌하군! 네 말에 일리가 있다면 몰라도, 없다면 당장 죽이고 말거야!"

桓公讀書於堂上, 輪扁斲輪於堂下, 釋椎鑿而上, 問桓公曰:『敢問, 公之所讀者何言邪?』
환공독서어당상 륜편착륜어당하 석추착이상 문환공왈 감문 공지소독자하언야

公曰:『聖人之言也.』
공왈 성인지언야

曰:『聖人在乎?』
왈 성인재호

公曰:『已死矣.』
공왈 이사의

曰:『然則君之所讀者, 故人之糟魄已夫!』
왈 연즉군지소독자 고인지조백이부

桓公曰:『寡人讀書, 輪人安得議乎! 有說則可, 無說則死!』
환공왈 과인독서 륜인안득의호 유설즉가 무설즉사

윤편은 차근히 대답했다.

"저는 제가 하고 있는 소신대로, 경험에 의해서 말씀드린 것입니다. 수레바퀴를 깎는데, 서서히 깎으면 헐렁해서 꽉 끼이지 못하고, 총망하게 깎으면 너무 죄어서 들랑거릴 수 없습니다. 서서히도, 총망하지도 않게 해야 되는데, 그것은 내 손에 익혀 마음에 짐작되는 일이니 입으로는 도저히 표현할 길이 없습니다. 아무튼 말할 수 없는 어떤 기술이 여기에 있는 것입니다마는, 이것은 자식에게 가르쳐 줄 수도 없거니와, 자식도 배울 수 없다고 합니다. 그러는 가운데 나이 70이 되어도 아직 수레나 깎고 있는걸요.

옛날의 성현들도 자기 것을 전하지 못한 채 죽었을 것이니, 공께서 읽으시는 책도 기껏해야 옛날의 성인이 남긴 찌꺼기가 아니겠습니까?"

— 〈천도天道 2〉

輪扁曰:「臣也以臣之事觀之. 斲輪, 徐則苦而不入. 不徐不疾, 得之於手而應於心,
윤 편 왈　　신 야 이 신 지 사 관 지　착 륜　서 즉 고 이 불 입　불 서 부 질　득 지 어 수 이 응 어 심

口不能言, 有數存焉於其間.
구 불 능 언　유 수 존 언 어 기 간

臣不能以喩臣之子, 臣之子亦不能受之於臣, 是以行年七十而老斲輪.
신 불 능 이 유 신 지 자　신 지 자 역 불 능 수 지 어 신　시 이 행 년 칠 십 이 노 착 륜

古之人與其不可傳也死矣. 然則君之所讀者, 故人之糟魄已夫?」
고 지 인 여 기 불 가 전 야 의　연 즉 군 지 소 독 자　고 인 지 조 백 이 부

하늘의 육극과 오행에 순응하면 태평하다

하늘은 무심히 운행하고, 땅은 조용히 정지하고, 해와 달은 무심히 교체하여 자리다툼하지 않는다.

누가 이 자연의 운행을 주재하는 것일까? 누가 강기(綱紀: 질서)를 그렇게 유지하는 것일까? 누가 가만히 있으면서 이렇게 추진하고 있는 것일까? 생각건대 초목을 말라죽게 하는 쌀쌀한 가을 기운이나 밤의 어둠은 무엇이 닫히는 게 있어 어쩔 수 없는 것일까? 다시 생각건대 모든 만물이 소생하고 밤낮이 바뀌는 일은 누가 멈출 수 없는 것일까? 구름이 비가 되고, 비가 구름이 되는 걸까? 누가 가만히 있어 자기는 향락하면서 구름과 비를 뿌리고 있는 걸까?

『天其運乎? 地其處乎? 日月其爭於所乎? 孰主張是? 孰維綱是? 孰居無事而推行是?
　천 기 운 호　 지 기 처 호　 일 월 기 쟁 어 소 호　 숙 주 장 시　 숙 유 강 시　 숙 거 무 사 이 추 행 시

意者其有機緘而不得已邪?
의 자 기 유 기 함 이 부 득 이 야

意者其運轉而不能自止邪? 雲者爲雨乎? 雨者爲雲乎? 孰隆施是?
의 자 기 운 전 이 불 능 자 지 야　 운 자 위 우 호　 우 자 위 운 호　 숙 륭 시 시

孰居無事淫樂而勸是?
숙 거 무 사 음 락 이 권 시

바람은 북에서 일어나, 어쩌면 서쪽으로, 어쩌면 동쪽으로 불다가 다시 저 하늘로 치솟아 맴을 돈다. 도대체 누가 뿜어내는 걸까? 누가 가만히 앉아서 이렇게 바람을 일으키는 걸까? 정말 누가 그러는 걸까?"

무함(巫咸: 무당)이 손짓을 하면서 말했다.

"이리 오시오! 내가 말해 주리다.

하늘에는 육극(六極: 사방과 상하, 일찍 죽음·병·걱정·가난·악함·약함)과 오상(伍常: 오행. 金木水火土)이 있는데, 제왕이 이를 순응하면 태평하고, 이를 거스르면 혼란이 일어난다. 우왕이 하늘에서 받았다는 구주九疇에도 육극과 오상을 따르면 천하를 다스릴 수 있고, 제왕의 덕도 갖추게 된다고 했다. 또 그렇게 천하 백성을 보살핀다면, 온 천하가 기쁘게 제왕으로 추대할 것이니, 이런 분을 상황上皇이라 일컫는다."

— 〈천운天運 1〉

風起北方, 一西一東, 在上彷徨, 孰噓吸是? 孰居無事而披拂是? 敢問何故?」
풍 기 북 방   일 서 일 동   재 상 방 황   숙 허 흡 시   숙 거 무 사 이 피 불 시   감 문 하 고

巫咸袑曰:『來! 吾語女. 天有六極五常, 帝王順之則治, 逆之則凶. 九洛之事,
무 함 초 왈   래   오 어 여   천 유 육 극 오 상   제 왕 순 지 즉 치   역 지 즉 흉   구 락 지 사

治成德備, 監照下土, 天下戴之, 此謂上皇.」
치 성 덕 비   감 조 하 토   천 하 대 지   차 위 상 황

정치란 바르게 하는 일이다

공자는 51세가 되었으나 그의 도가 크게 알려지지 않았다. 남으로 패
沛 땅에 가서 노자를 만났다.

노자가 말했다.

"당신이 왔구려! 듣자니 당신이 북방의 현인이라 하더군요. 당신도
도를 터득하고 계시겠군요?"

공자가 대답했다.

"아직 못했습니다."

"당신은 어디에서 도를 구하려 하셨습니까?"

"저는 도를 법도法度에서 구하려고 5년이나 애썼지만 아직도 얻지 못
했습니다."

"도를 무슨 방법으로 추구하고 있습니까?"

"저는 음양의 이치에서 그것을 추구했습니다마는 12년이 지나도 얻
지 못했습니다."

孔子行年五十有一而不聞道, 乃南之沛見老聃.
공 자 행 년 오 십 유 일 이 불 문 도   내 남 지 패 견 노 담

老聃曰:『子來乎! 吾聞子, 北方之賢者也, 子亦得道乎?』孔子曰:『未得也.』
노 담 왈 자 래 호   오 문 자 북 방 지 현 자 야 자 역 득 도 호   공 자 왈 미 득 야

老子曰:『子惡乎求之哉?』曰:『吾求之於度數, 五年而未得也.』
노 자 왈 자 악 호 구 지 재   왈 오 구 지 어 도 수 오 년 이 미 득 야

老子曰:『子又惡乎求之哉?』曰:『吾求之於陰陽, 十有二年而未得.』
노 자 왈 자 우 악 호 구 지 재   왈 오 구 지 어 음 양 십 유 이 년 이 미 득

노자는 차근차근 말했다.

"그러겠지요. 도는 무슨 물건처럼 바칠 수 있다면, 누구나 그것을 자기 임금에게 갖다 바칠 것이요, 도를 드릴 수 있다면, 누구나 그것을 자기 부모에게 갖다드릴 것이요, 도를 남에게 설득시킬 수 있다면, 누구나 그것을 자기 형제에게 설득할 것이며, 도를 남에게 물려줄 수 있다면, 누구나 그것을 자기 자손에게 물려주려고 할 것입니다.

그러나 그것을 그렇게 못한 것은 다른 것이 아니라, 마음속에 도를 받아들일 소양이 없다면, 그것은 가슴에 머물러 주지 않고, 밖으로 그 것을 올바르게 잡을 수 없다면, 그것은 와 주지 않기 때문입니다.

성인은 마음속에서 끌어내어 보여 주고 싶어도, 만일 외물들이 그것을 받아들일 수 없다면, 끝내 가르침을 보이지 않으며, 또 밖에서 인위적인 가르침으로 침투하려해도, 도를 받아들일 내적 소양이 없다면, 성인은 그런 사람에게 도를 받아 주지 않습니다.

老子曰:『然. 使道而可獻, 則人莫不獻之於其君. 使道而可進, 則人莫不進之於其親.
노 자 왈 연 사 도 이 가 헌 즉 인 막 불 헌 지 어 기 군 사 도 이 가 진 즉 인 막 불 진 지 어 기 친

使道而可以告人, 則人莫不告其兄弟.
사 도 이 가 이 고 인 즉 인 막 불 고 기 형 제

使道而可以與人, 則人莫不與其子孫. 然而不可者, 無佗也, 中無主而不止,
사 도 이 가 이 여 인 즉 인 막 불 여 기 자 손 연 이 불 가 자 무 타 야 중 무 주 이 부 지

外無正而不行.
외 무 정 이 불 행

由中出者, 不受於外, 聖人不出. 由外入者, 無主於中, 聖人不隱. 名, 公器也, 不可多取.
유 중 출 자 불 수 어 외 성 인 불 출 유 외 입 자 무 주 어 중 성 인 불 은 명 공 기 야 불 가 다 취

선악에 대한 비평은, 세상 사람들이 두루 쓰던 것인 바, 그것을 너무 즐겨 써서는 안 되며, 어짊과 의로움은 옛 임금들이 묵고 간 나그네의 객사인 바, 하룻밤쯤 쉬다 가는 것은 몰라도 거기에 오래 머물러서는 안 되며, 오래 머무르면 사람들의 비난이 자자해지는 법입니다. 옛날의 지인至人들은 어짊을 사람이 걸어가는 행로처럼 빌려 썼고, 의로움을 하룻밤 자고 가는 객사처럼 의탁했던 것입니다. 그들은 거기서 소요하면서, 겨우 자기 먹을 것만이 생산되는 정도의 땅을 지녔고, 먹고 남는 것이 없을 정도의 채소밭을 경작하였습니다. 소요한다는 것은 아무런 인위에 얽매임 없고, 구차하고 간소한지라 한 몸을 기르기에 간단했고, 남을 돕지 않은지라 자기 것을 유출함이 없었습니다. 옛날에는 이것을 '참됨을 취하는 노닒'이라고 불렀습니다.

仁義, 先王之蘧廬也, 止可以一宿而不可久處, 觀而多責.
인 의 선 왕 지 거 려 야 지 가 이 일 숙 이 불 가 구 처 구 이 다 책

古之至人, 假道於仁, 託宿於義, 以遊逍遙之墟, 食於苟簡之田, 立於不貸之圃.
고 지 지 인 가 도 어 인 탁 숙 어 의 이 유 소 요 지 허 식 어 구 간 지 전 입 어 불 대 지 포

逍遙, 無爲也. 苟簡, 易養也.
소 요 무 위 야 구 간 역 양 야

不貸, 無出也. 古者謂是采眞之遊.
부 대 무 출 야 고 자 위 시 채 진 지 유

부를 탐한 자는 재물을 남에게 양보하지 않고, 명예를 탐한 자는 명성을 남에게 양보하지 않고, 권세를 사랑하는 자는 권세를 남에게 양보하지 않는 법입니다. 그들은 권세를 잡으면, 행여 그것이 없어질까 떨고, 권세를 놓으면 그것을 슬피 여기면서 조금도 진실에 눈길을 돌리는 일 없이, 오직 끊임없이 발버둥치고 있으니, 이들을 천벌을 받은 백성이라 합니다.

무릇 원한과 은혜, 뺏는 것과 주는 것, 간諫하는 것과 가르치는 것, 생장과 살육, 이 여덟 가지는 정치의 수단입니다. 그러나 이것은 오직 만물의 변화에 순응해서 한쪽으로 막히지 않는 자만이 쓸 수 있습니다. 그래서 옛 사람들도 '정치란 바르게 하는 일'이라고 했습니다. 마음으로 이를 받아들이지 못하는 자에겐, 아무리 해도 그 마음의 문은 열리지 않을 것입니다."

— 〈천운天運 2〉

以富爲是者, 不能讓祿. 以顯爲是者, 不能讓名. 親權者, 不能與人柄.
이 부 위 시 자 불 능 양 록   이 현 위 시 자 불 능 양 명   친 권 자   불 능 여 인 병

操之則慄, 舍之則悲, 而一無所鑑, 以闚其所不休者, 是天之戮民也.
조 지 즉 률 사 지 즉 비   이 일 무 소 감   이 규 기 소 불 휴 자   시 천 지 륙 민 야

怨恩取與諫敎生殺, 八者, 正之器也, 唯循大變無所湮者爲能用之. 故曰, 「正者, 正也.」
원 은 취 여 간 교 생 살 팔 자   정 지 기 야   유 순 대 변 무 소 인 자 위 능 용 지   고 왈   정 자 정 야

其心以爲不然者, 天門弗開矣.」
기 심 이 위 불 연 자   천 문 불 개 의

자기 본성으로 돌아가 득지하라

옛날부터 자기 몸을 잘 보전하는 사람은 변설辯舌로써 작은 지혜를 꾸미려 하지 않았고, 또 그 작은 지혜로 천하를 알려거나, 자연의 덕을 알려고 하지 않았다. 다만 홀로 자기 위치를 지키면서 자기 본성으로 돌아가려 한 것뿐이니, 여기에 무슨 인위적인 노력이 필요했겠는가?

도란 본래 작위적인 것이 아니고, 덕이란 본래 지혜로 얻어지는 것은 아니다. 인위적인 지혜는 덕을 손상하고 인위적인 작용은 도를 손상한다. 그러기에 옛말에도 '자기 몸을 바로잡을 뿐이다'라고 했지 않은가? 이처럼 자기의 천성을 아무것에도 손상당하지 않는 즐거움을 얻는 것을 '득지得志'라고 한다.

옛 사람이 득지했다고 말함은 결코 고관대작이 되었다는 것이 아니고, 일신의 즐거움이 더 바랄 것이 없는 정도를 말한다.

그러나 요즘 사람이 말하는 득지는 고관대작을 의미한다.

古之存身者, 不以辯飾知, 不以知窮天下, 不以知窮德, 危然虛其所而反其性已,
고 지 존 신 자 불 이 변 식 지 불 이 지 궁 천 하 불 이 지 궁 덕 위 연 허 기 소 이 반 기 성 이

又何爲哉! 道固不小行, 德固不小識.
우 하 위 재 도 고 불 소 행 덕 고 불 소 식

小識傷德, 小行喪道. 故曰, 正己而已矣. 樂全之謂得志.
소 식 상 덕 소 행 상 도 고 왈 정 기 이 이 의 낙 전 지 위 득 지

古之所謂得志者, 非軒冕之謂也, 謂其無以益其樂而已矣.
고 지 소 위 득 지 자 비 헌 면 지 위 야 위 기 무 이 익 기 락 이 이 의

今之所謂得志者, 軒冕之謂也.
금 지 소 위 득 지 자 헌 면 지 위 야

그러나 고관대작을 둘러썼다는 것은 결코 타고난 성명이 아니라, 외부의 사물이 우연히 와서 잠시 몸에 기생하는 것에 불과하니, 무릇 기생하는 것이란 오는 것을 막을 수도 없는 것이요, 가는 것을 만류할 수도 없는 것이다.

그러기에 도를 지닌 사람은 자기의 관작이 높다 해서 방종하지 않으며, 자기의 처신이 곤궁하다 해서 세속에 동조하지도 않는다. 관작이 높거나, 처신이 곤궁하거나, 그 즐거움은 마찬가지며, 따라서 아무런 근심이 없는 것이다.

지금 세속 사람들 사이에 잠시 기생하는 관작 따위를 놓치면 실의에 빠지기 일쑤다. 이렇게 본다면 그들이 비록 즐겁다 할지라도 외물에 대하여 걱정하지 않을 수 없었을 것이다. 때문에 옛 사람들은 이렇게 말한다.

'외부의 사물에 자기를 잃게 되고, 세속 때문에 자기 본성을 잃는 사람을 두고서 본말本末을 '거꾸로 하는 백성들'이라 말하는 것이다.'

—〈선성繕性 1〉

軒冕在身, 非性命也, 物之儻來, 寄者也. 寄之, 其來不可圉, 其去不可止.
헌 면 재 신 비 성 명 야 물 지 당 래 기 자 야   기 지 기 래 불 가 어   기 거 불 가 지

故不爲軒冕肆志, 不爲窮約趨俗, 其樂彼與此同, 故無憂而已矣, 今寄去則不樂,
고 불 위 헌 면 사 지 불 위 궁 약 추 속 기 락 피 여 차 동 고 무 우 이 이 의 금 기 거 즉 불 락

由是觀之, 雖樂, 未嘗不荒也. 故曰,「喪己於物, 失性於俗者, 謂之倒置之民.」
유 시 관 지 수 락 미 상 불 황 야 고 왈   상 기 어 물 실 성 어 속 자 위 지 도 치 지 민

황하의 신이 본 드넓은 북해의 신에 대한 깨달음

가을장마가 지나자, 온갖 냇물이 황하로 몰려든다. 황하는 갑자기 물이 불어 양쪽 기슭이나 언덕을 바라보면, 거기에 서 있는 것이 소인지 말인지 분별할 수 없을 정도였다. 이래서 황하의 물귀신인 하백河伯은 몹시 신이 나서 천하의 아름다움을 자기 혼자 점유한 양 득의만만했다. 강줄기를 따라 동쪽으로 흘러가 북해에 이르렀다. 그래서 동녘을 향해 멀리 굽어보면 아득한 저쪽에 끝이 보이지 않았다.

秋水時至, 百川灌河, 涇流之大, 兩涘渚崖之間不辯牛馬. 於是焉河伯欣然自喜,
추 수 시 지 백 천 관 하 경 류 지 대 양 사 저 애 지 간 불 변 우 마   어 시 언 하 백 흔 연 자 희

以天下之美爲盡在己.
이 천 하 지 미 위 진 재 기

順流而東行, 至於北海, 東面而視, 不見水端, 於是焉河伯始旋其面目,
순 류 이 동 행 지 어 북 해 동 면 이 시 불 견 수 단 어 시 언 하 백 시 선 기 면 목

그때야 비로소 황하의 신은 얼굴을 돌려 북해의 신인 약若을 우러러 보면서 탄식을 했다.

"속담에 '겨우 백 개쯤의 도를 알고 천하에 자기보다 아는 자 없는 줄 안다'고 하더니, 나를 두고 한 말이군요. 내 일찍이 공자의 견문을 업신여기고, 백이伯夷의 절의도 업신여긴 이론을 듣고 그것이 믿기지 않았더니, 지금 당신의 그 무궁한 위대 앞에서 그런 속담이 그럴싸한 것임을 알았습니다. 난들 만일 선생님의 문하로 찾아와 보지 않았던들 큰일 날 뻔했군요. 나는 오랫동안 위대한 도를 터득한 사람들의 비웃음을 받을 뻔했습니다."

— 〈추수秋水 1〉

望洋向若而歎曰:
망 양 향 약 이 탄 왈

『野語有之曰:「聞道百以爲莫己若者」我之謂也.
야 어 유 지 왈   문 도 백 이 위 막 기 약 자   아 지 위 야

且夫我嘗聞少仲尼之聞而輕伯夷之義者, 始吾弗信, 今我睹者之難窮也,
차 부 아 상 문 소 중 니 지 문 이 경 백 이 지 의 자   시 오 불 신   금 아 도 자 지 난 궁 야

吾非至於子之門, 則殆矣, 吾長見笑於大方之家.』
오 비 지 어 자 지 문   즉 태 의   오 장 견 소 어 대 방 지 가

사람은 수많은 만물의 종류 중 하나에 불과하다

북해의 신 약若이 말했다.

"우물 안 개구리에게 바다의 얘기를 들려 줄 수 없는 것은 그 개구리가 우물 안 작은 공간에 구속된 까닭이며, 여름 벌레에게 얼음 얘기를 들려 줄 수 없는 것은 그 벌레가 여름이란 한 계절에 지배당했기 때문이요, 시골 선비에게 큰 도를 들려 줄 수 없는 것은, 그 선비가 고리타분한 예교(禮敎: 도에 대한 가르침)에 속박 당했기 때문이다.

그러나 당신은 이제 좁은 강물을 빠져 나와 큰 바다를 보았으니, 당신은 지금 자기의 못남을 알았을진대 당신과는 커다란 진리를 얘기할 수 있게 되었군!

천하의 물은 바다처럼 큰 것은 없다. 모든 냇물이 바다로 모이니, 그흐름은 언제 그칠 줄 모르게 영원한 것이지만, 결코 넘치지 않는다.
바다 밑 미려(尾閭: 바닷물이 새는 곳)에서는 구멍이 있어 물은 언제 그칠 줄 모르게 새고 있지만, 결코 마르지 않는다.

北海若曰: 『井蠅不可以語於海者, 拘於虛也. 夏蟲不可以語於氷者, 篤於時也.
북 해 약 왈 정 와 불 가 이 어 어 해 자 구 어 허 야   하 충 불 가 이 어 어 빙 자   독 어 시 야

曲士不可以語於道者, 束於敎也.
곡 사 불 가 이 어 어 도 자 속 어 교 야

今爾出於崖涘, 觀於大海. 乃知爾醜, 爾將可與語大理矣!
금 이 출 어 애 사 관 어 대 해 내 지 이 추 이 장 가 여 어 대 리 의

天下之水, 莫大於海, 萬川歸之, 不知何時止而不盈, 眉閭泄之, 不知何時已而不虛.
천 하 지 수 막 대 어 해 만 천 귀 지 불 지 하 시 지 이 불 영   미 려 설 지 불 지 하 시 이 이 불 허

비록 계절은 봄과 가을 등으로 변하지만, 바닷물은 마냥 그대로 있어 장마나 가뭄에도 아랑곳없다.

그리고 바다의 용량은 양자강이나 황하보다 커서 용량으로 그를 가늠할 수 없지만, 나는 일찍이 스스로 뛰어났다고 생각해 본 일이 없다. 다만 천지간에 무수히 존재한 만물 틈에 형체를 갖추어 음양의 기운을 받았을 뿐, 그 이상의 것도 아닐진대 내가 하늘과 땅 사이에 존재하는 것은, 자그마한 공깃돌이나 나무가 커다란 산의 한 구석에 자리 잡고 있는 것이나 다름이 없기 때문이다. 이렇게 스스로를 비소卑小하게 보거늘, 어찌 감히 스스로 뛰어났다고 할 수 있겠는가?

다시 이 세계가 하늘과 땅 사이에 점유하는 공간을 재어보면 개미집이 커다란 산에 뚫려 있는 거나 무엇이 다르겠는가? 또 중국이 이 세계 가운데 점유하는 공간을 재어 보면 한 알의 패(稗, 피)가 커다란 창고에 뒹굴고 있는 거나 무엇이 다르겠는가?

春秋不變, 水旱不知. 此其過江河之流, 不可爲量數.
춘 추 불 변   수 한 부 지   차 기 과 강 하 지 류   불 가 위 양 수

而吾未嘗以此自多者, 自以比形於天地而受氣於陰陽,
이 오 미 상 이 차 자 다 자   자 이 비 형 어 천 지 이 수 기 어 음 양

吾在天地之間, 猶小石小木之在大山也, 方存乎見少, 又奚以自多.
오 재 천 지 지 간   유 소 석 소 목 지 재 대 산 야   방 존 호 견 소   우 해 이 자 다

計四海之在天地之間也, 不似礨空之在大澤乎?
계 사 해 지 재 천 지 지 간 야   불 사 외 공 지 재 대 택 호

計中國之在海內, 不似稊米之在大倉乎?
계 중 국 지 재 해 내   불 사 제 미 지 재 대 창 호

만약 이 세상에 존재하는 만물의 종류에는 몇 만으로 일컫는다면, 사람은 그 중에 하나에 불과할 뿐이요, 다시 중국 구주九州엔 사람이 모여들어 거기에 온갖 곡식을 심고 배와 수레가 오락가락하거늘, 사람은 겨우 그 중의 하나에 불과할 뿐이니, 하나의 개인을 만물에 비교한다면, 한 오라기의 털이 말의 몸뚱이에 나 있는 것과 무엇이 다르다고 하겠는가?

무릇 오제伍帝가 천자 자리를 서로 물려준 것이나, 삼왕三王에 이르러 서로 다툰 것이나 어진 사람이 근심했던 것이나 일을 맡은 벼슬아치들의 노고 같은 일들도 결국은 이런 것에 불과한 일이 아닐까?

백이는 왕위를 사양함으로써 이름을 얻었고, 공자는 육경을 논함으로써 박학하다는 명성을 얻어 스스로 그것을 위대하게 생각했거늘, 이런 것들은 당신이 조금 전까지 스스로 물 가운데에서는 뛰어나다고 생각했던 일과 같지 않은가?"

— 〈추수秋水 2〉

號物之數謂之萬, 人處一焉. 人卒九州, 穀食之所生, 舟車之所通, 人處一焉.
호 물 지 수 위 지 만   인 처 일 언   인 졸 구 주   곡 식 지 소 생   주 거 지 소 통   인 처 일 언

此其比萬物也, 不似豪末之在於馬體乎? 五帝之所運, 三王之所爭, 仁人之所憂,
차 기 비 만 물 야   불 사 호 말 지 재 어 마 체 호   오 제 지 소 운   삼 왕 지 소 쟁   인 인 지 소 우

任士之所勞, 盡此矣.
임 사 지 소 로   진 차 의

伯夷辭之以爲名, 仲尼語之以爲博, 此其自多也, 不似爾向之自多於水乎?」
백 이 사 지 이 위 명   중 니 어 지 이 위 박   차 기 자 다 야   불 사 이 향 지 자 다 어 수 호

귀천과 대소의 구별은 없다!

황하의 신 하백이 다시 물었다.

"물질적 혹은 무형적인 사실에서 귀천과 대소의 구별은 어떻게 지어지는 것입니까?"

북해의 신 약若이 대답했다.

"도道의 관점에서 본다면 만물은 귀천의 분별이 없고, 물질의 입장에서 본다면 모든 것은 자기를 높이고 상대방을 낮추는 차별이 생긴다. 또 세속적인 입장에서 본다면 귀천의 분별은 외래적인 것이지, 자기 고유의 것은 절대 아니다.

차별이 있는 입장에서 본다면 만물의 본성은 한결같아 그들의 본성을 만족시키기 위하여 그것이 크다고 하면 만물은 크지 않은 것이 없고, 그들은 본성을 남기지 않기 위하여 그것이 작다고 하면 만물은 작지 않은 것이 없다. 그리고 이렇게 넓은 천지는 피안이나 다를 바 없고 이렇게 작은 티끌이 산덩이나 다를 바 없을 것이다. 여기서 귀천과 대소의 차별이 없음을 볼 수 있는 것이다.

河伯曰：『若物之外. 若物之內, 惡至而倪貴賤? 惡至而倪小大?』
하 백 왈   약 물 지 외   약 물 지 내   악 지 이 예 귀 천   악 지 이 예 소 대

北海若曰：『以道觀之, 物無貴賤. 以物觀之, 自貴而相賤. 以俗觀之, 貴賤不在己.
북 해 약 왈   이 도 관 지   물 무 귀 천   이 물 관 지   자 귀 이 상 천   이 속 관 지   귀 천 불 재 기

以差觀之. 因其所大而大之, 則萬物莫不大.
이 차 관 지   인 기 소 대 이 대 지   즉 만 물 막 불 대

因其所小而小之, 則萬物莫不小, 知天地之爲稊米也, 知毫末之爲丘山也, 則差數覩矣.
인 기 소 소 이 소 지   즉 만 물 막 불 소   지 천 지 지 위 제 미 야   지 호 말 지 위 구 산 야   즉 차 수 도 의

공용功用성 여부의 입장에서 본다면, 만물의 공용성은 모두 상대적으로 발생되기 때문에 가령 어떤 물건에 공용이 없다면, 그 물건과 상대적인 물건에도 공용이 없는 것이니, 곧 유용하다고 해서 유용하게 본다면 유용하지 않은 것이 없다. 그리고 동과 서는 서로 상반되는 것이라면서도 서로 상대가 없으면 성립될 수 없으니, 공용성이란 이렇게 상대적이지 절대적인 것은 아니다.

모든 사람의 취향의 입장에서 본다면, 만물에는 옳지 않은 것이 없이 모두를 긍정할 수 있고, 또 남들이 그르다고 하는 것을 그르게 본다면, 만물에는 그르지 않은 것이 없이 모두를 부정할 수 있다. 요임금과 걸왕이 각각 자기를 옳다 하고 상대를 잘못으로 간주하는 것을 보면, 천하 만물의 정취나 지조는 일정한 근거가 없이 서로 상대적임을 알 수 있을 것이다."

— 〈추수秋水 3〉

以功觀之, 因其所有而有之, 則萬物莫不有. 因其所無而無之, 則萬物莫不無.
이 공 관 지 인 기 소 유 이 유 지   즉 만 물 막 불 유 인 기 소 무 이 무 지   즉 만 물 막 불 무

知東西之相反而不可以相無, 則功分定矣.
지 동 서 지 상 반 이 불 가 이 상 무 즉 공 분 정 의

以趣觀之, 因其所然而然之, 則萬物莫不然. 因其所非而非之, 則萬物莫不非.
이 취 관 지   인 기 소 연 이 연 지   즉 만 물 막 불 연 인 기 소 비 이 비 지   즉 만 물 막 불 비

知堯桀之自然而相非, 則趣操覩矣.』
지 요 걸 지 자 연 이 상 비 즉 취 조 도 의

귀천과 대소의 구별은 없다 Ⅱ

북해의 신 약若이 말을 계속했다.

"옛날 요임금과 순임금은 천하를 선양하여 훌륭한 제왕이 되었으나, 선양의 결과는 꼭 그렇지만은 않다. 연燕나라 임금 쾌噲는 선양을 하다가 나라를 망쳤고, 은의 탕왕과 주의 무왕은 각각 싸움으로 왕위를 쟁취했고, 초나라 백공百公은 왕위를 다투다가 죽고 말았다.

이렇게 본다면 왕위를 선양하든가 쟁탈한다든가의 예법이나, 요·걸의 행위 등에 대한 가치 평가는 시세에 따라 변하거늘, 결코 불변의 것은 아니다.

대들보나 기둥은 커다란 성벽을 무너뜨리는 데 쓰이지만 작은 쥐구멍을 막는 데에 소용없다. 이는 물건에 따라 용도가 다름을 말함이요, 옛날의 훌륭한 말은 하루에 천리를 달릴 만큼 빠르지만 쥐를 잡는 데엔 들고양이를 따를 수 없으니, 이는 사물에 따라 재주가 다름을 말함이요, 올빼미는 밤에 벼룩을 잡고 티끌을 볼 만큼 눈이 밝지만, 낮이면 눈을 뜨고 커다란 산도 볼 수 없나니, 이는 사물에 따라 본성이 다름을 말함이다.

『昔者堯舜讓而帝, 之噲讓而絶. 湯武爭而王, 白工爭而滅. 由此觀之, 爭讓之禮,
　석 자 요 순 양 이 제　지 쾌 양 이 절　탕 무 쟁 이 왕　백 공 쟁 이 멸　유 차 관 지　쟁 양 지 례

堯桀之行, 貴賤有時, 未可以爲常也. 梁麗可以衝城, 而不可以窒穴, 言殊器也.
　요 걸 지 행　귀 천 유 시　미 가 이 위 상 야　양 려 가 이 충 성　이 불 가 이 질 혈　언 수 기 야

騏驥驊騮, 一日而馳千里, 捕鼠不如狸狌, 言殊技也.
　기 기 화 류　일 일 이 치 천 리　포 서 불 여 이 성　언 수 기 야

鴟鵂夜撮蚤, 察毫末, 晝出瞋目而不見丘山, 言殊性也.
　치 휴 야 촬 조　찰 호 말　주 출 진 목 이 불 견 구 산　언 수 성 야

그러기에 속담에도 '옳은 것만을 따르고 그른 것은 따르지 말라'고 했지만, 이는 천지의 이치와 만물의 진상을 모르는 말이다. 이런 논법은 바로 다만 하늘을 따를 뿐이요, 땅을 따르지 말라! 다만 음을 존중할 뿐이요, 양을 보지 말라와 같을지니, 그것이 실행될 수 없음은 뻔한 일이다. 그런데도 이런 것을 주장하면서 고집한다는 것은 그가 바보가 아니면, 억지의 수작이라 말할 수밖에 없다.

옛날의 제왕도 그 선양이나 왕위의 계승에 있어서 모두 방법을 달리했다. 시대에 어긋나고 세속에 역행하는 사람을 찬탈자篡奪者라 하거늘, 시대에 적응하고 세속에 순응하는 사람은 이로운 사람이라 불리었던 것이다. 가만히 있게! 하백이여! 그대가 어찌 귀천과 대소의 구별을 알 수 있겠는가!"

— 〈추수秋水 4〉

故曰, 蓋師是而無非, 師治而無亂乎.
고왈 개사시이무비 사치이무란호

是未明天地之理, 萬物之情者也. 是猶師天而無地, 師陰而無陽, 其不可行明矣.
시미명천지지리 만물지정자야 시유사천이무지 사음이무양 기불가행명의

然且語而不舍, 非愚則誣也.
연차어이불사 비우즉무야

帝王殊禪, 三代殊繼. 差其時, 逆其俗者, 謂之篡夫. 當其時, 順其俗者, 謂之義之徒.
제왕수선 삼대수계 차기시 역기속자 위지찬부 당기시 순기속자 위지의지도

默默乎河伯! 女惡知貴賤之門, 小大之家!」
묵묵호하백 여악지귀천지문 소대지가

성인은 작은 것에 지고, 큰 것에 이긴다

발이 하나밖에 없는 기夔라는 짐승은 발이 많은 지네를 부러워하고, 지네는 발 없이 기어 다니는 뱀을 부러워하고, 뱀은 자유롭게 움직이는 바람을 부러워하고, 바람은 멀리 볼 수 있는 눈을 부러워하고, 눈은 모든 것을 아는 마음을 부러워한다.

기가 지네에게 말했다.

"나는 발 하나를 가지고도 껑충껑충 뛰면서 즐겁게 거닐기에, 천하에 나처럼 편리한 것이 없는 줄 아는데, 그대는 만 개나 되는 발을 피곤하게 움직이고 있거늘, 왜 그대 혼자만 그러는 거요?"

지네가 대답했다.

"그런 것은 아닐세. 자네가 모르는 소리. 자네는 침을 뱉는 사람을 못 보았겠지? 침을 뱉을 때, 큰 놈은 구슬처럼 몽땅하지만, 작은 것은 안개처럼 흩어져서 그것이 함께 섞이어 떨어지면, 그 방울을 헤아릴 수 없게 많지 않던가? 이것은 모두 자연이야. 지금 나는 자연의 기능대로 움직이고 있을 뿐, 나는 그 까닭을 모르고 있어."

夔憐蚿, 蚿憐蛇, 蛇憐風, 風憐目, 目憐心.
기 연 현 현 연 사 사 연 풍 풍 연 목 목 연 심

夔謂蚿曰：『吾以一足趻踔而行, 予無如矣. 今子之使萬足, 獨奈何?』
기 위 현 왈   오 이 일 족 참 탁 이 행   여 무 여 의   금 자 지 사 만 족   독 내 하

蚿曰：『不然. 子不見夫唾者乎? 噴則大者如珠, 小者如霧, 雜而下者不可勝數也.
현 왈   불 연   자 불 견 부 타 자 호   분 즉 대 자 여 주   소 자 여 무   잡 이 하 자 불 가 승 수 야

今予動吾天機, 而不知其所以然.』
금 여 동 오 천 기   이 불 지 기 소 이 연

이번에는 지네가 뱀에게 물었다.

"나는 이렇게 많은 다리로 길을 다니건만, 발 하나도 없는 당신을 따라갈 수 없는 것은 무슨 까닭이오?"

뱀이 대답했다.

"나는 하늘의 기능을 따라 움직이거늘, 그것을 어떻게 고칠 수 있단 말이오? 나에게 발 같은 것은 쓸모없습니다."

이번에는 뱀이 바람에게 물었다.

"나는 척추나 늑골을 부비면서 길을 걷는데 이것은 다리가 있는 거나 비슷합니다. 당신은 윙윙거리면서 북극 바다에서 일어나더니, 곧장 남극 바다로 옮기면서 아무런 형태를 갖추지 않은 듯하니 그 까닭은 무엇이오?"

蚿謂蛇曰:「吾以衆足行, 而不及子之無足, 何也?」
현 위 사 왈　오 이 중 족 행　이 불 급 자 지 무 족　하 야

蛇曰:「夫天機之所動, 何可易邪? 吾安用足哉.」
사 왈　부 천 기 지 소 동　하 가 역 야　오 안 용 족 재

蛇謂風曰:「予動吾脊脅而行, 則有似也. 今子蓬蓬然起於北海, 蓬蓬然入於南海,
사 위 풍 왈　여 동 오 척 협 이 행　즉 유 사 야　금 자 봉 봉 연 기 어 북 해　봉 봉 연 입 어 남 해

而似無有, 下野?」
이 사 무 유　하 야

바람이 대답했다.

"그렇소. 나는 당신 말대로 윙윙거리면서 북극 바다에서 일어나 남극 바다로 옮길 수 있소. 그러나 사람이 손가락 하나로 나를 막는다 해도 나는 그 손가락을 꺾지 못하며, 또 나를 발길로 차도 나는 그 발길을 피할 수 없습니다. 그러나 커다란 나무를 넘어뜨리고, 커다란 집을 날리는 것은, 나만이 할 수 있는 일입니다. 그래서 나는 작은 것에 지고, 큰 것에 이기고 있는 것입니다. 이렇게 큰 승리를 거두는 것은 성인만이 할 수 있습니다."

— 〈추수秋水 5〉

風曰:『然. 予蓬蓬然起於北海而入於南海也, 然而指我則勝我, 鰌我亦勝我.
풍 왈   연   여봉봉연기어북해이입어남해야   연이지아즉승아   추아역승아

雖然, 夫折大木, 蜚大屋者, 唯我能也, 故以衆小不勝爲大勝也. 爲大勝者,
수연   부절대목   비대옥자   유아능야   고이중소불승위대승야   위대승자

唯聖人能之.』
유 성 인 능 지

우물 안 두꺼비와 동해 자라의 대화

공손룡(公孫龍; 논리학파)이 위모(魏牟; 도덕이 높은 선비)에게 물었다.

"내가 어릴 적에는 옛 훌륭한 임금의 도를 익혔고, 자라서는 인의(어짊과 의로움)의 행실을 밝혔습니다. 이에 나는 같고 다른 것이 사실은 한 가지 이치이며, 단단한 돌의 성질과 하얀 빛깔은 별개의 것이란 궤변을 들추었습니다. 그리고 남들이 부정하는 것을 긍정했고, 남들이 불가라고 여기는 것을 가라고 증언하여, 세상에 득실거리는 제자백가諸子百家의 지혜를 궁색하게 몰아버렸고, 많은 사람들의 변론을 굴복시켜, 내 딴에는 내가 최고의 이론에 밝은 줄로 알았습니다. 이제 장자의 말을 듣고, 망연자실하여 도대체 내 언변이 그를 당하지 못하는지, 아니면 내 지혜가 그만 못한지 갑갑할 따름입니다. 이제 잠자코 내 입을 다물 뿐입니다. 무슨 까닭일까요?"

公孫龍問於魏牟曰:『龍少學先王之道, 長而明仁義之行. 合同異, 離堅白然不然,
공 손 룡 문 어 위 모 왈   용 소 학 선 왕 지 도   장 이 명 인 의 지 행   합 동 이   이 견 백 연 불 연

可不可. 困百家之知, 窮衆口之辯. 吾自以爲至達已. 今吾聞莊子之言, 汒焉異之.
가 불 가   곤 백 가 지 지   궁 중 구 지 변   오 자 이 위 지 달 이   금 오 문 장 자 지 언   망 언 이 지

不知論之不及與, 知之弗若與. 今吾無所開吾喙, 敢問其方?』
불 지 론 지 불 급 여   지 지 불 약 여   금 오 무 소 개 오 훼   감 문 기 방

위모는 책상에 기대어 길게 한숨을 쉬더니, 하늘을 향해 너털웃음을 웃으며, 대답했다.

"자네는 얕은 우물에 사는 두꺼비 이야기를 들어 본 일이 있나? 그 두꺼비가 동해에서 온 자라를 보고 이렇게 말했다네, '나는 즐겁다. 나는 우물 난간에서 이리저리 뛰놀다가 지치면 깨진 벽돌 벽에 기대어 쉬기도 한다. 때로는 물속에 들어가 헤엄치면 물이 두 겨드랑과 턱을 받쳐 주고, 진흙구덩이에서 뛰놀면, 진흙이 다리와 발등을 덮어 아무 흔적을 드러내지 않는다. 그리고 우물 안에 우글거리는 장구벌레나, 올챙이를 둘러보면, 누구나 나만큼 즐거워하는 것도 없는 모양이다. 또, 한 우물의 물을 독차지하고, 우물 속의 낙樂을 혼자 편안히 누리는 것은 최상의 즐거움이 아닐 수 없다. 자네도 한 번쯤 우물에 들어와 구경 좀 해 보게!'

公子牟隱机大息, 仰天而笑曰:「子獨不聞夫埳井之蛙乎?
공 자 모 은 궤 대 식   앙 천 이 소 왈   자 독 불 문 부 함 정 지 와 호

謂東海之鱉曰:「吾樂與! 出跳梁乎井幹之上, 入休乎缺甃之崖. 赴水則接腋持頤,
위 동 해 지 별 왈   오 락 여   출 도 양 호 정 간 지 상   입 휴 호 결 추 지 애   부 수 즉 접 액 지 이

蹶泥則沒足滅跗. 還視虷蟹與科斗, 莫吾能若也.
궐 니 즉 몰 족 멸 부   환 시 간 해 여 과 두   막 오 능 약 야

且夫擅一壑之水, 而跨跱埳井之樂, 此亦至矣, 夫子奚不時來入觀乎!」
차 부 천 일 학 지 수   이 과 치 함 정 지 락   차 역 지 의   부 자 해 불 시 래 입 관 호

그러자 동해의 자라는 왼쪽 발을 우물에 담그고 들어가려 했으나, 오른쪽 무릎이 걸리어 더 들어가지 못하고 그 좁은 우물에서 어정어정 물러섰다. 그리고 바다의 얘기를 들려주었다.

'바다는 비록 천 리라는 먼 단위를 써도, 그 크기를 형용할 수 없고, 천 길이라는 높은 단위를 써도, 그 깊이를 재기에 부족하다.

옛날 우임금 때엔 10년에 아홉 번이나 장마가 졌지만, 바닷물은 그 때문에 불어난 일이 없었고, 탕임금 때엔 8년에 일곱 번이나 가뭄이 들었지만, 바닷물은 그 때문에 줄어들지 않았었다.

시간의 흐름에 따라 변화되거나, 물을 더 보태고 덜어내고 하는 데 따라 늘고 줄지 않는 것이, 내가 동해에 사는 즐거움이다.'

두꺼비가 이 소리를 듣자 깜짝 놀라 넋을 잃었다고 한다."

― 〈추수秋水 6〉

東海之鱉左足未入, 而右膝已縶矣. 於是逡巡而却, 告之海曰 : 「夫千里之遠,
동 해 지 별 좌 족 미 입   이 우 슬 이 집 의   어 시 준 순 이 각   고 지 해 왈   부 천 리 지 원

不足以擧其大. 千仞之高, 不足以極其深.
부 족 이 거 기 대   천 인 지 고   부 족 이 극 기 심

禹之時十年九潦, 而水弗爲加益. 湯之時八年七旱, 而崖不爲加損.
우 지 시 십 년 구 료   이 수 불 위 가 익   탕 지 시 팔 년 칠 한   이 애 불 위 가 손

夫不爲頃久推移, 不以多少進退者, 此亦東海之大樂也..」 於是埳井之䖯聞之,
부 불 위 경 구 추 이   불 이 다 소 진 퇴 자   차 역 동 해 지 대 락 야   어 시 함 정 지 와 문 지

適適然驚, 規規然自失也.」
적 적 연 경   규 규 연 자 실 야

자연에서의 삶의 자유를 추구하다

장자가 복수濮水 가에서 낚시질을 하는데 초나라의 위왕이 두 대부를 보내어 먼저 왕의 뜻을 알렸다.

"국내 정치를 선생님께 맡기고 싶다 하옵니다."

장자는 낚싯대를 든 채 거들떠보지도 않으면서 말을 했다.

"나는 초나라에 신령스런 거북이 있다고 들었는데, 그 거북이 죽은 지 삼천 년이나 되었건만, 왕은 그것을 비단으로 싸서 상자에 넣어 종묘에 모시고 국사를 점쳤다고 하더군. 도대체 이 거북은 차라리 죽어서 뼈를 남겨, 그 뼈로써 사람들에게 존대를 받으려 했을까? 아니면, 차라리 살아서 진흙 속에 꼬리를 끌며 기어 다니길 바랐을까?"

두 대부가 대답했다.

"물론 살아서 진흙 속에 꼬리를 끌며 기어 다니길 바랐겠지요."

장자가 말했다.

"그만두고 물러가게! 나도 꼬리를 끌며 진흙구덩이를 기고 싶군!"

— 〈추수秋水 7〉

莊子釣於濮水, 楚王使大夫二人往先焉, 曰:『願以境內累矣.』
장 자 조 어 복 수   초 왕 사 대 부 이 인 왕 선 언   왈   원 이 경 내 루 의

莊子持竿不顧, 曰:『吾聞楚有神龜, 死已三千歲矣, 王以巾笥而藏之廟堂之上.
장 자 지 간 불 고   왈   오 문 초 유 신 구   사 이 삼 천 세 의   왕 이 건 사 이 장 지 묘 당 지 상

此龜者, 寧其死爲留骨而貴乎? 寧其生而曳尾於塗中乎?』
차 구 자   영 기 사 위 류 골 이 귀 호   영 기 생 이 예 미 어 도 중 호

二大夫曰:『寧生而曳尾塗中.』莊子曰:『往矣! 吾將曳尾於塗中.』
이 대 부 왈   영 생 이 예 미 도 중   장 자 왈   왕 의   오 장 예 미 어 도 중

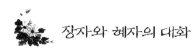 장자와 혜자의 대화

혜자(惠子: 장자의 친구)가 양나라 재상이 되자, 장자가 찾아갔다. 어떤 사람이 혜자에게 말했다.

"장자가 오는 것은, 당신을 대신하여 재상이 되려는 것입니다."

이에 혜자는 겁이 나서, 사흘 밤낮에 걸쳐 장자의 행방을 찾게 하였다. 얼마 후 장자가 나타나서 혜자를 만났다.

"남방에 원추(鵷鶵: 봉황의 일종)라는 새가 있는데 당신도 알고 있겠지? 그 새는 남해로부터 북해까지 그렇게 멀리 나는데도 오동나무가 아니면 앉지 않고, 대나무 열매가 아니면 먹지 않고, 단 샘물이 아니면 마시질 않는다고 하네.

그런데 마침 솔개가 썩은 쥐를 먹으려는 참인데, 원추가 그곳을 지나게 되자, 솔개는 지레 겁을 먹고 머리를 추켜들더니 '깍!'하고 소리쳤다네. 당신은 지금 당신이 누리고 있는 양나라 재상이라는 먹이 때문에 나를 향해 소리치는 것인가?"

惠子相梁, 莊子往見之. 或謂惠子曰:『莊子來, 欲代子相.』於是惠子恐,
혜자상량 장자왕견지 혹위혜자왈 장자래 욕대자상 어시혜자공

搜於國中三日三夜.
수어국중삼일삼야

莊子往見之, 曰:『南方有鳥, 其名爲鵷鶵, 子知之乎?
장자왕견지 왈 남방유조 기명위원추 자지지호

夫鵷鶵, 發於南海而飛於北海, 非梧桐不止, 非練實不食, 非醴泉不飲.
부 원추 발어남해이비어북해 비오동부지 비련실불식 비예천불음

於是鴟得腐鼠, 鵷鶵過之, 仰而視之曰:「嚇!」今子欲以子之梁國而嚇我邪?』
어시치득부서 원추과지 앙이시지왈 혁 금자욕이자지량국이혁아야

장자와 혜자가 호수(濠水: 장자의 무덤이 있고 장자가 혜자와 놀던 곳)의 다리에서 노닐 제, 장자가 말했다.

"피라미가 한가히 노니는군, 이것이야말로 물고기의 즐거움이야!"

혜자가 받아 넘겼다.

"자네가 물고기가 아닐진대, 어찌 물고기의 즐거움을 안단 말인가?"

장자가 다시 받아 넘겼다.

"자네가 내가 아닐진대, 어찌 내가 물고기의 즐거움을 모르는 줄 안단 말인가?"

莊子與惠子遊於濠梁之上. 莊子曰:『鰷魚出遊從容, 是魚之樂也!』
장 자 여 혜 자 유 어 호 량 지 상   장 자 왈   숙 어 출 유 종 용   시 어 지 락 야

惠子曰:『子非魚, 安知魚之樂?』莊子曰:『子非我, 安知我不知魚之樂?』
혜 자 왈   자 비 어 안 지 어 지 락   장 자 왈   자 비 아 안 지 아 부 지 어 지 락

혜자도 끝내 대꾸했다.

"내가 자네가 아니니 자네를 알 턱이 있나? 자네가 물고기가 아니니, 자네가 물고기의 즐거움을 모르는 것은 당연한 걸세."

장자가 다시 말했다.

"이야기를 처음으로 돌려 해보세. 자네가 처음에 '네가 어찌 물고기의 즐거움을 아느냐'고 말한 것은, 자네가 이미 내가 물고기의 즐거움을 알고 있는 줄 알고 나에게 물었던 것일세. 나는 지금 호수의 다리 위에 선 채 물고기와 함께 즐기고 있기에 그 물고기의 마음을 아는 것일세."

— 〈추수秋水 8〉

惠子曰:『我非子, 固不知子矣. 子固非魚也, 子之不知魚之樂, 全矣.』
혜 자 왈   아 비 자   고 부 지 자 의   자 고 비 어 야   자 지 부 지 어 지 락   전 의

莊子曰:『請循其本. 子曰「汝安知魚樂」云者, 旣已知吾知之而問我, 我知之濠上也.』
장 자 왈   청 순 기 본   자 왈   여 안 지 어 락   운 자   기 이 지 오 지 지 이 문 아   아 지 지 호 상 야

남에게 칭송받는 명성은 나에게 좋은가? 나쁜가?

세상에는 정말 지극한 즐거움이 있는 것일까, 없는 것일까? 또 자기 생명을 보존하는 방법이 있는 것일까? 있다. 그러나 그들은 무엇을 하고, 무엇에 근거하고, 무엇을 피하고, 무엇에 몸을 맡기고, 무엇을 따르고, 무엇을 버리고, 무엇을 즐기고, 무엇을 싫어할까를 모르고 있다.

무릇 세상 사람이 숭배하는 것을 부富·귀貴·수壽·명예名譽, 네 가지다. 그리고 즐기는 것은 몸의 편안함과, 입에 맞는 음식, 아름다운 의복, 만족한 색욕, 아름다운 음악 등이다. 그리고 세상에서 싫어하는 것은 가난과, 신분이 낮고 천함, 요사(夭死: 일찍 죽는 것)·악명(惡名: 비난받는 것) 따위이다. 그리고 괴롭게 여기는 것은 몸이 편하지 못한 것, 맛있는 음식을 먹지 못하는 것, 아름다운 옷을 못 입는 것, 좋은 음악을 듣지 못하는 것 따위다.

天下有至樂無有哉? 有可以活身者無有哉? 今奚爲奚據, 奚避奚處, 奚就奚去,
천 하 유 지 락 무 유 재   유 가 이 활 신 자 무 유 재   금 해 위 해 거   해 피 해 처   해 취 해 거

奚樂奚惡, 夫天下之所尊者, 富貴壽善也.
해 락 해 악   부 천 하 지 소 존 자   부 귀 수 선 야

所樂者, 身安厚味美服好色音聲也. 所下者, 貧賤夭惡也.
소 락 자   신 안 후 미 미 복 호 색 음 성 야   소 하 자   빈 천 요 악 야

所苦者, 身不得安逸, 口不得厚味, 形不得美服, 目不得好色, 耳不得音聲.
소 고 자   신 불 득 안 일   구 불 득 후 미   형 불 득 미 복   목 부 득 호 색   이 부 득 음 성

만약에 이런 육체적인 만족을 얻지 못한다면, 걱정하고 두려워한다. 그렇게 육체를 위한 일이란 것이 얼마나 어리석은가!

무릇 부자가 몸을 괴롭히면서 열심히 일하여 많은 재물을 모았지만, 그것들은 다 쓰지 못하거늘, 이렇게 육체를 위한 일이란 외부의 물질에 만족할 따름이다. 또 지위가 높은 사람은 밤낮 없이 자기 지위의 안위를 걱정하고 있거늘, 그것은 자기 육체에 대하여 너무 소홀한 것이다.

사람이 태어나 산다는 것은 근심과 함께 산다는 뜻이며, 오래 산다한들 역시 근심에 매여, 차라리 죽고 싶어도 죽어지지 않으니, 얼마나 괴로운 일인가! 이렇게 육체를 위한다는 일은 결국 참된 즐거움에서 멀고 먼 것이다.

若不得者, 則大憂以懼, 其爲形也, 亦愚哉!
약 부 득 자 즉 대 우 이 구 기 위 형 야 역 우 재

夫富者, 若身疾作, 多積財而不得盡用, 其爲形也亦外矣. 夫貴者, 夜以繼日,
부 부 자 약 신 질 작 다 적 재 이 불 득 진 용 기 위 형 야 역 외 의 부 귀 자 야 이 계 일

思慮善否, 其爲形也亦疏矣.
사 려 선 부 기 위 형 야 역 소 의

人之生也, 與憂俱生, 壽者惛惛, 久憂不死, 何故也! 其爲形也亦遠矣.
인 지 생 야 여 우 구 생 수 자 혼 혼 구 우 불 사 하 고 야 기 위 형 야 역 원 의

열사烈士들은 세상 사람들에게 칭송은 받지만, 자기 생명을 보존하진 못한다. 만약 그것을 좋게 생각하면서 자기 생명조차 보전 못하는 것은 어찌된 일이며, 그것을 좋지 않게 생각하면서, 남의 생명까지 보전한다는 것은 어찌된 일인가?

옛말에도 '진심으로 임금께 간하라! 가해도 듣지 않을 때엔 다만 순종할 뿐, 결코 다투지 말라!'고 했다.

때문에 자서子胥는 임금과 다투다가 결국 자기 몸을 망치고 말았다. 그러나 임금과 다투지 않으면, 어떤 명성도 얻을 수 없으니, 정말로 남에게 칭송받는 명성이란 좋은 것인지? 나쁜 것인지?

— 〈지락至樂 1〉

烈士爲天下見善矣, 未足以活身.
열 사 위 천 하 견 선 의   미 족 이 활 신

吾未知善之誠善邪, 誠不善邪? 若以爲善矣, 不足活身, 以爲不善矣, 足以活人.
오 미 지 선 지 성 선 야   성 불 선 야   약 이 위 선 의   부 족 활 신   이 위 불 선 의   족 이 활 인

故曰:「忠諫不聽, 蹲循勿爭.」故父子胥爭之以殘其形, 不爭, 名亦不成.
고 왈   충 간 불 청   준 순 물 쟁   고 부 자 서 쟁 지 이 잔 기 형   부 쟁   명 역 불 성

誠有善無有哉?
성 유 선 무 유 재

사람의 천명은 하늘이 부여하고, 사람의 특성에 따라 쓰임이 다르다

안연(顏淵)이 동쪽 제나라에 사신으로 떠나게 되자 공자가 근심스런 표정이었다. 자공子貢이 내려가 그 까닭을 물었다.

"삼가 여쭙노니, 안회(顏回: 안연)가 제나라에 가거늘, 선생님께선 왜 걱정하십니까?"

공자가 대답했다.

"잘 물어 주었군! 옛날 관자(管子: 관중)가 한 말인데, 내가 감복했었지. 그 말은 '주머니가 작으면 큰 물건을 담지 못하고 두레박줄이 짧으면 깊은 물을 긷지 못한다'라고 했다.

관자의 말은 곧 사람의 천명은 하늘이 부여한 것이요, 그 형체는 특성에 따라 쓰이는 곳이 있음을 뜻하니, 생명과 형체는 사람의 힘으로 늘이거나 줄이지 못하는 것이다.

顏淵東之齊, 孔子有憂色, 子貢下席而問曰:『小子敢問, 回東之齊, 夫子有憂色,
안 연 동 지 제 공 자 유 우 색 자 공 하 석 이 문 왈 소 자 감 문 회 동 지 제 부 자 유 우 색

何邪?』
하 야

孔子曰:『善哉汝問! 昔者管子有言, 丘甚善之, 曰:「褚小者不可以懷大,
공 자 왈 선 재 여 문 석 자 관 자 유 언 구 심 선 지 왈 저 소 자 불 가 이 회 대

綆短者不可以汲深.」
경 단 자 불 가 이 급 심

夫若是者, 以爲命有所成而形有所適也, 夫不可損益.
부 약 시 자 이 위 명 유 소 성 이 형 유 소 적 야 부 불 가 손 익

나는 안자顔子가 제나라 군주에게 삼황오제의 도를 늘어놓았을까 걱정하는 것이다. 제나라 군주들이 그것을 듣고, 내심으로 이해하지 못했을 때엔 그 말에 의혹을 품을 것이며, 의혹을 품었을 때엔, 안자를 죽일지도 모르기 때문이다.

너는 예전에 이런 말을 듣지 못했는가? 옛날에 어느 해조(海鳥: 바다새)가 노나라 교외에 날아와 앉았는데, 노나라 군주가 그 새를 맞이하여 종묘에 잔치를 베풀고 구소(九韶: 순임금의 노래명)의 음악을 연주하며, 거기다가 소·염소·돼지를 잡아 대접하여 그 새를 즐겁게 했다.

그러나 해조는 눈빛을 질정(質正: 묻거나 따져서 바로잡음)하지 못하면서 내심 슬퍼 여기고 한 조각의 고기나 한 잔의 술을 먹지도 마시지도 않더니만, 결국 사흘을 못 가 죽어 버렸다.

吾恐回與齊侯言堯舜黃帝之道, 而重以燧人神農之言.
오 공 회 여 제 후 언 요 순 황 제 지 도 이 중 이 수 인 신 농 지 언

彼將內求於己而不得, 不得則惑, 人惑則死.
피 장 내 구 어 기 이 불 득 불 득 즉 혹 인 혹 즉 사

且女獨不聞邪? 昔者海鳥止於魯郊, 魯侯御而觴之于廟, 奏九韶以爲樂, 具太牢以爲膳.
차 여 독 불 문 야 석 자 해 조 지 어 로 교 노 후 어 이 상 지 우 묘 주 구 소 이 위 락 구 태 뢰 이 위 선

鳥乃眩視憂悲, 不敢食一臠, 不敢飮一杯, 三日而死.
조 내 현 시 우 비 불 감 식 일 련 불 감 음 일 배 삼 일 이 사

이는 사람을 기르는 방식으로 새를 기른 것이지, 새를 기르는 방식으로 새를 기르지 않았기 때문이다.

무릇 새를 기르는 방식으로 새를 기르려면, 마땅히 깊은 숲에서 살게 하고, 호숫가에서 놀게 하고, 넓은 호수나 강에서 헤엄치게 하고, 미꾸라지나 송사리를 먹게 하고, 자기들끼리 떼를 지어 날다가 쉬게 하며, 한가히 살게 해야 한다. 거기다가 해조는 사람의 말소리를 듣기 싫어하는데, 더구나 시끄러운 음악을 들려주어 무슨 쓸모가 있었겠는가!

此以己養養鳥也, 非以鳥養養鳥也.
차 이 기 양 양 조 야　　비 이 조 양 양 조 야

夫以鳥養養鳥者, 宜栖之深林, 遊之壇陸, 浮之江湖, 食之鰌鰷, 隨行列而止,
부 이 조 양 양 조 자　 의 서 지 심 림　 유 지 단 륙　 부 지 강 호　 식 지 추 조　 수 행 렬 이 지

委蛇而處. 彼唯人言之惡聞, 奚以夫譊譊爲乎!
위 이 이 처.　피 유 인 언 지 악 문,　해 이 부 요 요 위 호

함지咸池나 구소九韶의 음악을 천지 새에 들려 줄 때 새들은 놀라 날아갈 것이며, 짐승도 놀라 도망칠 것이며, 물고기는 물속 깊이 숨어 버릴 것이다. 다만 사람이 들을 때라야, 흥이 나서 뺑 둘러서서 구경할 것이다.

물고기는 물에서 살지만, 사람이 물에 살면 죽고 만다. 이렇게 사는 조건과 기호는 서로 다른 것이다.

그래서 옛 성인은 사람에 따라서 그 재능을 다르게 보았으며, 그 일에 따라서 실정도 달리 했다. 마찬가지로 명분은 실제에 상부相符하게 정해야 했고, 의리義理는 성정에 알맞게 베풀어야 한다. 이런 사람을, 조리에 통달하고, 행복을 지속시키는 사람이라 일컫는다."

— 〈지락至樂 2〉

咸池九韶之樂, 張之洞庭之野, 鳥聞之而飛, 獸聞之而走, 魚聞之而下入,
함 지 구 소 지 락 장 지 동 정 지 야 조 문 지 이 비 수 문 지 이 주 어 문 지 이 하 입

人卒聞之, 相與還而觀之.
인 졸 문 지 상 여 환 이 관 지

魚處水而生, 人處水而死, 彼必相與異, 其好惡故異也. 故先聖不一其能, 不同其事.
어 처 수 이 생 인 처 수 이 사 피 필 상 여 이 기 호 오 고 이 야 고 선 성 불 일 기 능 불 동 기 사

名止於實, 義設於適, 是之謂條達而福持.」
명 지 어 실 의 설 어 적 시 지 위 조 달 이 복 지

조그만 구멍으로 세상을 보지 말라

손휴孫休라는 사람이 그의 스승인 편경자扁慶子를 자주 찾아와 탄식했다.

"저는 제 고향에 사는 동안 행실이 나쁘다는 말도 듣지 않았고, 어려움에 당면했을 때 비겁하다는 말도 듣지 않았습니다. 그런데 농사를 지어도 풍년을 못 보고, 임금을 섬겨도 때를 만나지 못했습니다. 더구나 결국에는 향리에서 버림을 받아 고향에서 쫓김을 당했으니, 무슨 죄를 하늘에 졌기로 이런 악착스런 운명으로 살아야 합니까?"

편경자가 대답했다.

"너는 지인至人들의 행실에 대해 들어 보지 않았느냐? 그들은 자기의 간이나 쓸개도 잊고, 자기의 귀도 눈도 내던지고, 무심한 채 세속 밖에 방종하고, 무위의 작용 속에 소요하고 있는 것이다. 이것을 '일을 할지언정 과시하지 않고, 만물을 생육할지언정 자기를 내세우지 않는다'라고 한다.

有孫休者, 踵門而詫子扁慶子曰:『休居鄕不見謂不修, 臨難不見謂不用.
유 손 휴 자   종 문 이 타 자 편 경 자 왈   휴 거 향 불 견 위 불 수   임 난 불 견 위 불 용

然而田原不遇歲, 事君不遇世, 賓於鄕里, 逐於州部, 則胡罪乎天哉?
연 이 전 원 불 우 세   사 군 불 우 세   빈 어 향 리   축 어 주 부   즉 호 죄 호 천 재

休惡遇此命也?』
휴 악 우 차 명 야

扁子曰:『子獨不聞夫至人之自行邪? 忘其肝膽, 遺其耳目, 芒然彷徨乎塵垢之外,
편 자 왈   자 독 불 문 부 지 인 지 자 행 야   망 기 간 담   유 기 이 목   망 연 방 황 호 진 구 지 외

逍遙乎無事之業, 是謂爲而不恃, 長而不宰.
소 요 호 무 사 지 업   시 위 위 이 불 시   장 이 불 재

지금 너는 네 지식을 자랑하여 남의 어리석음을 놀라게 하고, 자기 몸을 닦아 남의 더러움을 드러내면서, 마치 자기를 저 하늘의 일월처럼 빛내려 하고 있다.

너는 네 몸을 보전하면서 부족함이 없는 기능을 갖추었고, 또 거기다 귀머거리·소경·절름발이 같은 불구를 면하고 사람의 대열에 낄 수 있는 것은 다행한 일이거늘, 어떻다고 네 운명을 원망하고 있는 거냐? 어서 돌아가라!"

손휴가 나가자, 편경자는 방에 들어갔다. 한참 앉아 있더니, 하늘을 우러러 탄식하기에 그 제자가 물었다.

"선생님께선 왜 탄식하십니까?"

"아까 손휴가 왔을 때, 내가 지인의 덕을 말해 주지 않았느냐?

그런데 그 녀석의 그릇이 작은지라 그 말을 듣고 행여 의혹이나 더욱 커지지 않았을까 걱정이 된다."

今汝飾知以驚愚, 修身以明汚, 昭昭乎若揭日月而行也.
금 여 식 지 이 경 우   수 신 이 명 오   소 소 호 약 게 일 월 이 행 야

汝得全而形軀, 具而九竅, 無中道夭於聾盲跛蹇而比於人數, 亦幸矣,
여 득 전 이 형 구   구 이 구 규   무 중 도 요 어 성 맹 파 건 이 비 어 인 수   역 행 의

又何暇乎天之怨哉! 子往矣!』
우 하 가 호 천 지 원 재 · 자 왕 의

孫子出. 扁子入, 坐有間, 仰天而歎. 弟子問曰:『先生何爲歎乎?』
손 자 출   편 자 입   좌 유 간   앙 천 이 탄   제 자 문 왈   선 생 하 위 탄 호

扁子曰:『向者休來, 吾告之以至人之德? 吾恐其驚而遂至於惑也.』
편 자 왈   향 자 휴 래   오 고 지 이 지 인 지 덕   오 공 기 경 이 수 지 어 혹 야

"그렇지는 않겠지요. 만일 손휴의 말이 옳고 선생님의 말씀이 그르셨다면, 그런 말씀이 바른 말을 혹할 리 없고, 반대로 손휴의 말이 그르고 선생님의 말씀이 바르셨다면, 그가 본래 의혹된 마음으로 찾아온 것이니, 선생님께 무슨 죄가 있겠습니까?"

편경자는 다시 말을 했다.

"그렇지 않다. 옛날에는 새 한 마리가 날아와 노나라 교외에 앉았다고 한다. 노나라 임금은 하도 기쁜 나머지 소·양·돼지를 잡아 향연을 베풀고, 거기다가 구소九韶의 음악을 연주해 주었다.

弟子曰:『不然. 孫子之所言是邪? 先生之所言非邪? 非固不能惑是.
제 자 왈 불 연 손 자 지 소 언 시 야 선 생 지 소 언 비 야 비 고 불 능 혹 시

孫子所言非邪? 先生所言是邪? 彼固惑而來矣, 又奚罪焉?』
손 자 소 언 비 야 선 생 소 언 시 야 피 고 혹 이 래 의 우 해 죄 언

扁子曰:『不然. 昔者有鳥止於魯郊, 魯君說之, 爲具太牢而饗之, 奏九韶以樂之,
편 자 왈 불 연 석 자 유 조 지 어 로 교 노 군 열 지 위 구 태 뢰 이 향 지 주 구 소 이 락 지

그런데 이 새는 슬픈 눈을 깜박거리면서 그것들을 먹으려 들지 않았다. 이것은 자기 식성으로 새를 기르려 했기 때문이다. 만일 새의 식성을 따라 새를 기르고 싶었거든, 마땅히 깊은 수풀에 깃들이게 해야 하며, 넓은 강과 바다를 훨훨 날게 해야 하며, 먹이로는 물고기 등을 주었어야 옳았을 것이며 그랬다면 새도 훨씬 편안했을 것이다.

그런데 손휴는 조그만 구멍으로 세상을 보는 멍청하고 견문이 적은 사람이다. 내가 그 사람에게 지인의 덕을 설명한 것은, 마치 자그마한 생쥐를 큰 수레에 태운 것과, 또는 자그마한 참새에게 우렁찬 종고鐘鼓의 소악韶樂을 들려 준 것이나 같다. 그가 어찌 놀라지 않겠는가!"

— 〈달생達生 1〉

鳥乃始憂悲眩視, 不敢飮食. 此之謂以己養養鳥也. 若夫以鳥養養鳥者,
조 내 시 우 비 현 시   불 감 음 식   차 지 위 이 기 양 양 조 야   약 부 이 조 양 양 조 자

宜棲之深林, 浮之江湖, 食之以委蛇, 委蛇而處, 則安平陸而已矣.
의 서 지 심 림   부 지 강 호   식 지 이 위 사   위 사 이 처   즉 안 평 육 이 이 의

今休, 款啓寡聞之民也, 吾告以至人之德, 譬之若載鼷以車馬, 樂鴳以鐘鼓也.
금 휴   관 계 과 문 지 민 야   오 고 이 지 인 지 덕   비 지 약 재 혜 이 거 마   낙 안 이 종 고 야

彼又惡能無驚乎哉!』
피 우 악 능 무 경 호 재

자연의 도로 돌아가야 한다

장자가 어느 날 산속을 거닐다가 가지와 잎이 무성한 큰 나무를 보았다. 그런데 나무꾼은 그 옆에 선 채 나무를 베지 않고 있었다. 장자가 그 까닭을 물었더니 '쓸모가 없다'는 대답이었다. 그러자 장자는 이렇게 말했다.

"이 나무는 재목으로서 쓸모가 없는 탓으로 타고난 수명을 누리고 있는 것이다."

장자는 그 산을 내려와 어느 친구 집에 묵게 됐다. 친구는 반가운 나머지 하인더러 거위를 잡으라고 명했다. 그런데 하인이 물었다.

"하나는 잘 울고 하나는 잘 울지 못하는데, 어느 것을 잡을까요?"

주인은 이렇게 대답했다.

"그러면 울 줄 모르는 놈을 잡아라!"

莊子行於山中, 見大木, 枝葉盛茂, 伐木者止其旁而不取也. 問其故,
장 자 행 어 산 중   견 대 목   지 엽 성 무   벌 목 자 지 기 방 이 불 취 야   문 기 고

曰:『無所可用.』莊子曰:『此木以不材得終其天年!』
왈   무 소 가 용   장 자 왈   차 목 이 불 재 득 종 기 천 년

出於山, 舍於故人之家. 故人喜, 命豎子殺雁而烹之. 豎子請曰:『其一能鳴,
출 어 산   사 어 고 인 지 가   고 인 희   명 수 자 살 안 이 팽 지   수 자 청 왈   기 일 능 명

其一不能鳴, 請奚殺?』
기 일 불 능 명   청 해 살

主人曰:『殺不能鳴者!』
주 인 왈   살 불 능 명 자

이튿날 장자의 제자가 물었다.

"어제 산중에서 본 큰 나무는 재목으로서 쓸모가 없는 탓으로 천부의 수명을 누렸다고 하셨는데, 오늘 죽게 된 거위는 잘 울지 못하는, 쓸모없는 탓으로 죽게 되었으니 선생님은 유용과 무용 중 어디에 몸을 두시려 합니까?"

장자가 웃으며 말했다.

"나는 유용과 무용 사이에 처신하려고 한다. 유용과 무용의 중간 지대에 처신한다는 것은 도道에 가까운 듯하지만 참다운 도는 아니며, 따라서 세상의 번거로움을 벗어나지는 못한다.

그러나 저 무위의 덕을 지니고 세상을 노니는 사람은 그렇지 않다.

明日, 弟子問於莊子曰: 『昨日山中之木, 以不材得終其天年. 今主人之雁,
명 일   제자문어장자왈   작일산중지목 이불재득종기천년 금주인지안

以不材死. 先生將何處?』
이불재사 선생장하처

莊子笑曰: 『周將處乎材與不材之間. 材與不材之間, 似之而非也, 故未免乎累.
장자소왈   주장처호재여불재지간 재여불재지간 사지이비야 고미면호루

若夫乘道德而浮遊則不然.
약부승도덕이부유즉불연

그는 명예도 비난도 듣는 일이 없고, 어느 때는 용처럼 몸을 드러내고, 어느 때는 뱀처럼 몸을 감추기도 하여 시대를 따라 변화하면서 어느 한 가지에 편중하는 일이 없다. 더러는 몸을 위로 펴고, 더러는 몸을 아래로 굽혀, 천지 중화中和의 도로 그 도량을 삼으며, 만물의 근원인 도에 노닐어 모든 지상의 물건을 물건으로써 부리되 물건에 지배되지 않으니, 어찌 세상의 괴로움에 얽매여 발버둥 치랴! 이는 바로 옛날의 성왕인 신농씨神農氏나 황제의 처세 방법이다.

그러나 만물의 이치나 인간들의 인습은 꼭 그렇지 않다. 만나면 헤어지고, 이루어지면 무너지고, 청렴하면 좌절당하고, 지위가 높으면 남의 질투를 받고, 무엇을 하려 들면 방해를 받고, 어질면 남의 모함을 받고 어리석으면 속기 마련이니, 어찌 세상의 괴로움을 벗어날 수 있으랴! 슬프다. 사랑하는 제자들은 명심하게! 세상의 괴로움에서 초탈하는 길은 오직 자연의 도로 돌아가야 하느니!"

— 〈산목山木 1〉

無譽無訾, 一龍一蛇, 與時俱化, 而無肯專爲. 一上一下, 以和爲量, 浮遊乎萬物之祖,
무 예 무 자 일 룡 일 사 여 시 구 화 이 무 긍 전 위   일 상 일 하 이 화 위 량   부 유 호 만 물 지 조

物物而不物於物, 則胡可得而累邪!
물 물 이 불 물 어 물 즉 호 가 득 이 루 야

此神農黃帝之法則也. 若夫萬物之情, 人倫之傳, 則不然.
차 신 농 황 제 지 법 즉 야   약 부 만 물 지 정 인 륜 지 전 즉 불 연

合則離, 成則毀, 廉則挫, 尊則議, 有爲則虧, 賢則謀, 不肖則欺, 胡可得而必乎哉!
합 즉 리 성 즉 훼 염 즉 좌 존 즉 의 유 위 즉 휴 현 즉 모 불 초 즉 기 호 가 득 이 필 호 재

悲夫! 弟子志之, 其唯道德之鄉乎!』
비 부   제 자 지 지   기 유 도 덕 지 향 호

옷이 해지고 신이 뚫어진 것은 가난이지, 곤경에 빠진 것이 아니다

장자가 누더기 옷을 기워 입고, 해진 신을 끈으로 동여맨 채 위왕魏王 앞을 지나자, 위왕이 물었다.

"선생은 어째서 이런 곤경에 빠졌습니까?"

장가가 대답했다.

"가난 때문이지, 곤경에 빠진 것은 아닙니다. 선비가 도덕을 지니고 있으면서도 그것을 천하에 실행할 수 없는 것이 곤경에 빠진 것이요, 옷이 해지고 신이 뚫어진 것은 가난이지, 곤경에 빠진 것이 아닙니다. 내가 당한 이 고통은 바로 때를 만나지 못한 것입니다.

왕께서는 원숭이를 보신 적이 있습니까?

그놈이 녹나무 · 가래나무 · 예장豫章나무에 노닐 때에는 그 가지를 휘어잡고 칙칙한 나뭇잎 사이를 거들먹거리며 재주를 부립니다. 비록 예羿나 봉몽逢蒙과 같은 명궁名弓도 그를 감히 겨냥조차 할 수 없습니다.

莊子衣大布而輔之, 正廖係履而過魏王. 魏王曰:『何先生之憊邪?』
장 자 의 대포 이 보 지 정 혈 계 리 이 과 위 왕 위왕 왈 하 선생 지 비 야

莊子曰:『貧也, 非憊也. 士有道德不能行, 憊也. 衣弊履穿, 貧也, 非憊也.
장 자 왈 빈 야 비 비 야 사 유 도 덕 불 능 행 비 야 의 폐 리 천 빈 야 비 비 야

此所謂非遭時也. 王獨不見夫騰猿乎?
차 소 위 비 조 시 야 왕 독 불 견 부 등 원 호

其得相梓豫章也, 攬蔓其枝而王長其間, 雖羿逢蒙不能眄睨也.
기 득 남 자 예 장 야 남 만 기 지 이 왕 장 기 간 수 예 봉 몽 불 능 면 예 아

그러나 원숭이가 석류나무·가시나무·탱자나무·구기자나무 따위의 가시 많은 나무 사이에서 노닐 때에는 행동을 조심하여 사방을 훑어보면서 부들부들 떨기까지 하는데, 이는 원숭이의 근육이나 뼈가 갑자기 굳어진 때문이 아니요, 원숭이가 있는 곳이 불편해서 그 재주를 충분히 부릴 수 없는 것입니다. 선비가 난세亂世를 당해서도 마찬가집니다.

지금 나는 어두운 임금과 어지러운 신하들 사이에 처해 있습니다. 곤경에 빠지지 않으려 해도 어찌 병들지 않겠습니까?

난세에 처해 피곤을 견딜 수 없으면 살신殺身의 재화를 면할 수 없으니, 옛날 비간比干이 간하다가 가슴이 쪼개지는 형벌을 받은 것은 가장 좋은 징험徵驗이 되지 않겠습니까?"

— 〈산목山木 2〉

及其得柘棘枳枸之間也, 危行側視, 振動悼慄.
급 기 득 자 극 지 구 지 간 아   위 행 측 시   진 동 도 률

此筋骨非有加急而不柔也, 處勢不便, 未足以逞其能也.
차 근 골 비 유 가 급 이 불 유 야   처 세 불 편   미 족 이 령 기 능 야

今處昏上亂相之間, 而欲無憊, 奚可得邪? 此比干之見剖心徵也夫?」
금 처 혼 상 란 상 지 간   이 욕 무 비   해 가 득 야   차 비 간 지 견 부 심 징 야 부

흐린 물을 보다가 맑은 물을 보면
혼미했던 것을 깨달을 수 있다

장자가 조릉雕陵의 숲속을 거닐고 있을 때, 이상한 까치 한 마리가 남쪽에서 날아오는 것을 보았다. 그런데 날개가 일곱 자나 되는데다, 눈의 직경이 한 치나 되어 보였다. 장자의 머리를 스치더니 저쪽 밤나무 숲에 내려앉았다.

장자가 말했다.

"저것은 무슨 새일까? 날개가 저리도 큰데 날지도 못하고, 눈이 저리도 큰데 사람도 보지 못한담?"

장자는 바지를 걷고 잔걸음으로 그쪽으로 갔다. 그리고 활을 뽑아 들고 그 옆에 서 있었다.

莊周遊於雕陵之樊, 覩一異鵲自南方來者, 翼廣七尺, 目大運寸,
장 주 유 어 조 릉 지 번   도 일 이 작 자 남 방 래 자   익 광 칠 척   목 대 운 촌

感周之顙而集於栗林.
감 주 지 상 이 집 어 율 림

莊周曰:『此何鳥哉? 翼殷不逝, 目大不覩?』蹇裳躩步, 執彈而留之.
장 주 왈   차 하 조 재   익 은 불 서   목 대 불 도   건 상 곽 보   집 탄 이 류 지

그런데 우연히도 한 마리의 매미가 시원한 그늘에 아무것도 모르고 흥나게 울고 있었고, 그 뒤로는 한 마리의 사마귀가 잎사귀에 숨어 매미를 노려보느라 정신을 쏟고 있는 것을 보았다. 그런데 그뿐만 아니라 그 뒤로는 아까 보았던 괴이한 까치가 이제는 그 사마귀를 노리느라 식욕에 탐혹한 나머지 얼을 놓고 있지 않은가!

장자는 소스라치게 놀라 말했다.

"아! 생물들은 서로가 이익을 위해 침해하고 남을 모해謀害하다가 결국 자기가 위태롭구나!"

활을 내던지고 돌아섰다. 이번에는 밤나무 단지 주인이 밤을 훔치는 줄 알고 뒤쫓아 와 이유를 캐물었다.

장자는 집에 돌아와 사흘이나 우울한 채 날을 보냈다.

그의 제자인 인저藺且가 그 까닭을 물었다.

"선생님께선 요즘 왜 그렇게 우울하십니까?"

覩一蟬, 方得美蔭而忘其身.
도 일 선 방 득 미 음 이 망 기 신

螳螂執翳而搏之, 見得而忘其形. 異鵲從而利之, 見利而忘其眞!
당 랑 집 예 이 박 지 견 득 이 망 기 형   이 작 종 이 리 지   견 리 이 망 기 진

莊周怵然曰:『噫! 物固相累, 二類召也!』捐彈而反走, 虞人逐而誶之.
장 주 출 연 왈   희 물 고 상 루 이 류 소 야   연 탄 이 반 주   우 인 축 이 수 지

莊周反入, 三月不庭. 藺且從而問之:『夫子何爲頃間甚不庭乎?』
장 주 반 입 삼 월 불 정 인 차 종 이 문 지   부 자 하 위 경 간 심 불 정 호

장자는 차근하게 대답했다.

"나는 외부의 사물을 지키느라 내 몸을 잊고 있었다. 마치 흐린 물을 보다가 맑은 물에 와서야 아까 내가 혼미했던 것을 깨달은 것처럼. 나는 일찍이 선생님으로부터, '그곳에 가면 그 풍속을 따르라'는 말을 들었다.

지금 나는 조릉을 산보하다가 나를 망각했기에, 그 괴상한 까치는 내 이마를 스쳐가면서 나를 놀라게 했고, 또 밤나무 숲을 거닐다가 내 진실을 망각했기에, 밤나무 단지 주인은 나를 도적으로 알고 욕을 보였다. 그래서 나는 우울할 수밖에 없었다."

— 〈산목山木 3〉

莊周曰:『吾守形而忘身, 觀於濁水而迷於淸淵. 且吾聞諸夫子曰:「入其俗, 從其令.」
장 주 왈   오 수 형 이 망 신   관 어 탁 수 이 미 어 청 연   차 오 문 제 부 자 왈   입 기 속   종 기 령

今吾遊於雕陵而忘吾身, 異鵲惑吾顙, 遊於栗林而忘眞, 栗林虞人以吾爲戮,
금 오 유 어 조 릉 이 망 오 신   이 작 혹 오 상   유 어 율 림 이 망 진   율 림 우 인 이 오 위 륙

吾所以不庭也.』
오 소 이 불 정 야

무위자연의 도를 체득하다

노자의 제자 중에 경상초라는 사람이 있었다. 노자의 도를 어느 정도
터득한 후 북쪽 불모지 땅 외루산에 살고 있었다. 그의 하인 중에서 똑
똑하고 지혜가 있는 사람들은 그를 떠났고, 그의 첩들 중에서 온후하
고 어진 사람들은 그를 멀리 했다. 못난 자들만 그와 함께 살고 멍청한
자들만 그의 부림을 받았다. 삼 년이 지나자 외루산 일대에 크게 풍년
이 들었다. 외루산 일대의 사람들은 서로 이야기를 주고받았다.

"경상초가 처음 왔을 때 우리는 놀라며 그를 이상하게 여겼었다. 하
루하루 그가 한 일을 따져보면 별것이 아닌데, 일 년을 두고 따져보
니 큰일을 해 놓았다. 아마도 그는 성인일 것이다. 우리가 어찌 그 분
을 임금으로 윗자리에 모시지 않을 수 있겠는가?"

老聃之役, 有庚桑楚者, 偏得老聃之道, 以北居畏壘之山, 其臣之畵然知者去之,
노 담 지 역　유 경 상 초 자 편 득 노 담 지 도　이 북 거 외 루 지 산　기 신 지 화 연 지 자 거 지

其妾之挈然仁者遠之. 擁腫之與居, 鞅掌之爲使.
기 첩 지 설 연 인 자 원 지　옹 종 지 여 거　앙 장 지 위 사

居三年, 畏壘大壤. 畏壘之民相與言曰:『庚桑子之始來, 吾洒然異之.
거 삼 년　외 루 대 양　외 루 지 민 상 여 언 왈　경 상 자 지 시 래　오 쇄 연 이 지

今吾日計之而不足, 歲計之而有餘. 庶幾其聖人乎. 子胡不相與尸而祝之,
금 오 일 계 지 이 부 족　세 계 지 이 유 여　서 기 기 성 인 호　자 호 불 상 여 시 이 축 지

社而稷之乎?』
사 이 직 지 호

경상초는 그 얘기를 듣고 남쪽을 향하여 앉은 채 떨떠름한 표정을 짓고 있었다. 제자들이 이상히 생각하여 그 이유를 물으니 경상초가 말했다. "너희들은 내가 이상하게 보이느냐? 봄기운이 퍼지면 온갖 초목이 싹 트고, 가을이 되면 모든 열매가 익는다. 봄이나 가을에 어찌 그렇지 않을 수 있겠느냐? 그것은 자연의 도에 의해 그렇게 운행되고 있는 것이다. 내가 듣기로 지극한 사람은 작은 방안에 조용히 숨어살고, 백성들은 멋대로 날뛰면서 아무것도 알지 못한다고 했다. 그런데 지금 이곳 사람들이 마음속으로 나를 어진 사람으로 떠받들려 하고 있다. 그러니 나는 스스로를 내세우는 사람이 된 것이다. 나는 스승님(노자)의 말에 어긋나게 된 것이므로 언짢을 뿐만 아니라 달갑지 않게 생각한다." 이 글은 무위자연의 도를 체득한 지인이 세속과 떨어져 세인들과 무관하게 살고 있음을 시사해 주고 있다.

— 〈경상초庚桑楚 1〉

庚桑子聞之, 南面而不釋然. 弟子異之. 庚桑子曰:『弟子何異乎予?
경 상 자 문 지   남 면 이 불 석 연   제 자 이 지   경 상 자 왈   제 자 하 이 호 여

夫春氣發而百草生, 正得秋而萬寶成. 夫春與秋, 豈無得而然哉?
부 춘 기 발 이 백 초 생   정 득 추 이 만 보 성   부 춘 여 추   기 무 득 이 연 재

天道已行矣! 吾聞至人, 尸居環堵之室, 而百姓猖狂不知所如往.
천 도 이 행 의   오 문 지 인   시 거 환 도 지 실   이 백 성 창 광 부 지 소 여 왕

今以畏壘之細民而竊竊焉欲俎豆予于賢人之間, 我其杓之人邪』
금 이 외 루 지 세 민 이 절 절 언 욕 조 두 여 우 현 인 지 간   아 기 표 지 인 야

吾是以不釋於老聃之言.
오 시 이 불 석 어 노 담 지 언

영원히 존재하며 시작과 끝이 없다는 것은 시간이다

도는 만물에 통하면서도 분별하기도 한다. 또한 이루어지는 것도 무너지는 것도 모두 도에 의해 행해진다. 다만 분별하는 것이 나쁘다는 것은 분별함으로써 모든 것이 자기에게 갖추어지기를 바라기 때문이다. 자기에게 갖추어지기를 바라는 것이 나쁘다는 것은 밖에 존재하는 것이 자기에게만 모두 갖추어지기를 바라기 때문이다.

그러므로 밖으로만 나가고 자기 본성으로 되돌아오지 않으면, 그는 죽어 귀신이 될 것이다. 밖으로만 나가고도 얻는 것이 있다면, 바로 죽음을 얻을 것이다. 이미 그의 본성이 멸망되었다면 실제로 살고 있어도 이미 죽어 귀신이 되어 있는 것과 같다. 형체가 있는 몸으로써 형체가 없는 도를 본받아야 안정되는 것이다.

道通. 其分也成也, 其成也毀也. 所惡乎分者, 其分也以備. 所以惡乎備者, 其有以備.
도 통 기 분 야 성 야   기 성 야 훼 야   소 악 호 분 자   기 분 야 이 비   소 이 악 호 비 자   기 유 이 비

故出而不反, 見其鬼. 出而得, 是謂得死. 滅而有實, 鬼之一也.
고 출 이 불 반   견 기 귀   출 이 득   시 위 득 사   멸 이 유 실   귀 지 일 야

以有形者象無形者而定矣.
이 유 형 자 상 무 형 자 이 정 의

만물이 태어나지만 그 근본은 없는 것이며, 이승을 떠나는 것도 들어가는 구멍이 있는 것이 아니다. 존재하고는 있지만 차지할 장소는 무한하고, 영원히 존재하여 시작과 끝이 없는 것이다. 태어나기는 하지만 들어갈 구멍이 없기 때문에 존재가 있는 것이다. 존재는 하고 있지만 차지할 장소는 무한하다는 것은 상하사방의 공간을 뜻한다. 영원히 존재하며 시작과 끝이 없다는 것은 예부터 지금까지 계속되는 시간을 뜻한다.

도는 삶에도 작용하고 죽음에도 작용하며, 생겨나는 데도 작용하고 없어지는 데도 작용한다. 없어지고 생겨나게 하면서도 그 형체는 드러나지 않는데, 이것을 천문天門이라 부른다. 천문이란 존재로서는 무無인 것이다. 만물은 존재가 무인 데서 생겨난다. 존재는 존재로부터 존재하게 되었다고 할 수 없다. 반드시 존재가 무에서 생겨났다고 보아야 한다. 그러나 존재가 무인 것은 한결같이 존재가 무인 것이다. 성인은 이 경지에 몸을 두고 있는 것이다.

— 〈경상초庚桑楚 2〉

出無本, 入無竅. 有實而無乎處, 有長而無乎本剽, 有所出而無竅者有實.
출 무 본 입 무 규 유 실 이 무 호 처 유 장 이 무 호 본 표 유 소 출 이 무 규 자 유 실

有實而無乎處者, 宇也. 有長而無本剽者, 宙也.
유 실 이 무 호 처 자 우 야 유 장 이 무 본 표 자 주 야

有乎生, 有乎死, 有乎出, 有乎入, 入出而無見其形, 是謂天門. 天門者, 無有也.
유 호 생 유 호 사 유 호 출 유 호 입 입 출 이 무 견 기 형 시 위 천 문 천 문 자 무 유 야

萬物出乎無有. 有不能以有爲有, 必出乎無有, 而無有一無有. 聖人藏乎是.
만 물 출 호 무 유 유 불 능 이 유 위 유 필 출 호 무 유 이 무 유 일 무 유 성 인 장 호 시

천하의 명마는 스스로를 잊은 듯 한결같다

서무귀가 여상女商의 소개로 위나라 무후武侯를 만났다. 무후가 그를 위로하며 말했다.

"선생께서 병이 나신 모양으로 매우 피곤해 보입니다. 산림에 은거하는 것이 고되어 나를 만나러 오셨군요."

서무귀가 말했다.

"제가 위로하고 싶은데 어찌 저를 위로하십니까? 임금께서는 권세를 주고 있는 것으로 욕망을 만족시키고, 좋아하고 미워하는 감정에 따라 모든 일을 하시려 하기 때문에, 성명의 참모습을 해치고 있습니다. 욕망을 버리고 애증의 감정을 버리려 하시면 귀와 눈이 괴로움을 당하게 될 것입니다. 제가 임금님을 위로하려 하는데 임금님께서 저를 위로할 것이 무엇이 있으십니까?"

무후는 언짢은 듯 대답하지 않았다. 조금 있다가 서무귀가 다시 말했다.

"시험 삼아 제가 개를 감정하는 얘기를 해보겠습니다. 개에게도 상중하의 세 등급이 있습니다. 질이 낮은 개는 아무것이나 배가 부를 때까지 찾아 먹는데 이는 고양이의 본성과 같습니다. 중질의 개는 해를

徐無鬼, 因女商見魏武侯, 武侯勞之曰『先生病矣. 苦語山林之勞, 故乃肯見於寡人.』
서무귀 인여상견위무후 무후로지왈 선생병의 고어산림지로 고내긍견어과인

徐無鬼曰『我則勞於君, 君有何勞於我! 君將盈耆欲, 長好惡, 則性命之情病矣.
서무귀왈 아즉노어군 군유하로어아 군장영기욕 장호악 즉성명지정병의

君將黜耆欲, 掔好惡, 則耳目病矣. 我將勞君, 君有何勞於我?』武侯超然不對.
군장출기욕 견호악 즉이목병의 아장노군 군유하노어아 무후초연불대

少焉, 徐無鬼曰『嘗語君, 吾相狗也. 下之質執飽而止, 是狸德也. 中之質若視日,
소언 서무귀왈 상어군 오상구야 하지질집포이지 시리덕야 중지질약시일

바라보듯 뜻이 높고 먼 곳에 있습니다. 그리고 질이 높은 개는 스스로를 잊은 듯 언제나 한결같습니다.

그러나 제가 개를 감정하는 것은 말을 감정하는 것만은 못합니다. 말 이빨이 먹줄을 댄 듯 곧고 목덜미는 고리가 휜 것처럼 구부정하고, 머리는 굽은 자를 댄 것처럼 모가 나고 눈은 그림쇠로 그린 듯 둥근 것이 국마(國馬; 나라 안에서 가장 뛰어난 말)라 할 만한 말입니다. 그렇지만 국마는 천하의 명마보다는 못합니다. 천하의 명마는 저절로 천성의 재질을 갖추고 있으며 고요하고 그 스스로를 잊은 듯 한결같습니다. 이런 말은 질풍같이 달려도 먼지를 일으키지 않고, 얼마만큼을 가서야 멈추게 될지도 모를 정도입니다."

무후는 크게 기뻐하며 웃는 얼굴이 되었다.

— 〈서무귀徐無鬼 1〉

上之質若亡其一. 吾相狗, 又不若吾相馬也.
상 지 질 약 망 기 일   오 상 구   우 불 약 오 상 마 야

吾相馬, 直者中繩, 曲者中鉤, 方者中矩, 圓者中規, 是國馬也, 而未若天下馬也.
오 상 마   직 자 중 승   곡 자 중 구   방 자 중 구   원 자 중 규   시 국 마 야   이 미 약 천 하 마 야

天下馬有成材, 若卹若失, 若喪其一, 若是者, 超軼絶塵, 不知其所.」武侯大悅而笑.
천 하 마 유 성 재   약 술 약 실   약 상 기 일   약 시 자   초 질 절 진   부 지 기 소   무 후 대 열 이 소

남의 아래에 처신하여 사람들의 마음을 사는 현명한 사람에게 나라를 맡겨라

관중이 병이 나자 제나라 환공이 그를 문병 와서 말했다.

"중부의 병환이 중하시니, 누구에게 나라 일을 맡기는 것이 좋겠습니까?"

관중이 말했다.

"누구에게 맡기려 하고 계십니까?"

환공이 말했다.

"포숙아에게 맡기려 합니다."

관중이 말했다.

"안 됩니다. 그의 사람됨은 결백하고 청렴하면서도 선하기만 한 선비입니다. 그는 자기와 같지 않은 사람과는 친하게 지내지 않습니다. 또한 한번 남의 잘못을 알게 되면 평생토록 잊지 않습니다. 그에게 나라를 다스리게 하시면 위로는 임금님께 반기를 들 것이고, 아래로는 백성들의 뜻을 거스를 것입니다. 머지않아 그는 임금님께 죄를 지을 것입니다."

管仲有病, 桓公問之曰:『仲父之病病矣, 可不諱云! 至於大病, 則寡人惡乎屬國而可?』
관 중 유 병   환 공 문 지 왈   중 부 지 병 병 의   가 불 휘 운   지 어 대 병   즉 과 인 악 호 속 국 이 가

管仲曰:『公誰欲與?』
관 중 왈   공 수 욕 여

公曰:『鮑叔牙.』
공 왈   포 숙 아

曰:『不可. 其爲人, 潔廉善士也, 其於不己若者不比之, 又一聞人之過, 終身不忘.
왈   불 가   기 위 입   결 렴 선 사 야   기 어 불 기 약 자 불 비 지   우 일 문 인 지 과   종 신 불 망

使之治國, 上且鉤乎君, 下且逆乎民. 其得罪於君也, 將弗久矣』
사 지 치 국   상 차 구 호 군   하 차 역 호 민   기 득 죄 어 군 야   장 불 구 의

환공이 말했다.

"그렇다면 누가 좋겠습니까?"

관중이 말했다.

"부득이 나라 일을 맡기려 하신다면, 습붕이 괜찮습니다. 그의 사람됨은 위로는 임금님의 존재를 잊고 아래로는 백성들이 떨어지지 않게 합니다. 그는 황제와 같지 못함을 부끄러워하고, 자기만 못한 사람들을 불쌍히 여깁니다. 자기의 덕을 남에게 나누어주는 것을 성인이라 말하고, 자기의 재물을 남에게 나누어주는 것을 현인이라 말합니다. 현명한 사람으로서 다른 사람 위에 군림하여 사람들의 마음을 산 사람은 없습니다. 현명한 사람으로서 남의 아래에 처신하여 사람들의 마음을 사지 못한 사람은 없습니다. 그는 나라에 있어서는 모든 것을 들으려 하지 않고, 집안에서는 모든 것을 보려고 하지 않습니다. 꼭 맡겨야 한다면 습붕이 좋을 것입니다."

— 〈서무귀徐無鬼 2〉

公曰:『然則孰可?』
공 왈   연 즉 숙 가

對曰:『勿已, 則隰朋可. 其爲人也, 上忘而下不畔, 愧不若黃帝而哀不己若者.
대 왈   물 이   즉 습 붕 가   기 위 인 야   상 망 이 하 불 반   괴 불 약 황 제 이 애 불 기 약 자

以德分人謂之聖, 以財分人謂之賢. 以賢臨人, 未有得人者也. 以賢下人,
이 덕 분 인 위 지 성   이 재 분 인 위 지 현   이 현 임 인   미 유 득 인 자 야   이 현 하 인

未有得人者也. 其於國有不聞也, 其於家有不見也. 勿已, 則隰朋可.』
미 유 득 인 자 야   기 어 국 유 불 문 야   기 어 가 유 불 견 야   물 이   즉 습 붕 가

**사람들에게 화합하는 마음을 가지게 만들고,
사람들을 동화시킬 수 있는 사람에게 부탁하라**

즉양이 벼슬을 얻기 위해 초나라에 갔는데, 이절(夷節: 초나라 대신)이
그에 관해 초나라 임금에게 얘기했으나 임금은 그를 만나주지 않았
다. 이절이 그대로 돌아가자 즉양이 왕과王果를 찾아가 부탁했다.
"선생께서는 어째서 저를 임금님께 소개해 주지 않으시는 것입니
까?"
그러자 왕과가 말했다.
"나는 공열휴(公閱休: 초나라 은자)만 못합니다."
즉양이 물었다.
"공열휴란 무엇을 하는 분이십니까?"
왕과가 말했다.
"그는 겨울에는 강에서 자라를 작살로 찔러 잡고, 여름이면 산기슭에
서 쉽니다. 지나가던 사람이 물으면, '그곳이 자기 집'이라고 대답한
다 합니다.

則陽游於楚, 夷節言之於王, 王未之見, 夷節歸.
즉 양 유 어 초   이 절 언 지 어 왕   왕 미 지 견   이 절 귀

彭陽見王果曰: 『夫子何不譚我於王?』
팽 양 견 왕 과 왈   부 자 하 불 담 아 어 왕

王果曰: 『我不若公閱休.』
왕 과 왈   아 불 약 공 열 휴

則陽曰: 『公閱休奚爲者邪?』
즉 양 왈   공 열 휴 해 위 자 야

曰: 『冬則擉鼈於江, 夏則休乎山樊. 有過而問者, 曰「此予宅也.」
왈   동 즉 착 별 어 강   하 즉 휴 호 산 번   유 과 이 문 자   왈 차 여 택 야

이절이 임금께 말씀드려도 되지 않았는데 하물며 나 같은 사람이 말씀을 드린다 해서 되겠습니까? 또한 저의 지혜는 이절만 못합니다. 이절의 사람됨은 덕은 없지만 지혜는 있습니다. 스스로 자연에 맡겨 신명으로써 외물을 접하지 않고 본시 부귀를 누리는 지위에 미혹되어 있습니다. 그와 접촉하면 덕으로써 서로를 돕게 되지 않고, 서로의 덕을 없애는 것을 돕는 결과가 됩니다. 헐벗은 사람이 봄에 가서야 옷을 빌리고, 더위를 먹은 사람이 겨울이 되어서도 찬바람을 쐬는 것과 같은 것입니다.

초나라 임금의 사람됨은 형식적으로는 존엄합니다. 죄에 대해 용서를 하지 않기로는 호랑이와 같습니다. 말재주가 있고 올바른 덕을 지닌 사람이 아니라면 어느 누가 그를 설득시킬 수 있겠습니까?

夫夷節已不能, 而況我乎? 吾又不若夷節.
부 이 절 이 불 능   이 황 아 호   오 우 불 약 이 절

夫夷節之爲人也, 無德而有知, 不自許, 以之神其交, 固顚冥乎富貴之地, 非相助以德,
부 이 절 지 위 인 야   무 덕 이 유 지   불 자 허   이 지 신 기 교   고 전 명 호 부 귀 지 지   비 상 조 이 덕

相助消也.
상 조 소 야

夫凍者假衣於春, 喝者反冬乎冷風. 夫楚王之爲人也, 形尊而嚴. 其於罪也, 無赦如虎.
부 동 자 가 의 어 춘   갈 자 반 동 호 랭 풍   부 초 왕 지 위 인 야   형 존 이 엄   기 어 죄 야   무 사 여 호

非夫佞人正德, 其孰能橈焉?
비 부 녕 인 정 덕   기 숙 능 요 언

308

성인은 자신이 곤궁할 때에는 식구들이 가난함을 잊게 만들고, 출세했을 때에는 임금이나 대신들이 벼슬과 녹을 잊고 스스로 겸허하도록 만듭니다. 외물에 대해서는 외물과 동화하여 즐기고, 사람들에 대해서는 도가 서로 통하게 하고 즐김으로써 자기의 본성을 보전합니다. 그러므로 어떤 경우에는 말을 하지 않아도 사람들로 하여금 화합하는 마음을 가지게 만들고, 사람들과 나란히 서 있으면서도 사람들을 동화되게 만듭니다. 그들을 모두 아버지와 아들 같은 정으로 귀착하도록 만들어 줍니다. 가만히 들어앉아 있어도 그가 세상에 베푸는 사람들의 마음에 대한 효과는 이처럼 큽니다. 그래서 공열휴에게 부탁을 드려야 한다고 말씀드린 것입니다."

— 〈즉양則陽 1〉

故聖人, 其窮也使家人忘其貧, 其達也使王公忘爵祿而化卑. 其於物也,
고 성 인 기 궁 야 사 가 인 망 기 빈 기 달 야 사 왕 공 망 작 록 이 화 비 기 어 물 야

與之爲娛矣.
여 지 위 오 의

其於人也, 樂物之通而保己焉. 故或不言而飮人以和, 與人竝立而使人化.
기 어 인 야 낙 물 지 통 이 보 기 언 고 혹 불 언 이 음 인 이 화 여 인 병 립 이 사 인 화

父子之宜, 彼其乎歸居, 而一閒其所施. 其於人心者, 若是其遠也. 故曰待公閱休.』
부 자 지 의 피 기 호 귀 거 이 일 한 기 소 시 기 어 인 심 자 약 시 기 원 야 고 왈 대 공 열 휴

와각지쟁(蝸角之爭; 달팽이 뿔 위에서의 싸움)

위나라 혜왕 영罃이 제나라 위왕 모牟와 맹약을 맺었는데 제나라 위왕이 그 맹약을 깼다. 위나라 혜왕은 화가 나서 사람들을 시켜 그를 죽이려 했다. 위나라 서수(犀首; 벼슬이름) 공손연이 그 얘기를 듣고 부끄럽게 여겨 말했다.

"임금님께서는 만승의 군주(천자나 황제, 만승은 1만 채의 수레, 그것을 가진 천자)이시면서 한 남자를 시켜 원수를 갚으려고 하십니다. 제게 이십만의 군사를 주어 제나라를 공격하게 해주십시오. 그러면 제나라 백성들을 사로잡고 소와 말들을 끌어와 제나라 임금이 속이 타 등창이 터지게 만들겠습니다. 그런 뒤에 나라를 빼앗겠습니다. 제나라 장수 전기田忌를 도망치게 만들고 등을 쳐 허리를 부러뜨려 버리겠습니다."

魏罃與田侯牟約, 田侯牟背之. 魏罃怒, 將使人刺之.
위 영 여 전 후 모 약   전 후 모 배 지 위 형 노 장 사 인 자 지

犀首公孫衍聞而恥之曰:『君爲萬乘之君也, 而以匹夫從讐.
서 수 공 손 연 문 이 치 지 왈   군 위 만 승 지 군 야 이 이 필 부 종 수

衍請受甲二十萬, 爲君攻之, 虜其人民, 係其牛馬, 使其君內熱發於背. 然後拔其國.
연 청 수 갑 이 십 만 위 군 공 지 노 기 인 민 계 기 우 마 사 기 군 내 열 발 어 배 연 후 발 기 국

忌也出走, 然後抶其背, 折其脊.』
기 야 출 주 연 후 질 기 배 절 기 척

위나라의 계자季子는 이 얘기를 듣고서 부끄러워하며 말했다.

"열길 높이의 성을 쌓았을 때, 그 열길 높이의 성을 다시 허물어버린 다면 이것을 쌓은 일꾼들이 고생만 한 결과가 됩니다. 지금 전쟁이 일어나지 않은 지 칠 년이 되었는데, 이것은 정치의 기반입니다. 공손 연은 혼란을 일으키는 사람이니 그의 말을 들어서는 안 됩니다."

위나라 화자華子가 다시 이 말을 듣고서 좋지 않게 생각하며 말했다.

"제나라를 정벌하자는 얘기를 하는 자는 혼란을 일삼는 자입니다. 제나라를 정벌하지 말자고 말하는 자도 역시 혼란을 일삼는 자입니 다. 제나라를 정벌하자고 말하는 자와 제나라를 정벌하지 말자고 말 하는 자가 혼란을 일삼는 자라고 말하는 자도 역시 혼란을 일삼는 자입니다."

위나라 혜왕이 말했다.

"그렇다면 어떻게 하는 것이 좋겠습니까?"

季子聞而恥之曰:『築十仞之城, 城者旣十仞矣, 則又壞之, 此胥靡之所苦也.
계 자 문 이 치 지 왈   축 십 인 지 성   성 자 기 십 인 의   즉 우 괴 지   차 서 미 지 소 고 야

今兵不起七年矣, 此王之基也. 衍亂人, 不可聽也.』
금 병 불 기 칠 년 의   차 왕 지 기 야   연 란 인   불 가 청 야

華子聞而醜之曰:『善言伐齊者, 亂人也. 善言勿伐者, 亦亂人也.
화 자 문 이 추 지 왈   선 언 벌 제 자   난 인 야   선 언 물 벌 자   역 란 인 야

謂伐之與不伐亂人也者, 又亂人也.』
위 벌 지 여 불 벌 란 인 야 자   우 란 인 야

君曰:『然則若何?』
군 왈   연 즉 약 하

화자가 말했다.

"올바른 도를 따르기만 하시면 됩니다."

혜자惠子가 그 말을 듣고서 대진인戴晉人을 혜왕에게 소개했다. 대진
인이 혜왕에게 말했다.

"달팽이를 알고 계십니까?"

혜왕이 말했다.

"알고 있습니다."

대진인이 말했다.

"달팽이의 왼쪽 뿔에 나라 하나가 있었는데 촉씨觸氏라 불렀습니다.
달팽이의 오른쪽 뿔에도 한 나라가 있었는데 만씨蠻氏라고 불렀습니
다. 그런데 이 두 나라가 땅을 서로 빼앗으려고 전쟁을 벌였습니다.
쓰러진 시체가 수만 명이나 되었고, 도망치는 자들을 추격하여 십오
일 만에야 되돌아 왔습니다."

혜왕이 말했다.

"그 무슨! 허무맹랑한 얘기입니까?"

曰:『君求其道而已矣.』惠子聞之而見戴晉人.
왈　군구기도이이의　혜자문지이견대진인

戴晉人曰:『有所謂蝸者, 君知之乎?』曰:『然.』
대진인왈　유소위와자 군지지호　왈　연

『有國於蝸之左角者曰觸氏, 有國於蝸之右角者曰蠻氏, 時相與爭地而戰,
유국어지좌각자왈촉씨 유국어지우각자왈만씨　시상여쟁지이전

伏尸數萬, 逐北旬有五日而後反.』君曰:『噫! 其虛言與?』
복시수만 축북순유오일이후반　군왈　희 기허언여

대진인이 말했다.

"저는 임금님께서 사실을 받아들이시길 바랍니다. 사방과 하늘과 땅을 생각할 때 한계가 있다고 여기십니까?"

혜왕이 말했다.

"한계가 없다고 생각합니다."

대진인이 말했다.

"마음을 한계도 없는 경지에서 노닐게 할 줄 안다면 돌이켜 이 세상의 나라를 생각해 볼 때, 있는지 없는지도 모를 존재가 되지 않겠습니까?"

혜왕이 말했다.

"그렇겠지요."

대진인이 말했다.

"이 세상에는 위나라가 있습니다. 위나라 가운데 또 양梁나라가 있습니다. 양나라 가운데 임금님이 계십니다. 임금님이 만씨와 다른 점이 있다고 생각하십니까?"

曰：『臣請爲君實之. 君以意在四方上下有窮乎?』君曰：『無窮.』
왈　신 청 위 군 실 지　군 이 의 재 사 방 상 하 유 궁 호　군 왈　무 궁

曰：『知遊心於無窮, 而反在通達之國, 若存若亡乎?』
왈　지 유 심 어 무 궁　이 반 재 통 달 지 국　약 존 약 망 호

君曰：『然.』
군 왈　연

曰：『能達之中有魏, 於魏中有梁, 於梁中有王. 王與蠻氏有辯乎?』
왈　통 달 지 중 유 위　어 위 중 유 양　어 양 중 유 왕　왕 여 만 씨 유 변 호

혜왕이 말했다.

"다를 것이 없군요."

대진인이 나가자 혜왕은 멍하니 넋을 잃고 있었다. 혜자가 들어오자 혜왕이 말했다.

"그 손님은 대단한 사람이었습니다. 성인이라도 그보다 못할 것입니다."

혜자가 말했다.

"피리를 불면 피리소리가 나지만, 칼자루 끝에 뚫린 구멍을 불면 바람 소리만 날 뿐입니다. 요임금과 순임금은 사람들이 칭송하는 사람들입니다. 하지만 요와 순을 대진인에게 비교하여 얘기하면 입에서 나는 바람 소리에 불과한 존재입니다."

— 〈즉양則陽 2〉

君曰:『無辯.』
군왈　무변

客出而君惝然若有亡也.
객출이군창연약유망야

客出, 惠子見. 君曰:『客, 大人也, 聖人不足以當之.』
객출　혜자견　군왈　객　대인야　성인부족이당지

惠子曰:『夫吹筦也, 猶有嗃也. 吹劍首者, 吷而已矣. 堯舜, 人之所譽也.
혜자왈　　부취관야　유유학야　취검수자　혈이이의　요순　인지소예야

道堯舜於戴晉人之前, 譬猶一吷也.』
도요순어대진인지전　비유일혈야

본래 사람은 불같은 욕망을 이겨내지 못한다

외부의 사물들, 즉 자기 밖에 있는 일체의 사물은 어느 것 하나도 절대적인 것이라고 할 수 없다. 그렇기 때문에 용봉龍逢은 충신이면서도 처형당했고, 비간比干은 충간을 하다가 죽임을 당했다. 그리고 주왕紂王의 서형 기자箕子는 미친 척하고 살았고, 간신 악래惡來도 죽음을 당하였으며, 걸왕桀王과 주왕도 결국은 멸망했다.

임금이라면 누구나 그의 신하들이 충성스럽기를 바라지만, 충신이라고 반드시 신임을 받는 것은 아니다. 그래서 오나라 오자서는 충신이면서도 사형을 당하여 시체가 강물에 던져졌고, 주나라 장홍은 죄 없이 촉 땅에서 죽어야 했다. 그를 장사 지낸 지 3년 만에 그의 피는 변하여 푸른 구슬이 되었다 한다.

부모라면 누구나 자식이 효성스럽기를 바란다. 그러나 효자라고 반드시 사랑 받는 것은 아니다. 그래서 은나라 태자 효기孝己는 계모로 인해 근심 속에 살았고, 증삼曾參은 아버지의 미움을 사서 슬픔 속에 지냈다.

나무와 나무를 비비면 불이 붙고, 쇠가 불 속에 오래 있으면 녹는다.

外物不可必, 故龍逢誅, 比干戮, 箕子狂, 惡來死, 桀紂亡.
외 물 불 가 필 고 용 봉 주 비 간 륙 기 자 광 오 래 사 걸 주 망.

人主莫不欲其臣之忠, 而忠未必信, 故伍員流于江, 萇弘死于蜀, 藏其血三年而化爲碧.
인 주 막 불 욕 기 신 지 충 이 충 미 필 신 고 오 원 류 우 강 장 홍 사 우 촉 장 기 혈 삼 년 이 화 위 벽.

人親莫不欲其子之孝, 而孝未必愛, 故孝己憂而曾參悲.
인 친 막 불 욕 기 자 지 효 이 효 미 필 애 고 효 기 우 이 증 삼 비.

木與木相摩則然, 金與火相守則流.
목 여 목 상 마 즉 연 김 여 화 상 수 즉 유.

음과 양의 기운이 섞이면 하늘과 땅이 크게 놀라 움직인다. 그래서 천둥과 번개가 생기는 것이다. 그래서 빗줄기 속에서도 큰 느티나무가 벼락에 맞아 불타기도 하는 것이다.

사람에게는 큰 근심이 있는데 이해利害라는 것으로, 두 가지 중 어느 곳에 치우쳐도 그 피해로부터 도망칠 길이 없다. 언제나 두려워함으로써 아무 일도 이루지 못하게 되며, 그의 마음은 하늘과 땅 사이에 매달려 있는 것처럼 불안하기만 하다. 또 고민이 마음에 있어 근심에 잠기게 되며, 이해에 관한 생각이 마찰을 일으켜 불같은 욕망을 낳는다. 그래서 많은 사람들이 마음속의 화기和氣를 불태우게 된다. 마음을 달처럼 비워 맑아도 본래 사람은 불같은 욕망을 이겨내지 못하는 것이다. 그래서 그의 모든 것이 무너져 올바른 도리가 사라지게 되는 것이다.

— 〈외물外物 1〉

陰陽錯行, 則天地大絃, 於是乎有雷有霆, 水中有火, 乃焚大槐,
음 양 착 행 즉 천 지 대 해 어 시 호 유 뇌 유 정 수 중 유 화 내 분 대 괴

有甚憂兩陷而無所逃, 螱蜳不得成,
유 심 우 양 함 이 무 소 도 진 윤 부 득 성

心若懸於天地之間, 慰暋沈屯, 利害相摩, 生火甚多, 衆人焚和, 月固不勝火,
심 약 현 어 천 지 지 간 위 민 침 둔 이 해 상 마 생 화 심 다 중 인 분 화 월 고 불 승 화

於是乎有僓然而道盡.
어 시 호 유 퇴 연 이 도 진

모든 일에는 때와 경우가 알맞아야 한다

장자가 집이 가난하여 감하후(監河侯: 위문후)에게 곡식을 빌리러 갔다.
감하후가 말했다.

"좋습니다. 영지의 세금을 거둬들여 선생에게 삼백 금을 빌려드리도
록 하겠습니다. 어떻습니까?"

장자는 화가나 얼굴빛이 변하며 말했다.

"내가 어제 이곳에 오는데 나를 부르는 것이 있었습니다. 돌아다보니
수레바퀴자국에 고여 있는 물웅덩이 가운데에 있는 붕어였습니다.
'붕어야! 왜 그러느냐?'

莊周家貧, 故往貸粟於監河侯. 監河侯曰:『諾. 我將得邑金, 將貸子三百金, 可乎?』
장 주 가 빈   고 왕 대 속 어 감 하 후   감 하 후 왈   낙   아 장 득 읍 금   장 대 자 삼 백 금   가 호

莊周忿然作色曰:『周昨來, 有中道而呼者. 周顧視車轍中, 有鮒魚焉.
장 주 분 연 작 색 왈   주 작 래   유 중 도 이 호 자   주 고 시 차 철 중   유 부 어 언

周問之曰:「鮒魚來! 子何爲者邪?」
주 문 지 왈   부 어 래   자 하 위 자 야

붕어가 대답했습니다.

'저는 동해 용왕의 신하입니다. 몇 됫박의 물로 저를 살려주십시오.'

내가 말했습니다.

'그런가, 내가 남쪽의 오나라와 초나라의 임금을 설득시켜 양자강의 물을 끌어다가 너를 맞이하도록 하겠다. 어떠냐?'

붕어는 성이 나서 얼굴빛이 변하며 말했습니다.

'저는 제가 늘 필요로 하는 물을 잃고 있어서 당장 몸 둘 곳이 없습니다. 저는 몇 됫박의 물만 있으면 살 수 있습니다. 선생의 말 대로하려면 차라리 저를 건어물가게에 가서 찾는 것이 나을 것입니다.'

이렇게 이야기를 나눈 적이 있습니다."

— 〈외물外物 2〉

對曰:「我, 東海之波臣也. 君豈有斗升之水而活我哉?」
대 왈   아 동해지파신야   군기유두승지수이활아재

周曰:「諾. 我且南遊吳越之士, 激西江之水而迎子, 可乎?」
주 왈   낙 아차남유오월지토   격서강지수이영자   가호

鮒魚忿然作色曰:「吾失我常與, 我無所處. 吾得斗升之水然活耳, 君乃言此,
부어분연작색왈   오실아상여   아무소처   오득두승지수연활이   군내언차

曾不如早索我於枯魚之肆.」」
증 불 여 조 색 아 어 고 어 지 사

318

말은 뜻을 표현하는 도구지만, 뜻을 표현하고 나면 잊게 된다

고요하면 병을 고칠 수 있고, 눈썹과 머리를 깨끗이 손질을 하면 늙음을 방지할 수 있고, 편안함은 조급한 마음을 없앨 수 있다. 그러나 이런 방법은 심신을 수고롭게 하는 사람들이나 하는 일이지, 편안히 자득하는 사람들과는 관계가 없어서 그런 사람들은 알려고 하지도 않는 것이다.

성인이 천하를 바로 고치는 방법에 대해 신인은 알려고 하지도 않다. 현인이 세상을 바로 고치는 방법에 대해서 성인은 알려고 하지도 않다. 군자가 나라를 바로 고치는 방법에 대해서 현인은 알려고 하지도 않는다. 소인들의 시세에 영합하는 방법에 대해서 군자는 알려고 하지도 않는다.

靜然可以補病, 眥搣可以休老, 寧可以止遽. 雖然, 若是, 勞者之務也,
정 연 가 이 보 병 자 멸 가 이 휴 로 영 가 이 지 거 수 연   약 시   노 자 지 무 야

佚者之所未嘗過而問焉.
일 자 지 소 미 상 과 이 문 언

聖人之所以駴天下, 神人未嘗過而問焉. 賢人所以駴世, 聖人未嘗過而問焉.
성 인 지 소 이 해 천 하 신 인 미 상 과 이 문 언   현 인 소 이 해 세   성 인 미 상 과 이 문 언

君子所以駴國, 賢人未嘗過而問焉. 小人所以合時, 君子未嘗過而問焉.
군 자 소 이 해 국 현 인 미 상 과 이 문 언 소 인 소 이 합 시 군 자 미 상 과 이 문 언

송나라 성문밖에 부모를 여읜 사람이 있었는데, 곡하고 슬퍼함으로 상을 치렀다 하여 그에게 벼슬이 내려졌다. 그러자 그 마을 사람들 중에 친상을 치르다 몸을 상하게 하여 죽는 자가 반이 넘었다.

요임금이 허유에게 천하를 물려주려 하자 허유가 도망을 쳤다. 탕임 금이 무광에게 천하를 물려주려 하자 무광은 화를 냈다.

기타는 그 얘기를 듣고 자기에게 주어질 차례라 단정을 하고, 제자들을 거느리고 관수가로 가서 숨어살았다. 제후들은 기타가 물에 투신할까 걱정되어 삼 년 동안이나 그를 위문했다.

신도적은 그것을 보고 자기도 높은 명망을 얻으려고 황하에 몸을 던져 죽었다.

통발은 고기를 잡는 도구지만 고기를 잡고 나면 통발을 잊게 된다. 올가미는 토끼를 잡는 도구지만 토끼를 잡고 나면 올가미를 잊게 된다. 말은 뜻을 표현하는 도구이지만, 뜻을 표현하고 나면 잊게 된다.

— 〈외물外物 3〉

演門有親死者, 以善毀爵爲官師, 其黨人毀而死者半. 堯與許由天下, 許由逃之.
연 문 유 친 사 자 이 선 훼 작 위 관 사 기 당 인 훼 이 사 자 반 요 여 허 유 천 하 허 유 도 지

湯與務光, 務光怒之紀他聞之, 帥弟子而踆於窾水, 諸侯弔之, 三年, 申徒狄因以踣河.
탕 여 무 광 무 광 노 지 기 타 문 지 수 제 자 이 준 어 관 수 제 후 조 지 삼 년 신 도 적 인 이 북 하

筌者所以在魚, 得魚而忘筌. 蹄者所以在兎, 得兎而忘蹄. 言者所以在意, 得意而忘言.
전 자 소 이 재 어 득 어 이 망 전 제 자 소 이 재 토 득 토 이 망 제 언 자 소 이 재 의 득 의 이 망 언

吾安得夫忘言之人而與之言哉.
오 안 득 부 망 언 지 인 이 여 지 언 재

마음으로부터 복종하여 천하의 안정 속에 살다

장자가 혜자에게 말했다.

"공자는 나이 예순이 되도록 예순 번이나 생각이 변했습니다. 처음에
옳다고 하던 것을 나중에는 부정하게 되었던 것입니다. 오늘 옳다고
말하고 있는 것은 지난 90년 동안 부정하던 것이 대부분입니다."

혜자가 말했다.

"공자는 그의 뜻을 성실히 하고 지혜로써 일했기 때문이겠지요."

장자가 말했다.

"공자는 뜻이나 지혜를 버렸습니다. 그는 시비를 논한 적이 없었습니다.

莊子謂惠子曰『孔子行年六十而六十化, 始時所是, 卒而非之,
장 자 위 혜 자 왈   공 자 행 년 육 십 이 육 십 화   시 시 소 시   졸 이 비 지

未知今之所謂是之非五十九非也.』
미 지 금 지 소 위 시 지 비 오 십 구 비 야

惠子曰『孔子勤志服知也.』
혜 자 왈   공 자 근 지 복 지 야

莊子曰『孔子謝之矣, 而其未之嘗言.
장 자 왈   공 자 사 지 의   이 기 미 지 상 언

공자는 자연의 위대한 근본으로부터 재질을 타고서 영기(靈氣: 자연에서 부여받은 원래의 성품)를 품고 살아가면 우는 소리도 법도에 들어맞고, 말을 해도 법칙에 맞는다고 했습니다. 이익과 의로움을 자기 앞에 늘 어놓고서 좋아하고 싫어하고 옳고 그른 것을 따지는 것은 오직 사람의 입을 수고하게 하는 것일 뿐입니다. 공자는 사람들로 하여금 마음으로부터 복종하여 감히 거슬러 대립하지 않도록 했습니다. 그리고는 천하의 안정 속에 안정되게 살았습니다. 나는 아직 공자에게 미칠 수 없는 것 같습니다."

증자는 두 번 벼슬살이를 했는데, 두 번 모두 마음이 변했다. 그가 말했다.

"나는 부모님이 생존해 계실 때는 벼슬하여 삼부의 녹을 받았으나 마음이 즐거웠습니다. 뒤에는 벼슬하여 삼천종의 녹을 받았으나 부모님을 모실 수가 없어서 마음이 슬펐습니다."

孔子云: 夫受才乎大本, 復靈以生, 鳴而當律, 言而當法, 利義陳乎前,
공 자 운 부 수 재 호 대 본 복 령 이 생 명 이 당 률 언 이 당 법 이 의 진 호 전

而好惡是非直服人之口而已矣.
이 호 악 시 비 직 복 인 지 구 이 이 의

使人乃以心服, 而不敢蘁立, 定天下之定. 已乎已乎. 吾且不得及彼乎.
사 인 내 이 심 복 이 불 감 오 립 정 천 하 지 정 이 호 이 호 오 차 불 득 급 피 호

曾子再任而心再化, 曰:『吾及親仕, 三釜而心樂. 後仕, 三千鍾而不洎親, 吾心悲.』
증 자 재 임 이 심 재 화 왈 오 급 친 사 삼 부 이 심 락 후 사 삼 천 종 이 불 계 친 오 심 비

공자의 제자가 그 말을 듣고, 공자에게 물었다.

"증삼은 그의 녹에 의해 마음이 끌리지 않는 사람이라 말할 수가 있겠습니까?"

공자가 말했다.

"이미 마음이 끌리고 있지 않느냐? 마음이 끌리는 데가 없는 사람이라면 슬픔이 있을 수가 있겠느냐? 그는 삼부나 삼천종의 녹을 보기를 마치 참새나 모기가 그의 앞을 날아 지나가는 것을 보듯 할 것이다."

— 〈우언寓言 1〉

弟子問於仲尼曰：『若參者, 可謂無所縣其罪乎?』
제 자 문 어 중 니 왈   약 삼 자 가 위 무 소 현 기 죄 호

曰：『旣已縣矣. 夫無所縣者, 可以有哀乎? 彼視三釜三千鍾,
왈   기 이 현 의   부 무 소 현 자 가 이 유 애 호   피 시 삼 부 삼 천 종

如觀鳥雀蚊虻相過乎前也.』
여 관 조 작 문 맹 상 과 호 전 야

도를 터득한 사람은 천하가 필요치 않다

요임금이 천하를 허유許由에게 물려주려 하였으나 허유가 받지 않았
다. 다시 자주지보子州支父에게 물려 주려하였으나 자주지보가 말했다.
"저를 천자로 삼아주시겠다니 좋기는 합니다만, 저는 심한 우울증에
걸려 있어 치료하고 있는 중입니다. 천하를 다스릴 만한 여력이 없습
니다."
천하가 귀한 것이기는 하나 그렇다고 그것 때문에 자기의 삶을 손상
시킬 수는 없는 것이다. 하물며 다른 사물이야 말할 것이 있겠는가!
오직 천하를 아무렇지도 않게 생각하는 사람에게만 천하를 맡길 수
있는 것이다.

堯以天下讓許由, 許由不受. 又讓於子州支父, 子州支父曰:『以我爲天子, 猶之可也.
요 이 천 하 양 허 유   허 유 불 수   우 양 어 자 주 지 부   자 주 지 부 왈   이 아 위 천 자   유 지 가 야

雖然, 我適有幽憂之病, 方且治之, 未暇治天下也.』夫天下至重也, 而不以害其生,
수 연   아 적 유 유 우 지 병   방 차 치 지   미 가 치 천 하 야   부 천 하 지 중 야   이 불 이 해 기 생

又況他物乎! 唯無以天下爲者, 可以托天下也.
우 황 타 물 호   유 무 이 천 하 위 자   가 이 탁 천 하 야

또, 순임금이 천하를 자주지백子州支伯에게 맡기려하니 자주지백이 말했다.

"제가 심한 우울증에 걸려 있어서 병을 고치고 있는 중입니다. 천하를 다스릴 만한 겨를이 없습니다."

본래 천하란 큰그릇이기는 하지만 그것으로 자기의 목숨과 바꾸지는 않겠다는 것이다. 이것이 도를 터득한 사람과 세속적인 사람과의 차이이다.

순임금이 천하를 선권에게 물려주려 하니 선권이 말했다.

"저는 이 우주 안에 서서, 겨울에는 털옷을 입고, 여름에는 칡·베옷을 입으며, 봄이면 땅을 갈아 씨를 뿌리고, 몸은 일하기에 족할 만큼 튼튼하며, 가을에는 곡식을 거둬들여 몸을 편히 쉴 수 있습니다.

舜讓天下於子州支伯. 子州支伯曰:『予適有幽憂之病, 方且治之, 未暇治天下也.』
순 양 천 하 어 자 주 지 백   자 주 지 백 왈   여 적 유 유 우 지 병   방 차 치 지   미 가 치 천 하 야

故天下大器也, 而不以易生, 此有道者之所以異乎俗者也.
고 천 하 대 기 야   이 불 이 역 생   차 유 도 자 지 소 이 이 호 속 자 야

舜以天下讓善卷, 善卷曰:『余立於宇宙之中, 冬日衣皮毛, 夏日衣葛絺. 春耕種,
순 이 천 하 양 선 권   선 권 왈   여 립 어 우 주 지 중   동 일 의 피 모   하 일 의 갈 치   춘 경 종

形足以勞動. 秋收斂, 身足以休食.
형 족 이 로 동   추 수 렴   신 족 이 휴 식

해가 뜨면 나가 일하고 해가 지면 집에 돌아와 쉬면서, 천지 사이를 유유히 소요하며 마음은 한가롭게 자득하고 있습니다. 어찌 천하 따위를 일삼겠습니까? 슬프게도 당신은 나를 이해하지 못하고 있습니다."

마침내 그는 천하를 받지 않고 나라를 떠나 깊은 산속으로 들어갔는데, 그가 있는 곳을 알 수가 없었다.

순이 천하를 그의 벗인 석호의 농부에게 물려주려 하니 석호의 농부가 말했다.

"부지런도 하시군. 당신도 꽤나 억척스런 사람이야."

그는 순의 덕이 지극하지 못하다고 여겼던 것이다. 그리하여 부부가 손을 잡고 자식들을 이끌고 바다 속의 섬으로 들어가 평생 돌아오지 않았다.

— 〈양왕讓王 1〉

日出而作, 日入而息, 逍遙於天地之間而心意自得. 吾何以天下爲哉! 悲夫,
일 출 이 작 일 입 이 식 소 요 어 천 지 지 간 이 심 의 자 득 오 하 이 천 하 위 재 비 부

子之不知余也.』
자 지 부 지 여 야

遂不受. 於是去而入深山, 莫知其處.
수 불 수 어 시 거 이 입 심 산 막 지 기 처

舜以天下, 讓其友石戶之農, 石戶之農曰:『捲捲乎, 后之爲人, 葆力之士也.』
순 이 천 하 양 기 우 석 호 지 농 석 호 지 농 왈   권 권 호 후 지 위 인 보 력 지 사 야

以舜之德爲未至也. 於是夫負妻戴, 攜子以入於海, 終身不反也.
이 순 지 덕 위 미 지 야 어 시 부 부 처 대 휴 자 이 입 어 해 종 신 불 반 야

자기의 뜻을 즐기고 세상 일을 하지 않은 백이와 숙제

주나라가 한창 흥성할 때 두 선비가 고죽이라는 곳에 살고 있었는데, 그들이 백이와 숙제이다. 두 사람이 서로 상의했다.

"듣기에 서쪽에 한 사람이 있는데, 도를 터득한 사람인 듯하다니 가서 봅시다."

그리고는 기산의 남쪽 기슭에 이르렀을 때, 무왕이 이들에 관한 얘기를 듣고 아우인 숙단을 시켜 그들을 맞이하도록 했다. 숙단은 그들에게 맹세하기를 녹은 2등 이상을 주고, 벼슬은 일등 자리를 주겠다고 말하면서, 짐승의 피를 빼고 맹세를 쓴 글을 땅에 묻어 맹세를 굳혔다.

두 사람은 서로 쳐다보고 웃으며 말했다.

"이상하군요. 이것은 우리가 생각하는 도가 아닙니다. 옛날 신농이 천하를 다스릴 때에는 철에 따른 제사를 정성껏 지내기는 했지만, 행복을 빌지는 않았습니다.

昔周之興, 有士二人處於孤竹, 曰伯夷叔齊. 二人相謂曰:『吾聞西方有人, 似有道者,
석 주 지 흥   유 사 이 인 처 어 고 죽   왈 백 이 숙 제   이 인 상 위 왈   오 문 서 방 유 인   사 유 도 자

試往觀焉.』
시 왕 관 언

至於岐陽, 武王聞之, 使叔旦往見之, 與之盟曰:『加富二等, 就官一列.』血牲而埋之.
지 어 기 양   무 왕 문 지   사 숙 단 왕 견 지   여 지 맹 왈   가 부 이 등   취 관 일 열   혈 생 이 매 지

二人相視而笑曰:『嘻, 異哉! 此非吾所謂道也. 昔者神農之有天下也,
이 인 상 시 이 소 왈   희   이 재   차 비 오 소 위 도 야   석 자 신 농 지 유 천 하 야

時祀盡敬而不祈喜.
시 사 진 경 이 불 기 희

백성들에 대해 충실하고 신뢰할 수 있게 정성을 다해 다스리기는 했지만 다른 것을 요구하지는 않았습니다. 정치를 맡으면 즐겁게 정치를 했고, 다스리게 되면 즐거이 다스리기만 했습니다. 남의 손실을 근거로 하여 자신의 성공을 바라지 않았고, 남을 낮추면서 자신을 높이려 하지 않았으며, 시세를 만났다 하여 자기 이익만을 추구하지 않았습니다.

지금 주나라는 은나라가 혼란함을 보고서 갑자기 좋은 정치를 하려고 하고 있습니다. 윗사람은 계책을 써서 신하들을 모으고, 아랫사람은 재물을 써서 벼슬을 구하고 있습니다. 군대에 의지하여 위세를 보존하고, 짐승의 피를 내어 맹세함으로써 믿음을 표시하며, 훌륭한 행동을 표창함으로써 백성들을 기쁘게 해주고, 사람들을 죽이면서 공격하여 이익을 추구하고 있습니다. 이것은 혼란으로 주왕의 폭정을 대체하는 것에 불과합니다.

其於人也, 忠信盡治而無求焉. 樂與政爲政, 樂與治爲治, 不以人之壞自成也,
기 어 인 아   충 신 진 치 이 무 구 언   낙 여 정 위 정   낙 여 치 위 치   불 이 인 지 괴 자 성 야

不以人之卑自高也, 不以遭時自利也.
불 이 인 지 비 자 고 야   불 이 조 시 자 리 야

今周見殷之亂而遽爲政, 上謀而行貨, 阻兵而保威, 割牲而盟以爲信, 揚行以說衆,
금 주 견 은 지 란 이 거 위 정   상 모 이 행 화   조 병 이 보 위   할 생 이 맹 이 위 신   양 행 이 설 중

殺伐以要利, 是推亂以易暴也.
살 벌 이 요 리   시 추 란 이 역 폭 야

제가 듣건대 옛날의 선비들은 잘 다스려지는 세상을 만나면 그에게 맡겨진 일을 피하지 않고, 어지러운 세상을 만나면 구차히 살아가려 하지 않는다 했습니다. 지금 천하가 혼미하고 주나라의 덕이 쇠퇴하고 있습니다. 주나라와 함께 살아감으로써 몸을 더럽히기보다는 차라리 주나라를 피해 나의 행동을 깨끗이 하겠습니다."

그리고서 두 사람은 북쪽 수양산으로 가 마침내 굶어 죽었다. 백이와 숙제 같은 사람들은 부귀에 대하여는 구차한 방법으로 얻을 수 있다 해도 절대로 받지 않을 사람들이었다. 높이 뛰어난 절조나 남과 다른 행동으로 홀로 그의 뜻을 즐기고 세상에서 일을 하지 않은 사람들이었다. 이것이 두 선비의 절의이다.

― 〈양왕讓王 2〉

吾聞古之士, 遭治世不避其任, 遇亂世不爲苟存. 今天下闇, 周德衰,
오 문 고 지 사   조 치 세 불 피 기 임   우 란 세 불 위 구 존   금 천 하 합   주 덕 쇠

其並乎周以塗吾身也, 不如避之以絜吾行.』
기 병 호 주 이 도 오 신 야   불 여 피 지 이 혈 오 행

二子北至於首陽之山, 遂餓而死焉. 若伯夷叔齊者, 其於富貴也, 苟可得已, 則必不賴.
이 자 북 지 어 수 양 지 산   수 아 이 사 언   약 백 이 숙 제 자   기 어 부 귀 야   구 가 득 이   즉 필 불 뢰

高節戾行, 獨樂其志, 不事於世, 此二士之節也.
고 절 여 행   독 락 기 지   불 사 어 세   차 이 사 지 절 야

천하의 대도적, 도척을 만나는 공자

공자는 마차에서 내려 도척의 부관에게 말했다.

"나는 노나라의 공구라는 사람입니다. 장군의 높은 명성을 경모하여 뵈러 왔습니다. 아무쪼록 만나 뵙도록 주선하여 주십시오."

부관의 전갈을 듣고 도척은 금세 잔뜩 화를 냈다. 눈은 반짝반짝 빛나고 노발怒髮은 충천하였다.

"저 노나라의 거짓 군자 말인가? 만날 것도 없으니 자네가 말해 주게나. '그대의 행위는 중죄에 해당된다, 해괴한 말을 구사하며 문왕과 무왕을 짊어지고 돌아다닌다던가? 화려하게 꾸민 갓과 쇠가죽 허리띠를 갖춘 내로라하는 복장을 하고 유해무익한 요설로 장난치고 일도 하지 않으면서 마시고 먹는다. 제멋대로의 규범으로 시비선악의 논지를 세워 여러 나라의 군주를 속이고 학자들을 못된 길로 끌어들인다.

孔子下車而前, 見謁者曰:『魯人孔丘, 聞將軍高義, 敬再拜謁者.』
공자하거이전 견알자왈 노인공구 문장군고의 경재배알자

謁者入通, 盜跖聞之大怒, 目如明星, 髮上指冠, 曰:『此夫魯國之巧僞人孔丘非邪?
알자입통 도척문지대노 목여명성 발상지관 왈 차부로국지교위인공구비야

爲我告之:「爾作言造語, 妄稱文武, 冠枝木之冠, 帶死牛之脅, 多辭繆說, 不耕而食,
위아고지 이작언조어 망칭문무 관지목지관 대사우지협 다사무설 불경이식

不織而衣, 搖脣鼓舌, 擅生是非,
불직이의 요순고설 천생시비

효행 따위 쓸데없는 것을 부르짖어 남을 인도한다. 그것도 이것도 다 잘되면 자기가 아주 왕후 귀족이 되려는 속셈에서이다. 그대만큼 세상에 해독을 끼치는 인간은 없을 것이다. 얼른 돌아가라! 그렇지 않으면 그대의 간이 내 밥상에 오를 뿐이다'라고 말이야!"

그래도 공자는 굽히지 않고 만나 뵙기를 청원하였다.

"나는 장군의 형님이신 계군季君의 소개를 받고 왔습니다. 이걸로 봐서라도 용서하시고 하다못해 장군의 발아래에 부복하는 것만이라도 허락하여 주시기 바랍니다."

부관으로부터 이렇게 전갈을 받자 도척은 겨우 승낙하였다.

"좋다, 이리로 안내하라!"

— 〈도척盜跖 1〉

以迷天下之主, 使天下學士不反其本, 妄作孝弟而僥倖於封侯富貴者也.
이 미 천 하 지 주   사 천 하 학 사 불 반 기 본   망 작 효 제 이 요 행 어 봉 후 부 귀 자 야

子之罪大極重, 疾走歸! 不然, 我將以子肝益晝餔之膳!』」
자 지 죄 대 극 중   질 주 귀   불 연   아 장 이 자 간 익 주 포 지 선

孔子復通曰:『丘得幸於季, 願望履幕下.』
공 자 복 통 왈   구 득 행 어 계   원 망 리 막 하

謁者復通, 盜跖曰:『使來前!』
알 자 복 통   도 척 왈   사 래 전

소용이 없는 도가 무슨 값어치가 있는가?

"그대는 감언이설로 농간을 부려 자로를 수하로 만들었지! 자로가 용자勇者의 갓을 벗고 장검을 풀어 놓고 제자로 입문하도록 만든 게 야. 그 때문에 세간에서는 그대가 포악한 사람을 교화하였다고 극구 칭찬한 거고, 그런데 당사자인 자로는 위나라의 군주를 죽이려다가 실패하여 위나라의 동문 밖에서 덧없이 죽어 그 시신은 비바람을 맞는 신세가 되지 않았는가? 그대의 그릇된 가르침 때문이었지. 그래도 그대는 성인을 자칭할 작정인가?

『子以甘辭說子路而使從之, 使子路去其危冠, 解其長劍, 而受敎於子,
　자 이 감 사 설 자 로 이 사 종 지　　사 자 로 거 기 위 관　해 기 장 검　이 수 교 어 자

天下皆曰孔丘能止暴禁非.
천 하 개 왈 공 구 능 지 모 금 비

其卒之也, 子路欲殺衛君而事不成, 身菹於衛東門之上, 是子敎之不至也.
기 졸 지 야　자 로 욕 살 위 군 이 사 불 성　신 저 어 위 동 문 지 상　시 자 교 지 불 지 야

子自謂才士聖人邪?
자 자 위 재 사 성 인 야

그건 또 좋다 치자! 그 후로도 그대는 두 번씩이나 쫓겨났고 위나라에서 내버려지는 신세가 되었어. 제나라에서는 오도 가도 못하는 처지가 되고, 진나라와 채나라의 국경에서는 하마터면 죽을 뻔하고, 결국에는 천하에 몸 둘 곳도 없지 않은가? 자로는 그대의 가르침을 그냥 그대로 받아들인 까닭으로 죽임을 당한 게 아니던가? 그대가 주창하는 '도道'는 가깝게는 그대 자신의 소용도 닿지 않고 결국에는 남의 소용에도 닿지 않는데 그것이 무슨 값어치가 있다는 말인가?"

— 〈도척盜跖 2〉

則再逐於魯! 削跡於衛, 窮於齊, 圍於陳蔡, 不容身於天下? 子敎子路菹此患,
즉 재 축 어 로   삭 적 어 위   궁 어 제   위 어 진 채   불 용 신 어 천 하   자 교 자 로 저 차 환

上無以爲身, 下無以爲人, 子之道豈足貴邪?』
상 무 이 위 신   하 무 이 위 인   자 지 도 기 족 귀 야

함께 갈 만한 사람과 함께 갈 수 없는 사람

공자가 다시 두 번 절하고 일어나 말했다.

"지금 선생님을 뵙게 된 것은 다행스러운 일입니다. 선생님께서는 부끄럽게 여기지 않으시고 제자처럼 대하시며 몸소 가르쳐 주셨습니다. 선생님은 댁이 어디십니까? 선생님을 따라가 학업을 닦아 위대한 도를 완전히 배우고 싶습니다."

어보가 말했다.

"내가 듣기에 함께 갈 만한 사람과는 어울려 오묘한 도에 이르도록 가도 되지만, 함께 갈 수 없는 사람과는 그런 도를 알지 못하고 있으므로 함께 어울리지 말아야 한다고 했습니다. 그래야 몸에 아무런 재난이 없게 될 것입니다. 더 노력하십시오. 나는 이만 가야 할 것 같습니다. 이만 작별해야 하겠습니다."

孔子又再拜而起曰:『今者丘得遇也, 若天幸然. 先生不羞而比之服役, 而身敎之.
공자우재배이기왈　금자구득우야　약천행연　선생불수이비지복역　이신교지

敢問舍所在, 請因受業而卒學大道.』
감문사소재　청인수업이졸학대도

客曰:『吾聞之, 可與往者與之, 至於妙道, 不可與往者, 不知其道, 愼勿與之,
객왈　오문지　가여왕자여지　지어묘도　불가여왕자　부지기도　신물여지

身乃無咎. 子勉之! 吾去子矣, 吾去子矣.』
신내무구　자면지　오거자의　오거자의

그리고는 삿대질하여 배를 물에 띄우고 갈대밭 사이로 사라졌다.

안회가 수레를 돌리고 자로는 손잡이 줄을 공자에게 주었으나, 공자는 돌아보지도 않았다. 떠난 배가 남긴 물결이 잠잠해지고 삿대 소리가 들리지 않게 된 다음에야 수레에 올랐다.

— 〈어보漁父 1〉

乃刺船而去, 延緣葦間.
내 자 선 이 거 연 연 위 간

顔淵還車, 子路授綏, 孔子不顧, 待水波定, 不聞拏音而後敢乘.
안 연 환 거 자 로 수 수 공 자 불 고 대 수 파 정 불 문 나 음 이 후 감 승

속마음의 정성됨이 외부로 드러나면 안 된다

열자가 제나라로 가다 말고 돌아오는 길에 백혼무인을 만났다.

백혼무인이 말했다.

"어째서 되돌아왔느냐?"

"놀랐기 때문입니다."

"어째서 놀랐느냐?"

"가는 길에 열 집 정도의 주막에서 식사를 했는데, 다섯 집이 제가 돈을 주기도 전에 먼저 식사를 제공했기 때문입니다."

"그 정도의 일로 어찌 놀랐단 말이냐?"

列禦寇之齊, 中道而反. 遇伯昏瞀人. 伯昏瞀人曰:『奚方而反?』
열 어 구 지 제   중 도 이 반   우 백 혼 무 인   백 혼 무 인 왈   해 방 이 반

曰:『吾驚焉.』
왈   오 경 언

曰:『惡乎驚?』
왈   악 호 경

曰:『吾嘗食於十漿而五漿先饋.』
왈   오 상 식 어 십 장 이 오 장 선 궤

伯昏瞀人曰:『若是, 則汝何爲驚已?』
백 혼 무 인 왈   약 시   즉 여 하 위 경 이

"그것은 저의 속마음의 정성됨이 아직 덜 풀려 외형으로 그것이 드러나 빛을 이룸으로써 밖으로 사람들의 마음을 위압했기 때문입니다. 사람들로 하여금 저보다도 노인을 가볍게 여기게 하고 공경하지 않게 한 것이니, 제 자신의 환란을 기르는 것과 마찬가지인 것입니다. 특히 주막의 주인이란 다만 음식을 팔아 이익을 도모하는 사람들이며, 그 이익 또한 보잘 것 없고 권한도 작습니다. 그런데도 저를 그처럼 대했으니 하물며 만승의 군주야 더 말할 것이 있겠습니까! 그의 몸은 나라를 위해 애쓰고 있고, 그의 정신은 정사를 처리하는 데 다 쓰고 있습니다. 아마 제가 가면, 그는 제게 나라 일을 맡기어 공을 세우기를 바랄 것입니다. 그래서 놀랐다는 것입니다."

"네 생각이 기특하구나! 그러나 네가 그처럼 처신하면, 사람들이 너를 따르게 될 것이다."

— 〈열어구列禦寇 1〉

曰:『夫内誠不解, 形諜成光, 以外鎭人心, 使人輕乎貴老, 而鼇其所患.
왈   부내성불해 형첩성광 이외진인심 사인경호귀로 이제기소환

夫漿人特爲食羹之貨, 無多餘之嬴, 其爲利也薄, 其爲權也輕,
부장인특위식갱지화 무다여지영 기위리야박 기위권야경

而猶若是, 而況於萬乘之主乎!
이유약시 이황어만승지주호

身勞於國而知盡於事, 彼將任我以事而效我以功, 吾是以驚.』
신로어국이지진어사 피장임아이사이효아이공 오시이경

伯昏瞀人曰:『善哉觀乎! 汝處已, 人將保女矣.』
백혼무인왈 선재관호   여처이 인장보여의

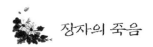

장자의 죽음

장자가 죽으려 하자, 제자들이 임종하는 자리에 모여 장사를 성대히 지내려고 했다. 그러자 장자가 이를 거절했다.

"나는 하늘과 땅을 관과 관 뚜껑으로 삼고, 해와 달을 한 쌍의 구슬 장식으로 삼으며, 별자리들을 진주와 옥 장식으로 삼고, 만물을 부장품으로 삼으려 하니, 나의 장례용품은 다 갖추어진 것이 아니냐? 여기에 더 무엇을 보태려 하느냐?"

제자들이 말했다.

"저희들은 까마귀나 솔개가 선생님을 뜯어먹을까 두렵습니다."

장자가 말했다.

"위쪽에 놓아두면 까마귀와 솔개가 먹을 것이고, 아래쪽에 묻으면 개미들이 먹을 것이다. 이것들이 먹는다고 그것을 빼앗아 저것들에게 주는 것이다. 어째서 그리 편벽되게 생각을 하느냐?"

— 〈열어구列禦寇 2〉

莊子將死, 弟子欲厚葬之.
장 자 장 사   제 자 욕 후 장 지

莊子曰:『吾以天地爲棺槨, 以日月爲連璧, 星辰爲珠璣, 萬物爲齎送.
장 자 왈   오 이 천 지 위 관 곽   이 일 월 위 연 벽   성 신 위 주 기   만 물 위 재 송

吾葬其豈不備邪? 何以加此?』
오 장 구 기 불 비 야   하 이 가 차

弟子曰:『吾恐烏鳶之食夫子也.』
제 자 왈   오 공 오 연 지 식 부 자 야

莊子曰:『在上爲烏鳶食, 在下爲螻蟻食, 奪彼與此, 何其偏也?』
장 자 왈   재 상 위 오 연 식   재 하 위 루 의 식   탈 피 여 차   하 기 편 야

도와 백성들의 원리

천하에는 도술을 닦는 사람들이 많다. 그리고 자기가 닦은 것으로 그것이 제일이라고 주장한다. 그러나 옛날의 도술이라는 것은 과연 어디에 있는 것이었는가? 그것이 존재하지 않는 곳이란 없었다. 그러면 신령함은 어디로부터 내려왔으며, 명철함은 어디로부터 나온 것인가? 성인도 생겨난 근원이 있고, 왕도도 이루어진 근원이 있는데, 모두가 한 가지 도에 바탕을 두고 있는 것이다.

대종大宗으로부터 떨어지지 않은 것을 천인天人이라 한다.

깨끗하고 순수함으로부터 떨어지지 않은 것을 신인神人이라 한다.

참된 것으로부터 떨어지지 않은 것을 지인至人이라 한다.

하늘을 대종으로 삼고, 덕을 근본으로 삼고, 도를 드나드는 문으로 삼고, 모든 변화를 초월하는 사람을 성인聖人이라 한다.

天下之治方術者多矣, 皆以其有爲不可加矣. 古之所謂道術者, 果惡乎在?
천 하 지 치 방 술 자 다 의   개 이 기 유 위 불 가 가 의   고 지 소 위 도 술 자   과 악 호 재

曰 : 無乎不在. 曰 : 神何由降 明何由出? 聖有所生, 王有所成, 皆原於一.
왈   무 호 불 재   왈   신 하 유 강 명 하 유 출   성 유 소 생   왕 유 소 성   개 원 어 일

不離於宗, 謂之天人. 不離於精, 謂之神人. 不離於眞, 謂之至人, 以天爲宗, 以德爲本,
불 리 어 종   위 지 천 인   불 리 어 정   위 지 신 인   불 리 어 진   위 지 지 인   이 천 위 종   이 덕 위 본

以道爲門, 兆於變化, 謂之聖人.
이 도 위 문   조 어 변 화   위 지 성 인

어짊을 은혜로운 것으로 삼고, 의로움을 원리로 삼고, 예의를 행동 기준으로 삼고, 음악을 조화의 방법으로 삼고, 훈훈하게 자애로운 사람을 군자君子라 한다.

법으로 분계分界를 삼고 명분으로 의표儀表를 삼고, 여러 가지 일을 참고하는 것으로 징험을 삼고, 고찰하는 것으로 시비의 판단을 내려 그 방법이 숫자를 하나, 둘, 셋, 넷 하고 세는 것처럼 분명한 것으로서 여러 관리들은 서로 어울려 나라를 위해 일한다.

여러 가지 일에 평상적으로 종사하고, 먹고 입는 것을 위주로 삼으며, 가축을 늘이고 재물을 모으며, 노인과 어린아이와 외로운 사람과 과부들을 마음에 두고 모두를 양육해 주는 것이 백성들의 원리인 것이다.

— 〈천하天下 1〉

以仁爲恩, 以義爲理, 以禮爲行, 以樂爲和, 薰然慈仁, 謂之君子.
이 인 위 은   이 의 위 리   이 례 위 행   이 락 위 화   훈 연 자 인   위 지 군 자

以法爲分, 以名爲表, 以參爲驗, 以稽爲決, 其數一二三四是也,
이 법 위 분   이 명 위 표   이 참 위 험   이 계 위 결   기 수 일 이 삼 사 시 야

百官以此相齒, 以事爲常, 以衣食爲主, 以蓄息畜藏爲意, 老弱孤寡皆有以養,
백 관 이 차 상 치   이 사 위 상   이 의 식 위 주   이 번 식 축 장 위 의   노 약 고 과 개 유 이 양

民之理也.
민 지 리 야

인생의 절반쯤 왔을 때
읽어야 할 장자

초판 1쇄 발행 2019년 12월 23일
초판 2쇄 발행 2021년 5월 17일

지은이 장자
옮긴이 박훈

펴낸이 이효원
편집인 김성규
디자인 별을 잡는 그물
펴낸곳 탐나는책
출판등록 2015년 10월 12일 제 2020-000019호
주소 서울특별시 금천구 디지털로9길 68 대륭포스트타워5차 1606호
전화 070-8279-7311 **팩스** 02-6008-0834
전자우편 tcbook@naver.com

ISBN 979-11-89550-18-9 03150

이 도서의 국립중앙도서관 출판시도서목록(CIP)은 서지정보유통지원시스템 홈페이지(http://seoji.nl.go.kr)와
국가자료공동목록시스템(http: //www.nl.go.kr/kolisnet)에서 이용하실 수 있습니다.
CIP제어번호: 2019048811